비전천고

정석 해설

靈通符籍

편저:한중수

법문 북스

序 言

이 册의 原名은 萬法歸宗이다。內容을 간추려 보면 모두 神仙術에서 나온 것으로 六丁六甲神을 불러 神秘莫測한 術法을 부릴 수 있는 方法을 論하였다。그러므로 과연 이 册의 글대로라면 하늘에 있는 仙神들을 請하여 무슨 일이든지 해낼 수 있고 神將과 鬼卒을 마음대로 부리며、神이 와서 귀에 대고 人間萬事의 吉凶禍福을 豫報해 주며 뿐 아니라 縮骨·縮地하여 千里라도 一時間에 갈수 있고 구름을 타고 하늘에도 날으고、三尺 막대기로 大河도 건늘 수 있다 한다。실로 우리네의 常識으로는 믿어지지 않는 말이긴 하나 이러한 神通術이 있었다는 것을 처음 듣는 말은 아닐 것이다。믿기지 않는 말은 傳說에 불과하고、믿어지는 말은 事實같이 생각되는건 당연하다 하겠으나 現今에도 다른 術法은 모르되 耳報를 通한 사람이 있고、幻影法을 써서 自己몸을 남의 눈에 뜨이지 않도록 藏身術을 쓰는이가 있는 것으로 안다。譯者는 얼마 전 中國에 있는 萬里長城을 뚫고 나간이가 있었다는 말을 들은적이 있다。과연 이 册이 法대로 修練하여 모든 神通力을 行할 수 있는지는 매우 의혹이 가는 바이지만 神通術 자체는 可能할 수 있는 것이라 認定하고 싶다。念慮되는 바는 허황된 생각으로 분수 모르고 神通術을 배운답시고 여기에 眩惑되어 廢人이 되어 버린다면 그 害가 적지 않으리니 너무 이에 盲信하지 말기를 먼저 당부한다。

특히 이 六丁六甲書의 術은 하나의 神仙術이라 仙緣이 있는이가 誠心誠意로 戒律을 지키면서 道에 精進한다면 어느 정도 通靈하여 뜻을 成就할 수도 있으리라 믿는다。그러나 대개는 凡夫들이라 어찌 仙緣을 바라겠는가、그러나 神仙의 道는 이루지는 못할망정 神을 불러 耳報를 通하는 정도는 지극한 정성과 노력을 기울인다면 成就되리라 믿고 싶다。그러므로 이에 뜻을 둔 君子라면 耳報法을 修練하여 人間들의 不幸을 막아주고、困厄에서 救濟한다면 德善을 베푸는 일이 아니겠는가。

譯者는 神通力을 터득한 사람이 아니다。다만 古書에 약간의 淺識이 있어 외람되이 손을 대 본 것이지만 他書에 비해 글의 뜻을 理解하기가 가장 어려워 最善을 다했으나 글의 뜻을 다 터득하기가 어려웠다。그러므로 未洽한 점 많으리라 생각되는바 아무쪼록 賢明한 智慧로 스스로 研究하기 바란다。아쉬운 마음 남기면서 序言을 代한다。

◇목 차◇

第一部 神通術

六甲天書

第二部 生活靈符

生活靈符 目次

○ 신선(神仙)을 청하는 법 — 通靈法 —

신선을 청해 모시려면 먼저 분향(焚香)하고, 주문(呪文)외우고 부적을 그려 법수대로 사용하고 또 주문을 외워야 한다.

● 분향주 (焚香呪)

신선을 청하려 할 때 대추·밤·감 등 삼색실과와 다주(茶酒—차 및 술) 석잔을 부어 올리면서 정성을 다해 절하고 청하면 하늘의 신선이 이에 감응하여 하강(下降)한다고 한다. 이때 읽는 주문은 다음과 같다.

도유심합 道由心合、 심가향전 心假香傳、 향분옥로 香焚玉爐、 심주선원 心注仙願、 진령하강 眞靈下降、 선패임헌 仙佩臨軒、 금신관고 今臣關告、 경달구천 逕達九天、

소계소원 所啓所願、 함사여언 咸賜如言。

○이 주문을 읽을 때 동쪽을 향하고 앉아서 종이·붓·벼루·먹을 앞에다 놓고 東方의 생기(生氣)를 힘껏 들여마시되 숨을 내쉴때는 내쉬는 줄 모르게 서서히 내쉰다.

⊙ 정수주 (淨水呪)

깨끗한 물을 준비하여 그릇에 담아놓고 주문을 외우는데 요령은 숨을 크게 들여 마신채 아래와 같은 주문을 마음속으로 읽는다. 준문을 다 읽기 전에 숨을 내쉬면 안된다.

천일생수 지육성지 일륙기령 오행내기 오금소동 예축진비
天一生水、地六成之、一六旣令、五行乃基、吾今噀動、穢逐塵飛。

이상의 주문이(마음속으로 읽는) 끝나면 곧 붓으로 아래와 같은 부적글씨를 그릇에 담겨진 물 가운데다(水中) 쓴다。(글씨 획만 그으면 된다)

● 白乾元亨利貞

또 손가락을 이용 물 한가운데다 다음과 같은 글씨를 쓴다。

● 至尊至聖

또 물그릇 표면에 손가락으로 아래 글자를 쓴다。

● 勅封五鬼

다음에는 아래의 부적 글씨를 물위(水面)에 일곱차례 쓴다。

二三·水山·烝·能·能

혹 이르기를 위 다섯글자를 종이에다 주사(硃砂)로 써서 水面에다 사른다 하는데 먼저 그릇에다 물을 담은 다음 물을 사방에 뿌리고 동쪽을 바라보고 서서 이를 딱딱 일곱번 두두린 뒤에 마음속으로 다음과 같은 주문을 외운다고 한다。

모 상계
某(성명을 댄다)가 上啓에 머리를 조아려 비나이다。
구천현녀진과 서사부전 소청봉래선중 복망지진 생기관주 모 심신
九天玄女眞蚪 書寫符篆 召請蓬萊仙衆、伏望至眞 生氣灌注、某(아무개가) 心身 및
소용필묵 지소지간 금 모 서전 속강영통 모 하정가승 간도지지
小用筆墨 紙素之間 今 某(성명) 書篆 速降靈通 某(성명) 下情可勝、懇禱之至。

이상의 주문을 다 외운 뒤 箕字 위 또는 종이·붓·먹에다 물을 뿜는다。

⊙ 주지문(呪紙文) ― 종이에다 하는 주문 ―

저옥지영 천지생성 용장봉전 자이지진 부비신속 편력영천
楮玉之英、天地生成、龍章鳳篆、資之以陳、符飛迅速、遍歷靈天。

⊙ 주필문(呪筆文) ―붓에다 하는 주문 ―

신필양양 만고전방 오금서전 비소천방 운여표어 속강영장
神筆揚揚、萬古傳方、五今書篆、飛召千方 雲輿飇馭。速降靈場

⊙ 주묵문(呪墨文) ―먹에다 하는 부적 ―

신묵영령 통유달명 송군효직 난우응향 선진강격 속가운승
神墨靈靈、通幽達冥、松君效職、蘭友凝馨、仙眞降格。速駕雲騂

⊙ 서부주(書符呪) ― 부적을 쓸때 ―

현녀원군 보화시방 도무불응 구무불통 삼교지내 육합지중 순명자길 역명자흉
玄女元君、普化十方、禱無不應、求無不通、三敎之內、六合之中、順命者吉、逆命者凶、
선이봉도 질여뇌정 부명일도 전제풍행 급급여률령섭
仙離蓬島、疾如雷霆、符命一到、電掣風行。急急如律令攝。

주문을 외운 뒤 드디어 부적을 쓰되 점을 찍고 획을 그으면서도 아래 주문을 암송(暗誦)한다。

창룡 주작 백호 현무 경천사칠이십팔숙
蒼龍 朱雀 白虎 玄武 經天四七二十八宿

부적을 다 쓴 뒤 부적을 箕字 위에 올려 놓고 다음 주문을 외운다。

태을영양 자기황황 정엄원우 분식점당 오금서화 비소천방
太乙靈陽、紫氣煌煌、精嚴院宇、粉埴乩堂、五今書化、飛召千方。

이상의 주문을 외우고 나서 즉시

龍車·鳳輦·仙鶴

이상의 부적 글씨를 써서 불사른 다음 또 아래 주문을 외운다。

소향달동부 진기접향전 건성공고청선중친강림
燒香達洞府、 眞氣接香傳、 虔誠恭叩請仙衆親降臨。

주문을 끝낸 뒤 箕字를 향안(香案—향을 사르기 위해 안치하는 탁자)에 올려 놓고、 그 머리에 글씨 쓸 도구(물·붓·벼루)를 놓는다。

위 부적을 장차 쓰려 할 때 먼저 마음속으로 다음과 같은 주문을 외운다。

청룡 주작 백호 현무 경천사칠이십팔수
青龍 朱雀 白虎 玄武 經天四七二十八宿

위 암송을 끝내고 손으로 탁탁 친다。 다음에는

천상인간칠칠
天上人間七七

위 주문을 마음 속으로 외운 뒤 아래와 같은 오귀부(五鬼符)를 쓴다。

● **청선주(請仙呪)** — 신선을 청하는 주문 —

음마혁혁 뇌광소소 무령응체 심암혼소 봉태상노군 급급여률령
唧嘛赫赫、雷光昭昭、無令凝滯、心黯魂銷、奉太上老君、急急如律令。 이어서

운추무권 선진숙도 원부신기 추성락고
雲推霧捲、仙眞倏到、願附神箕、推誠樂告、

● **송선주(送仙呪)** — 신선을 보낼때 외우는 주문 —

이몽선진 강격진환 요요난이구류 경분보향 반송병반 내시감은 거시봉복 강즉무로불통
已蒙仙眞、降格塵寰、擾擾難以久留、敬焚寶香、攀送駢駁、來時感恩、去時奉福、降則無路不通、
회즉거로난심 사해지내 유동차음 후유소구 재당봉청
回則去路難尋、四海之內、唯同此音 後有所求、再當奉請。

● **첩식(牒式)** — 모든 眞人을 청하는 서식 —

뇌정화급건도사하 봉사제자 모
雷霆火急建都司下 ○○道○○郡(혹은 市)○○面(洞)○○里에 사는 奉仙弟子 某(성명)가

모사 某事(어떤 일)로 인하여 길흉을 모르겠기에 길일을 가려 ○年 ○月 ○日 ○時에 모처 某處(어느 곳)에 단을 설치하고 분향백배 드리면서 정성을 다하여 蓬萊山봉래산에 계신 여러 신선님들을 청하나이다.

구천현녀원군 원시진인 천선 지선 오조진인 소양 정양 순양 삼위진군 오호영설 삼정진인
九天玄女元君、元始眞人、天仙、地仙、五祖眞人、少陽·正陽·純陽 三位眞君 五湖映雪 三汀眞人、
옥축도로선녀 자양진인 나산선옹갈진인 적선태백이진인 야인황진인 운문여진인 자하최진인
玉軸道老仙女、紫陽眞人、羅山仙翁葛眞人、謫仙太白李眞人、野人黃眞人、雲門呂眞人、紫霞崔眞人、
옥섬백진인 남오상진인 북칠진진인 운자선녀 계영 경노 도노 설노 지경 원진 옥기 소녀
玉蟾白眞人、南五相眞人、北七眞眞人、云姉仙女 桂英·慶奴·道奴、雪奴·眞卿 元眞·玉肌 素女·
천상 지하 수부 음간 삼도 십주동 천복지
天上、地下·水府、陰間·三島、十洲洞 天福地에 옛 부터 지금에 이르기까지 일체의 여러 신선님들께서는 잠시 동부(洞府)를 떠나 급히 티끌세상으로 강림하시와 시부(詩賦) 혹은 글귀로서 곧게 판단해 주시기 바라옵기에 이에 청첩의 글을 올리나이다.

年 月 日 時 ○○○ 올림

● 청선예의(請仙禮儀) — 신선을 청할 때의 예의 —

과일과 술을 차려놓고 촛불을 켜 놓은 뒤 먼저 분향(焚香)하고 정성을 다하는 마음 가짐으로 절을 한다. 분향주(焚香呪)를 외우며 분향한 뒤 정수주(淨水呪)·주지(呪紙)·주필(呪筆)·주목(呪墨)의 순서를 거

쳐 서부주(書符呪)를 외우고 부적을 그리고、부적에 또 주문을 외우며 붓을 잡고 蘸靈水(잠령수—주문을 외우고、부적글씨를 써서 깨끗하고 영험스러운 물)로 오귀부(五鬼符)를 그려 箕頭에 봉안한다。 그리고는 아래와 같은 주문(呪文)을 암송(暗誦)한다。

태상인간 운수소소 감청선동 대장영요 예모우개 속리운소 무령음체 신암혼소

太上人間、雲水沼沼、敢請仙童、隊杖迎遙、霳旌羽蓋、速離雲宵、毋令凝滯、心暗魂銷。

부적은 먼저 어떤 선부(仙符)를 쓸것인가를 결정하여 부적을 써 가지고 기둥(柱) 및 탁자 아래에 붙이고 다음으로 箕字 머리에 봉하며、다음에는 탁자 위와 탁자 밑에 참사부(斬邪符)를 불태운다。 그리고는 三通符는 살라 几 위에 둔다。

● 부적을 사용할 때 먼저 二十八宿 이름을 써서 箕字 머리에 두고、다만 軫字는 二十八宿 글자에서 뺀 대신 부적 가운데 써서 二十八宿 箕字 위에 붙엿다가 같이 불사른다。 그 다음에는 통선부(通仙符) 및 최부(崔符)를 그려 불사른다。

이십팔숙(二十八宿)

角亢氐房心尾箕斗牛女虛危室壁奎婁胃昴畢觜參井鬼柳星張翼軫

⊙ 화부식(畫符式) — 부적 그리는 법식 —

부적을 그릴 때 붓대를 힘 있게 쥐고 부적 획을 힘차고 분명하게 그어야지、획이 유약하거나 획이 분명치 못하게 혼잡하면 불가하니 주의하라。

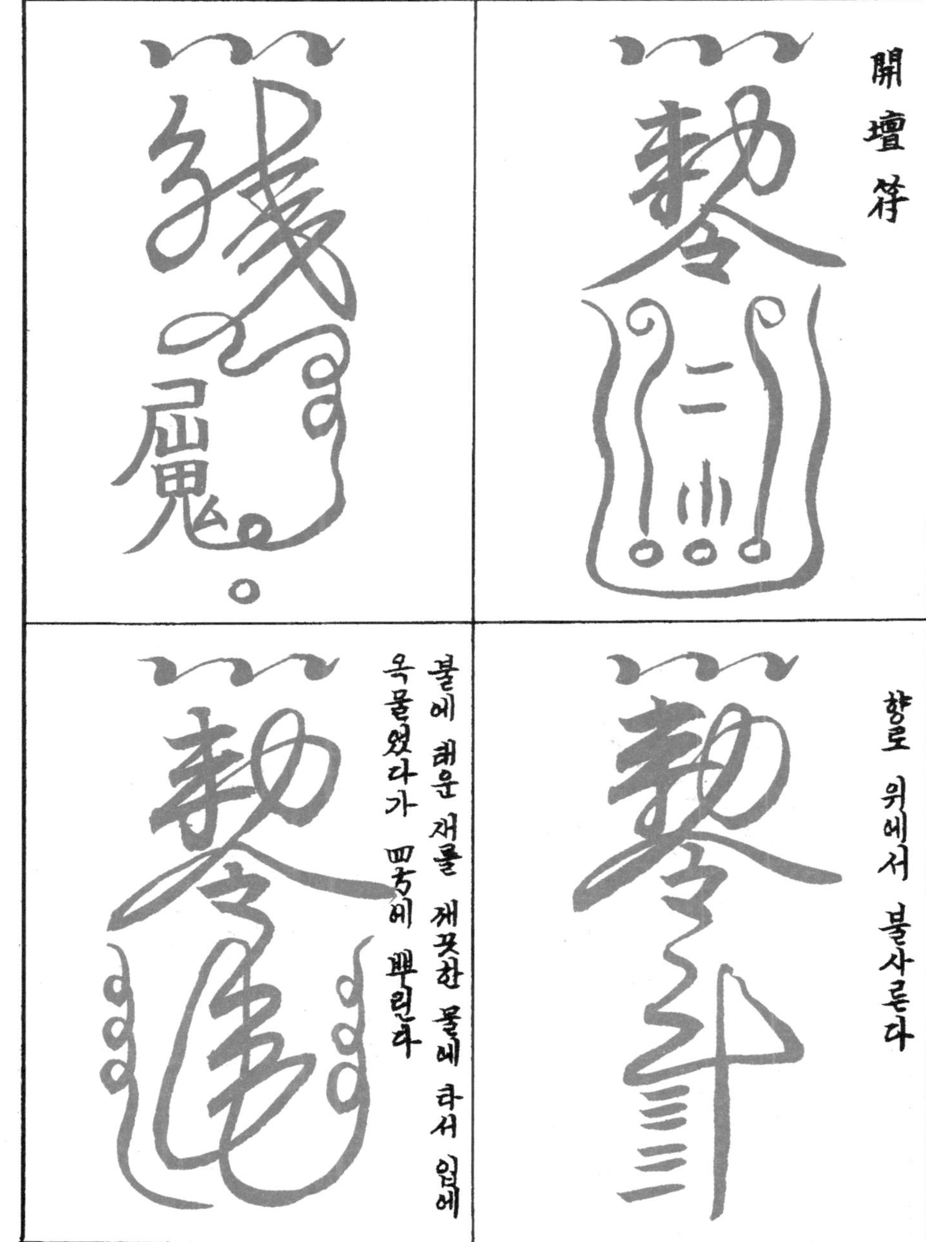
開壇符
향로 위에서 불사른다
불에 태운 재를 깨끗한 물에 타서 입에
옥물었다가 四方에 뿌린다

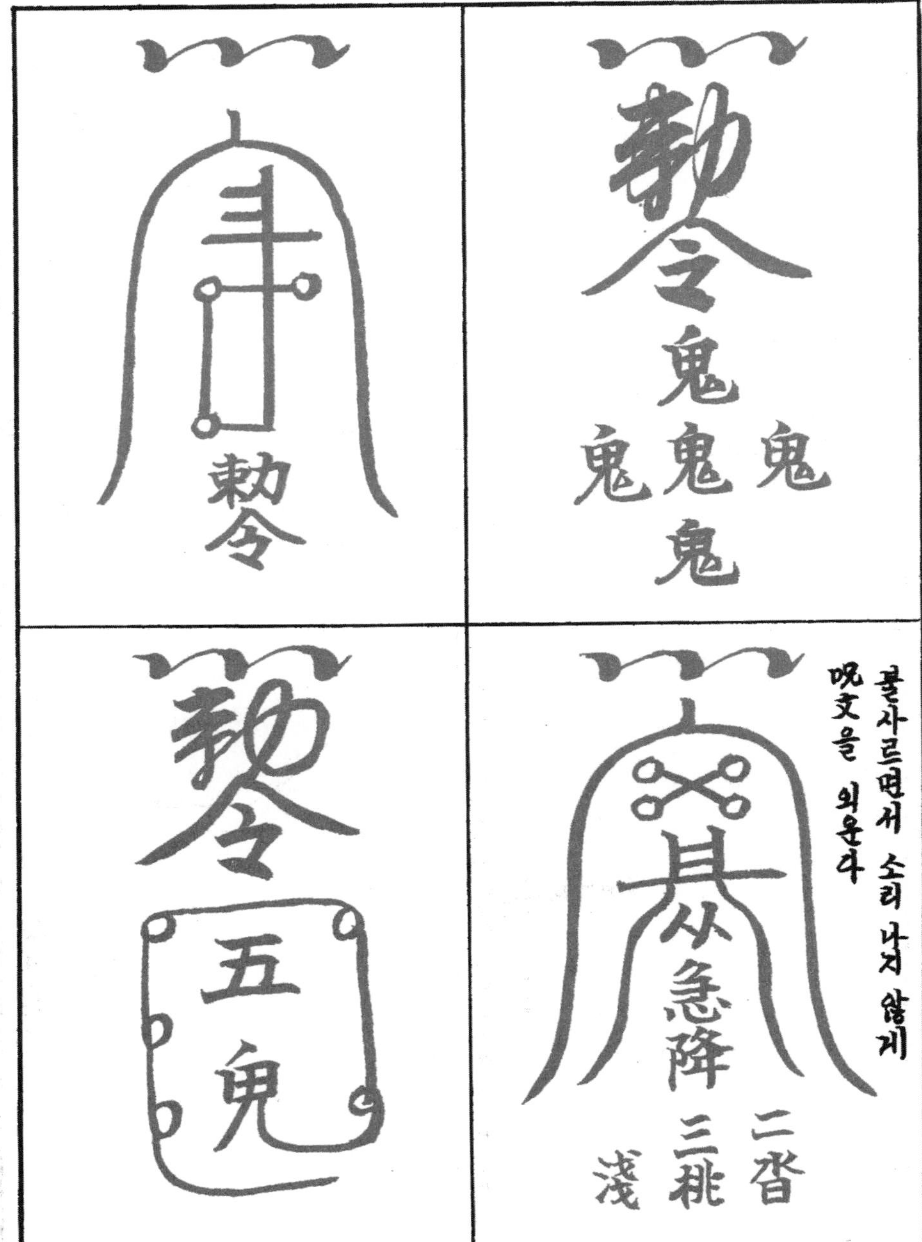
勅令
勅令
鬼
鬼 鬼 鬼
鬼
勅令
五
勅令
急降
二
三
浅
불사르면서 소리 나지 않게
呪文을 외운다

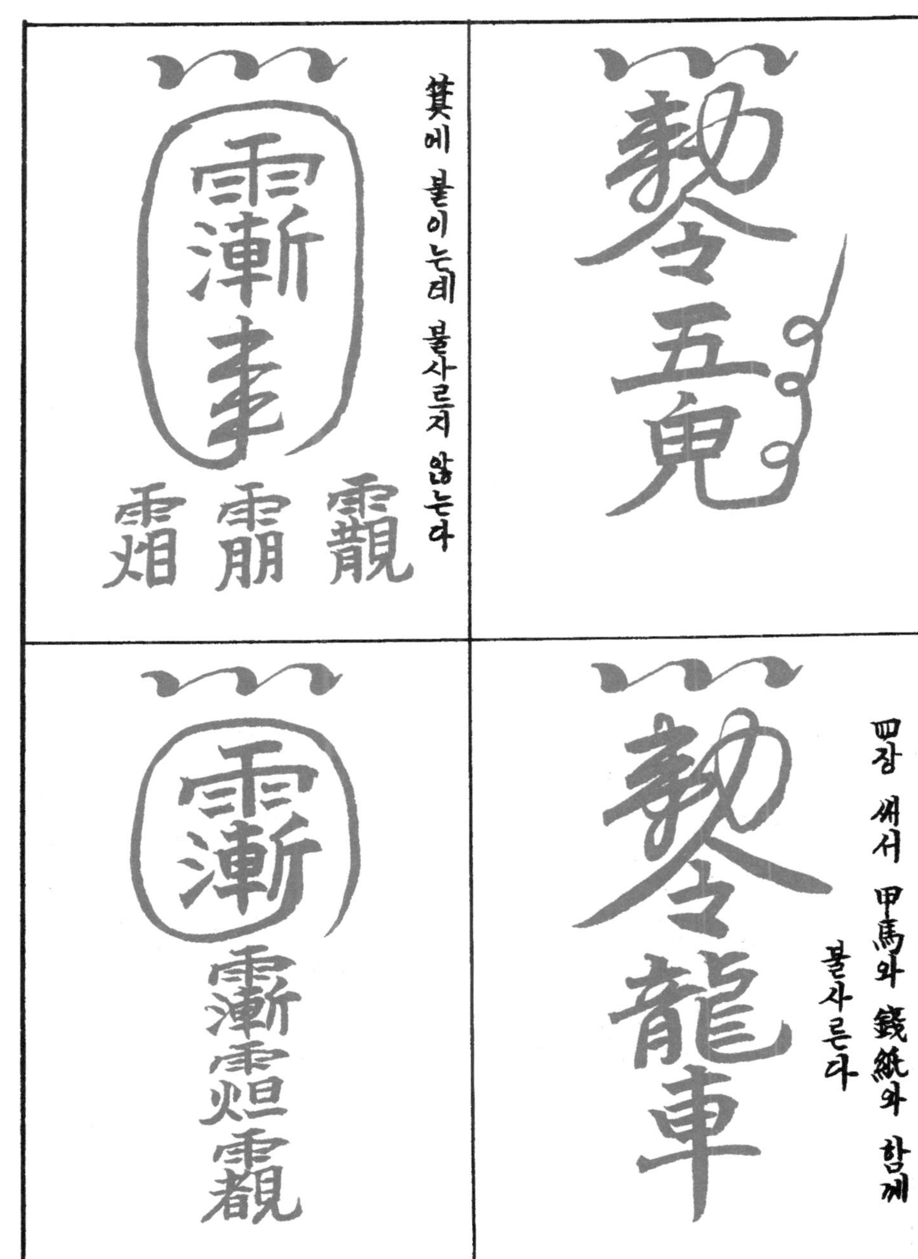
箕에 불이 눈데 불사르지 않는다
四장 써서 甲馬와 錢紙와 함께
불사른다

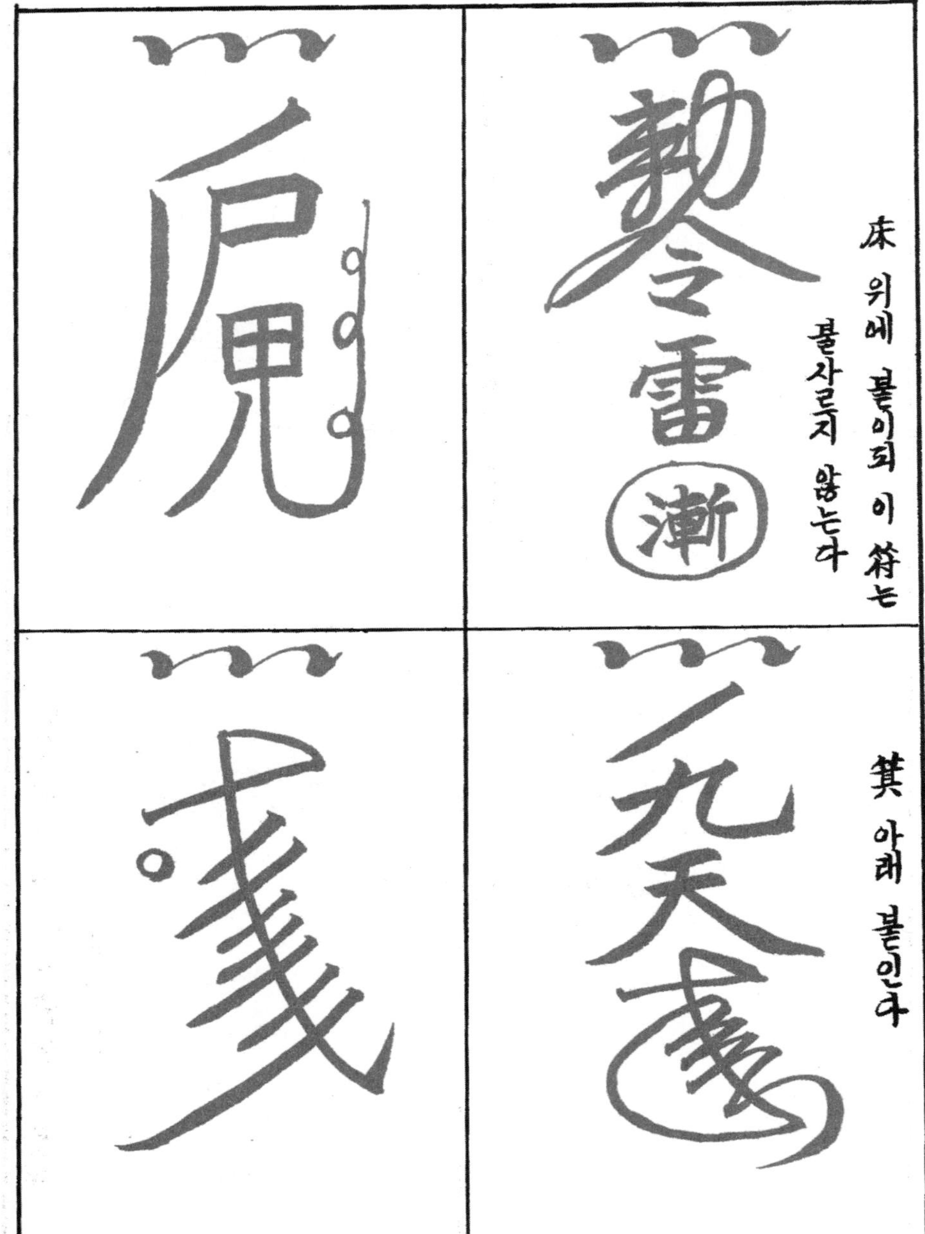
雷
漸
床 위에 붙이되 이 符는 불사르지 않는다
其 아래 붙인다

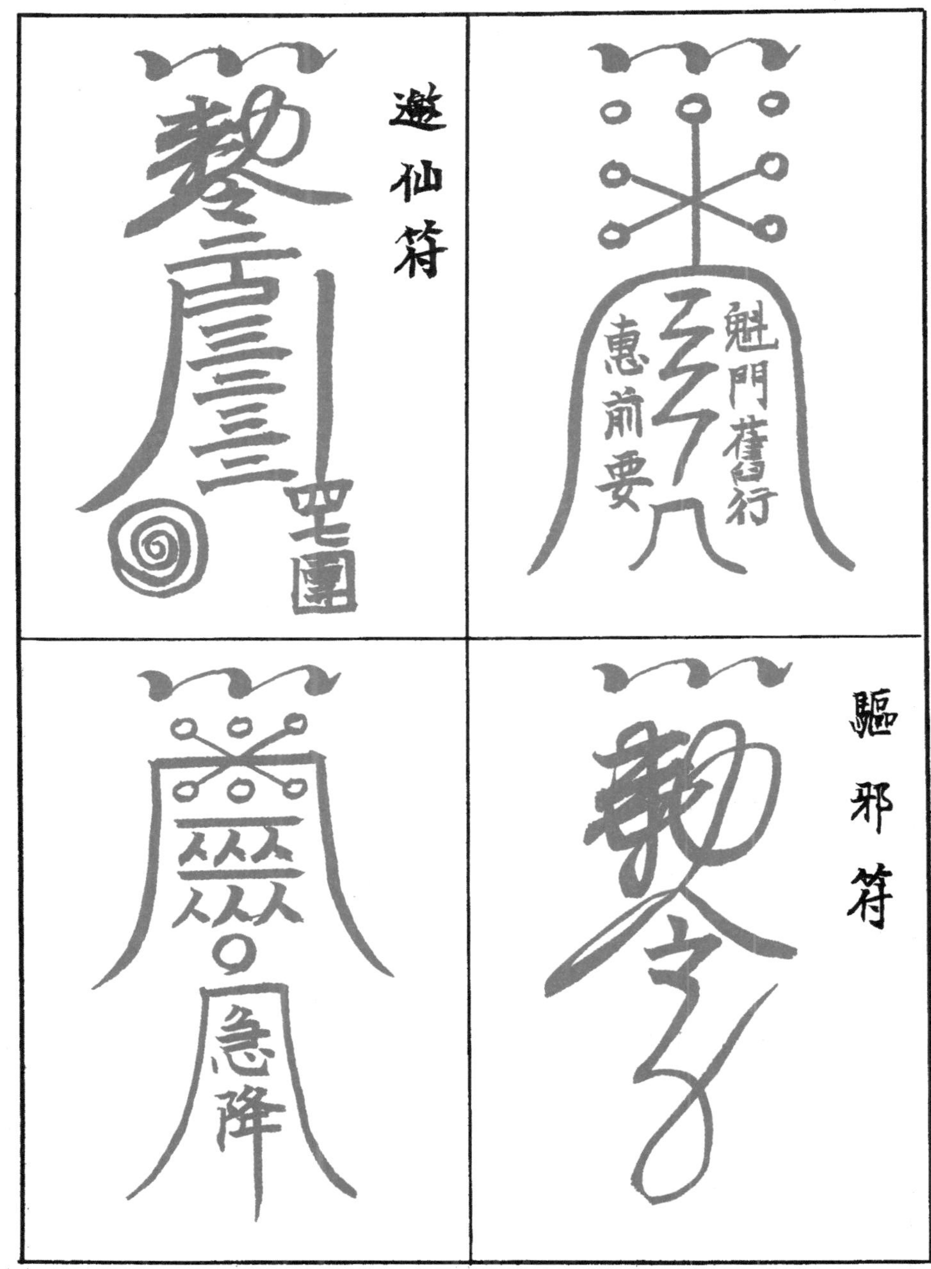
邀仙符
魁門舊行
惠前要
急降
驅邪符

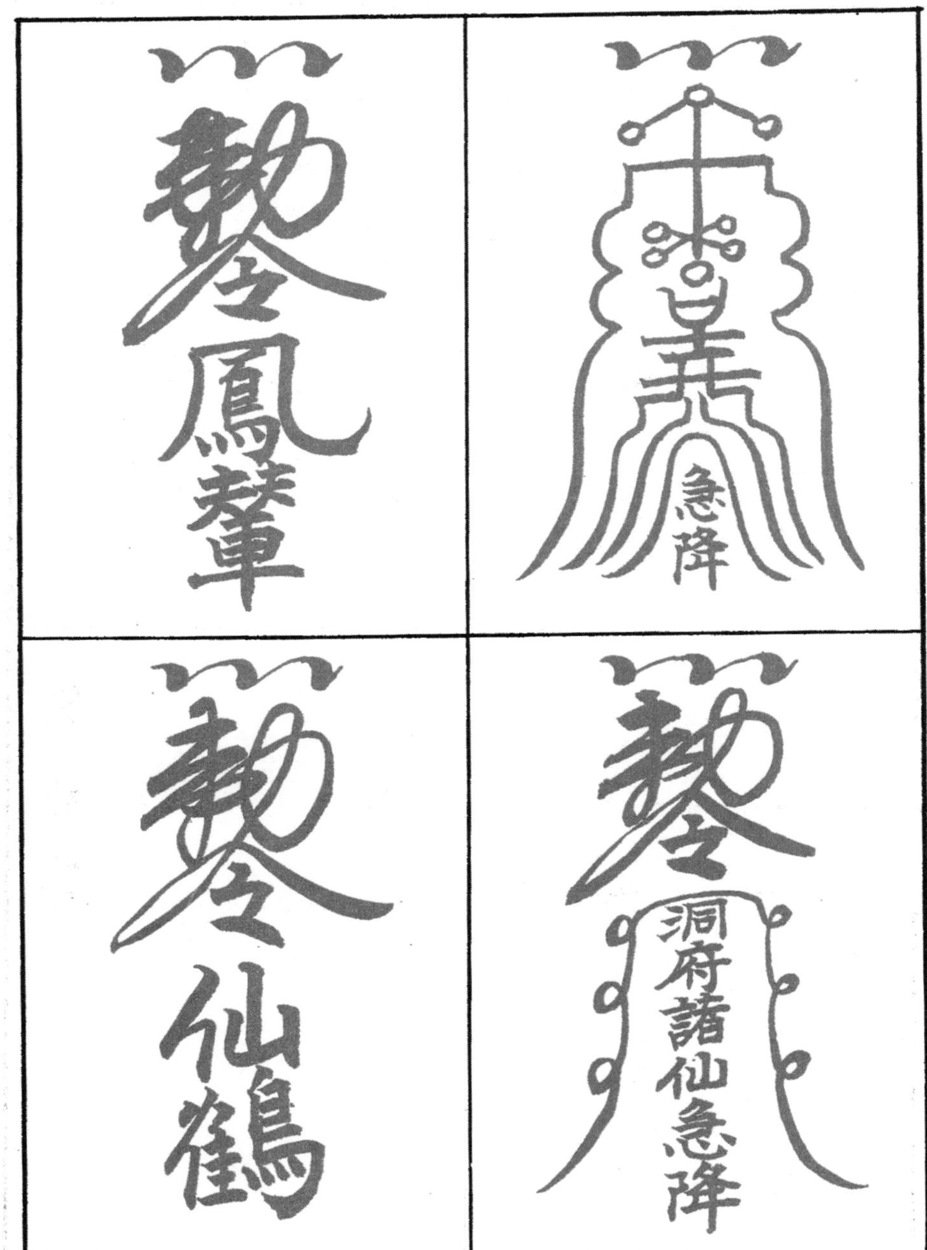
勅令鳳輦
急降
勅令仙鶴
勅令
洞府諸仙急降

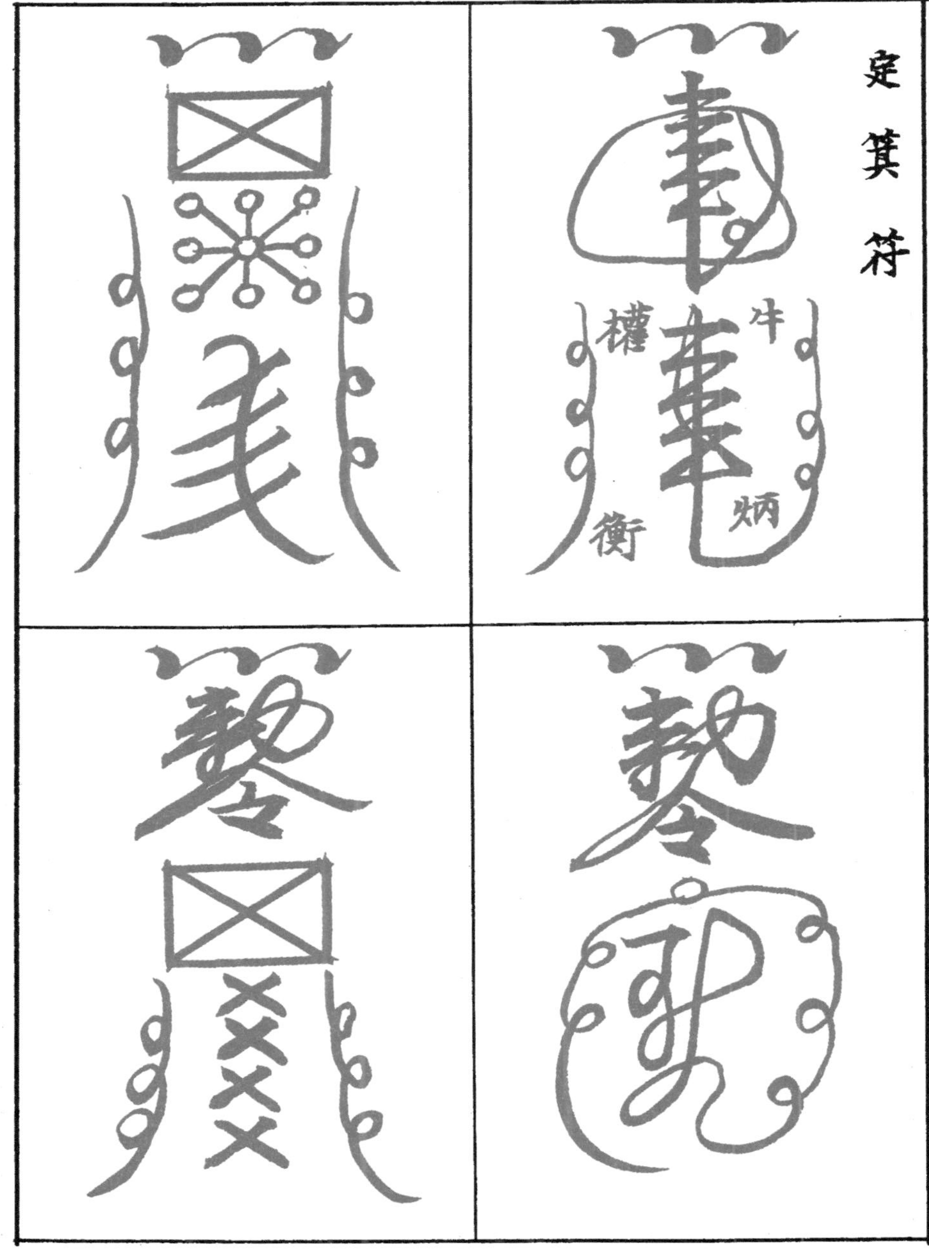
定箕符
權
牛
炳
衡

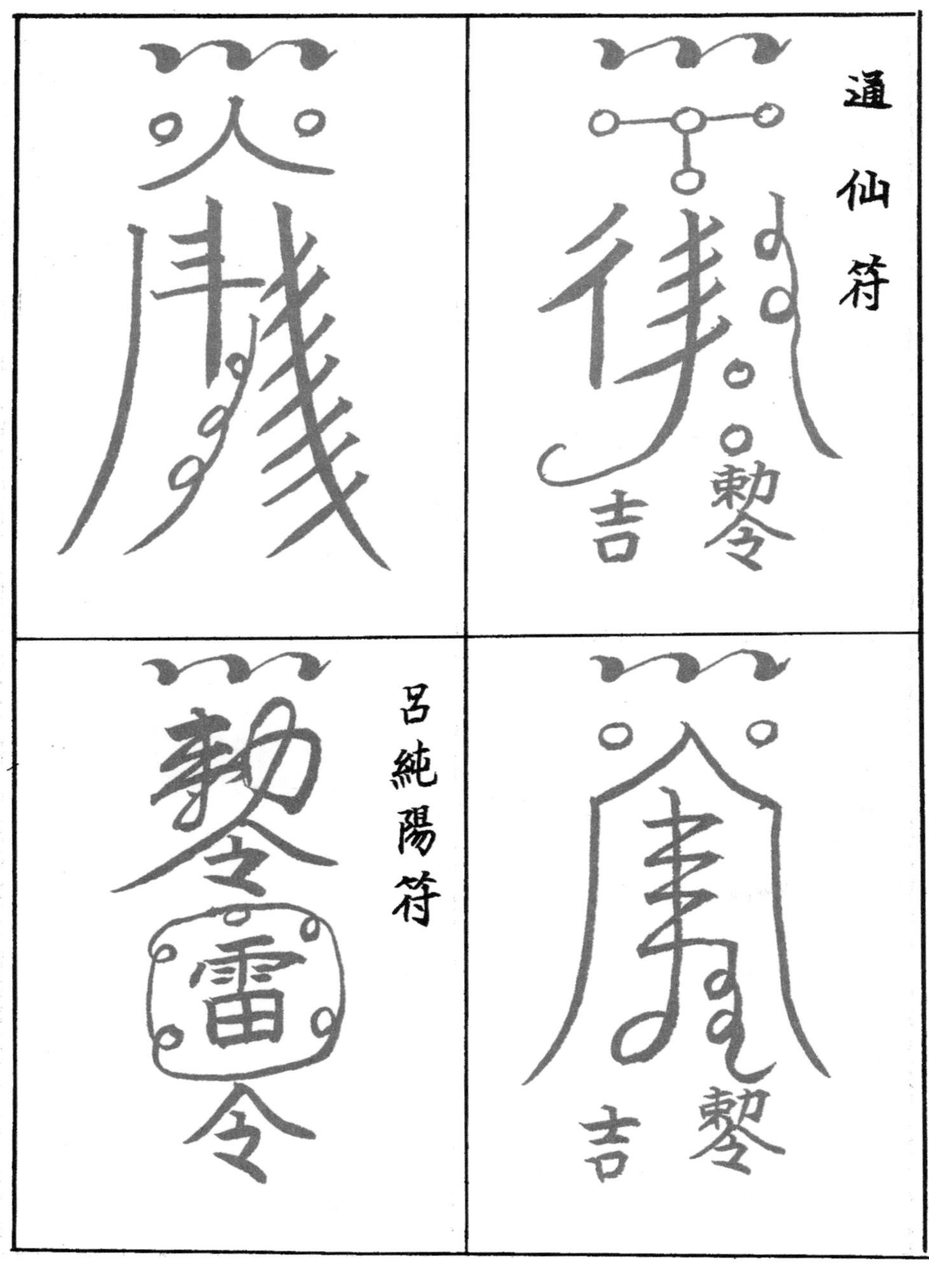

通仙符
勅令
吉
呂純陽符
雷
令
엄
吉

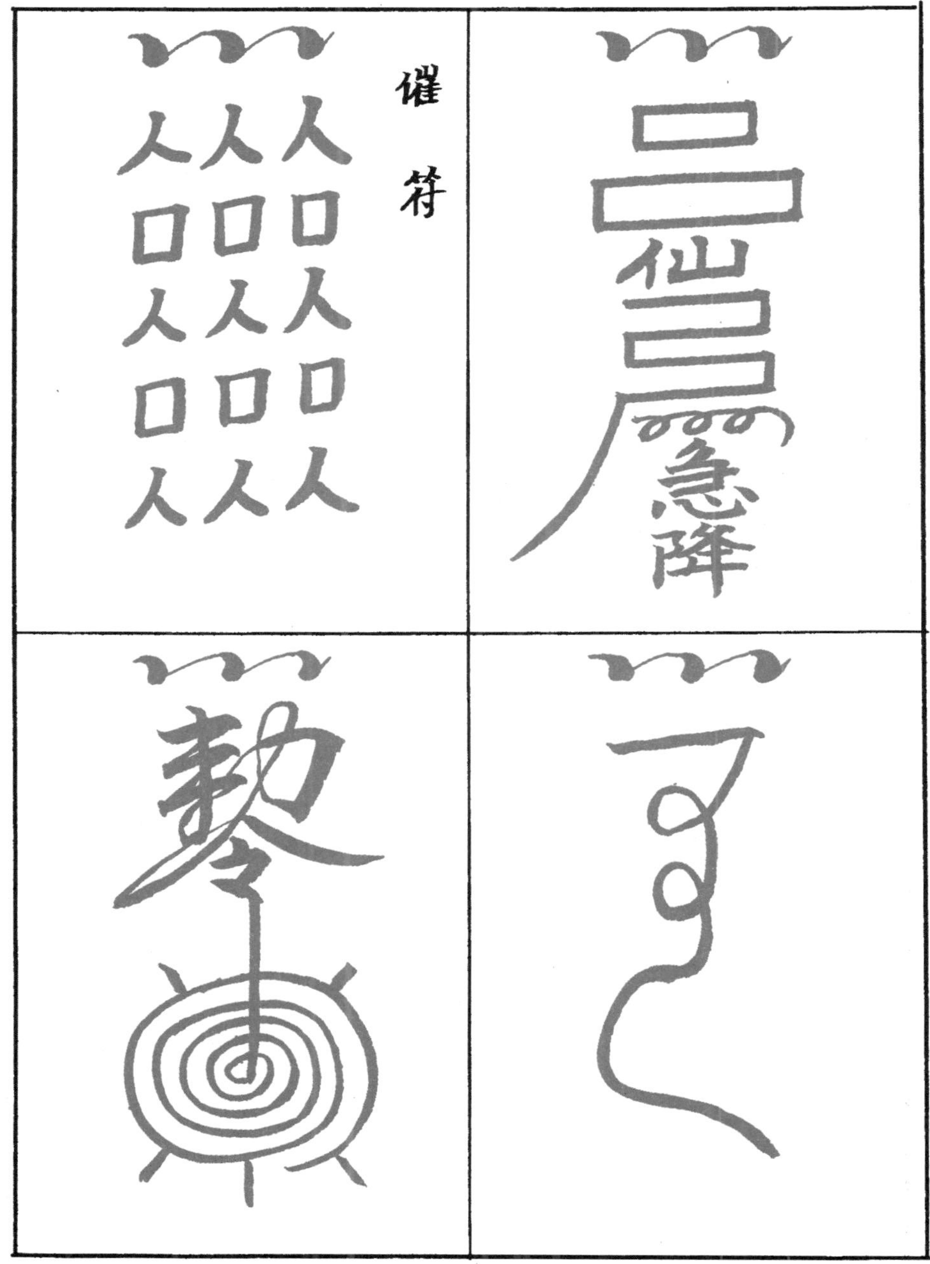
催符

急降
奉請諸天諸地府神仙降

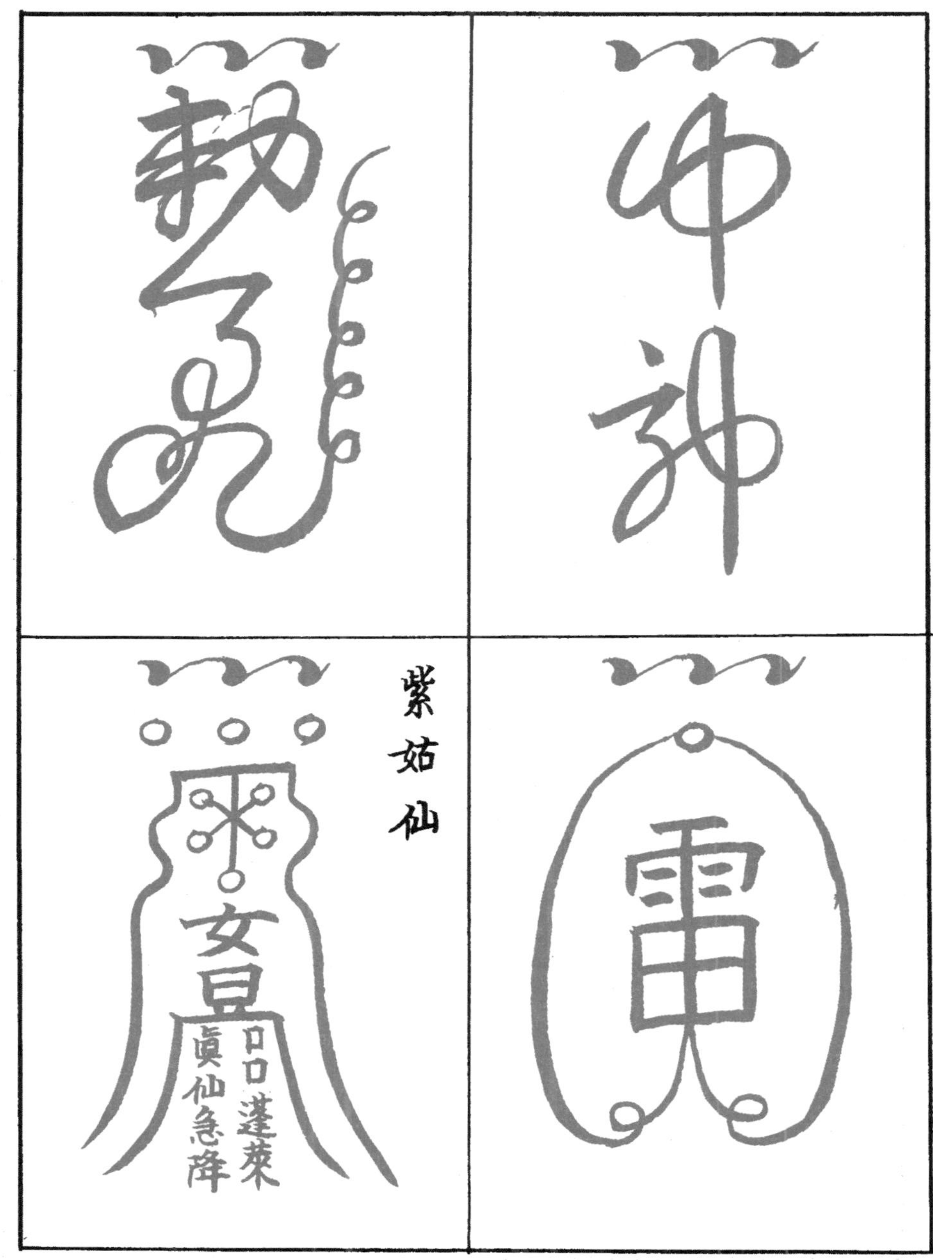
紫姑仙
ㅁㅁ蓬萊
眞仙急降

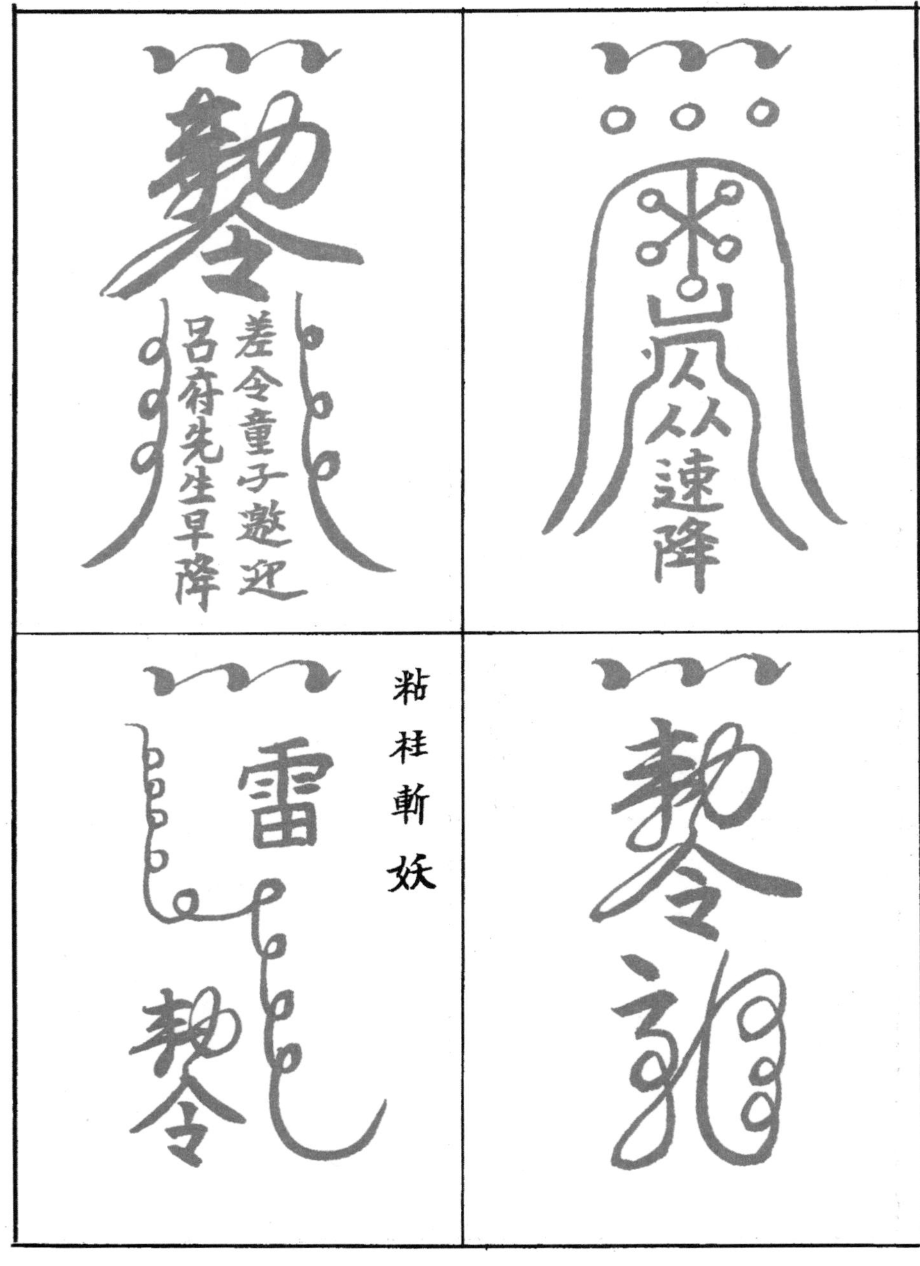

敕令
呂府先生早降
差令童子邀迎
速降
粘柱斬妖
雷
敕令
敕令

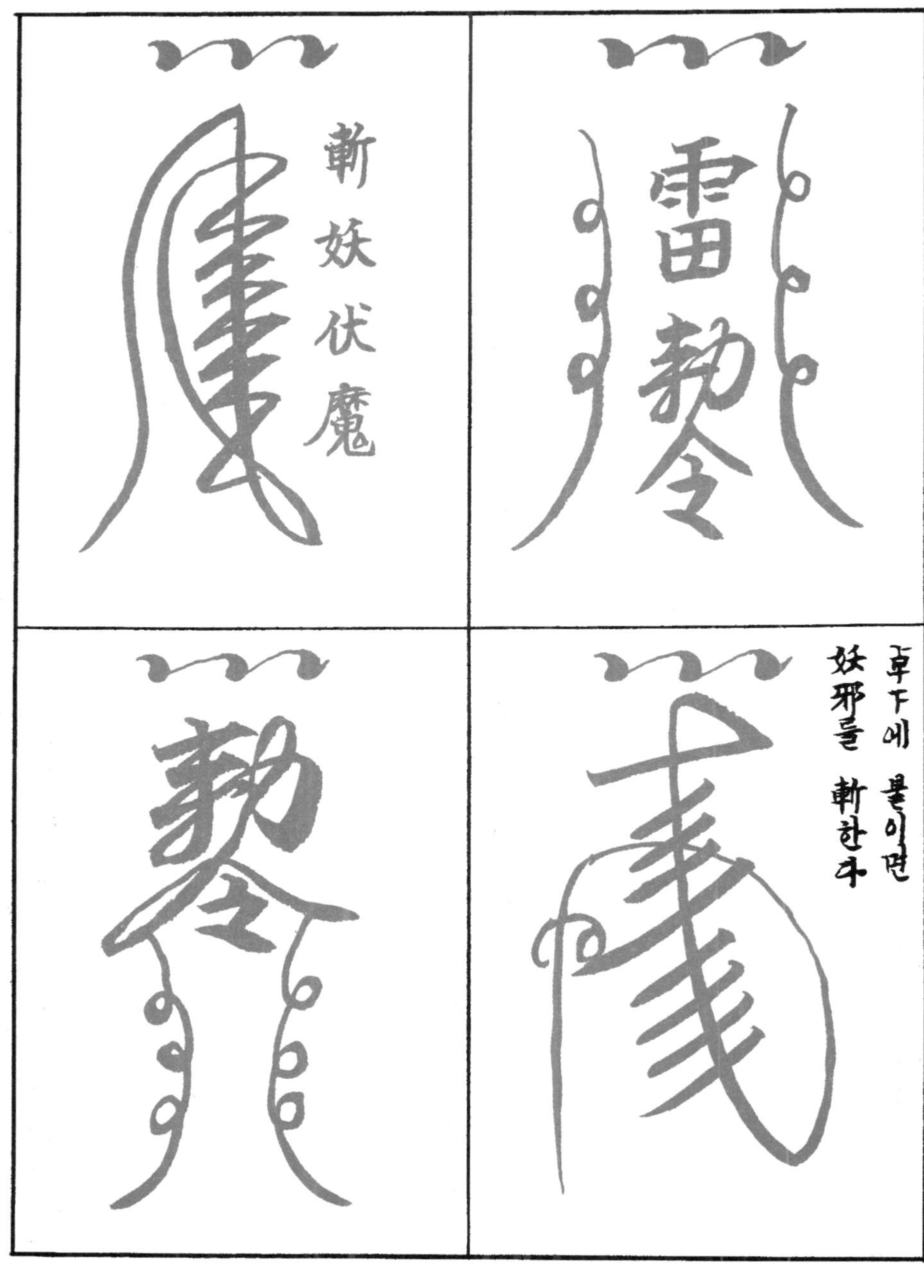
斬妖伏魔
雷勅令
勅令
卓下에 붙이면
妖邪를 斬한다

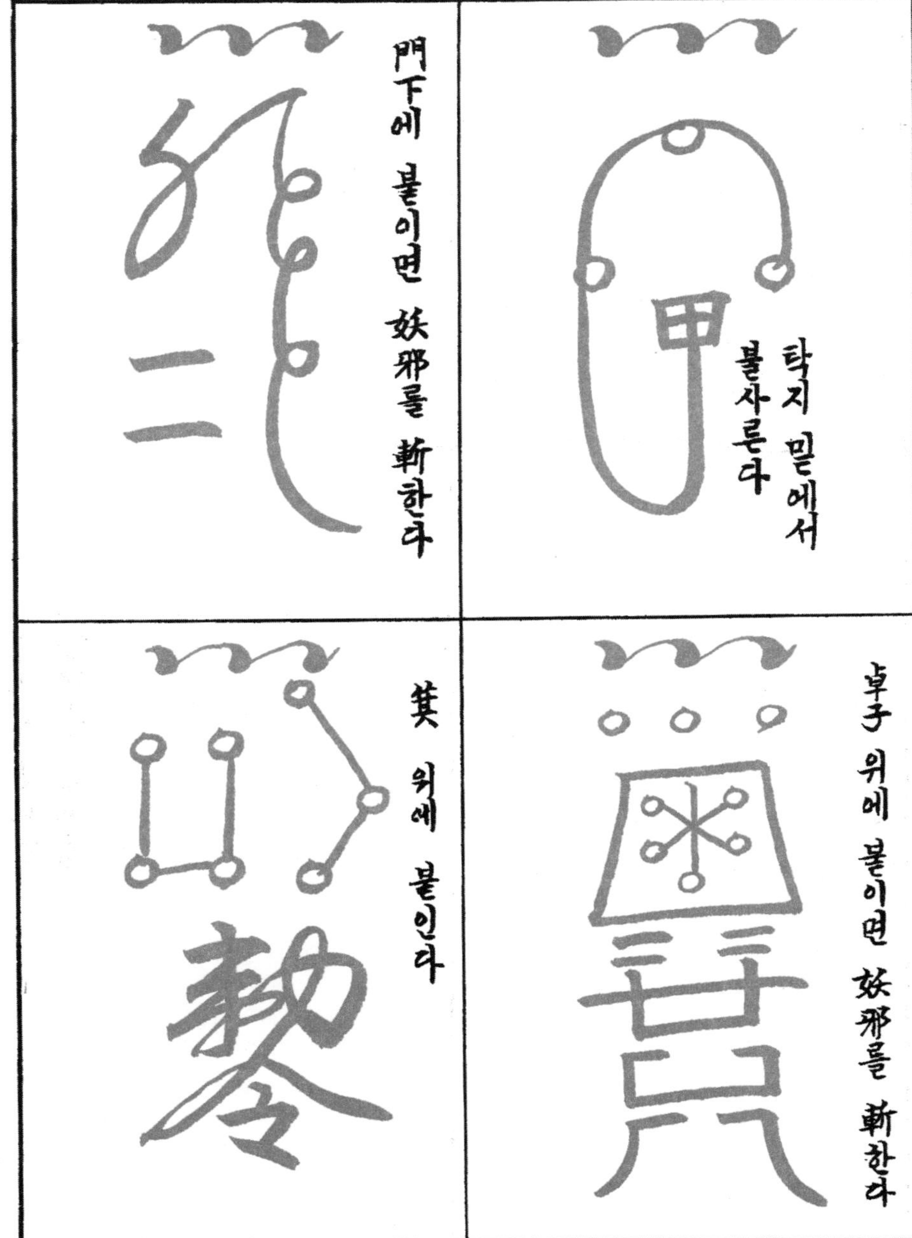

門下에 붙이면 妖邪를 斬한다
탁지 밑에서
불사른다
箕 위에 붙인다
卓子 위에 붙이면 妖邪를 斬한다

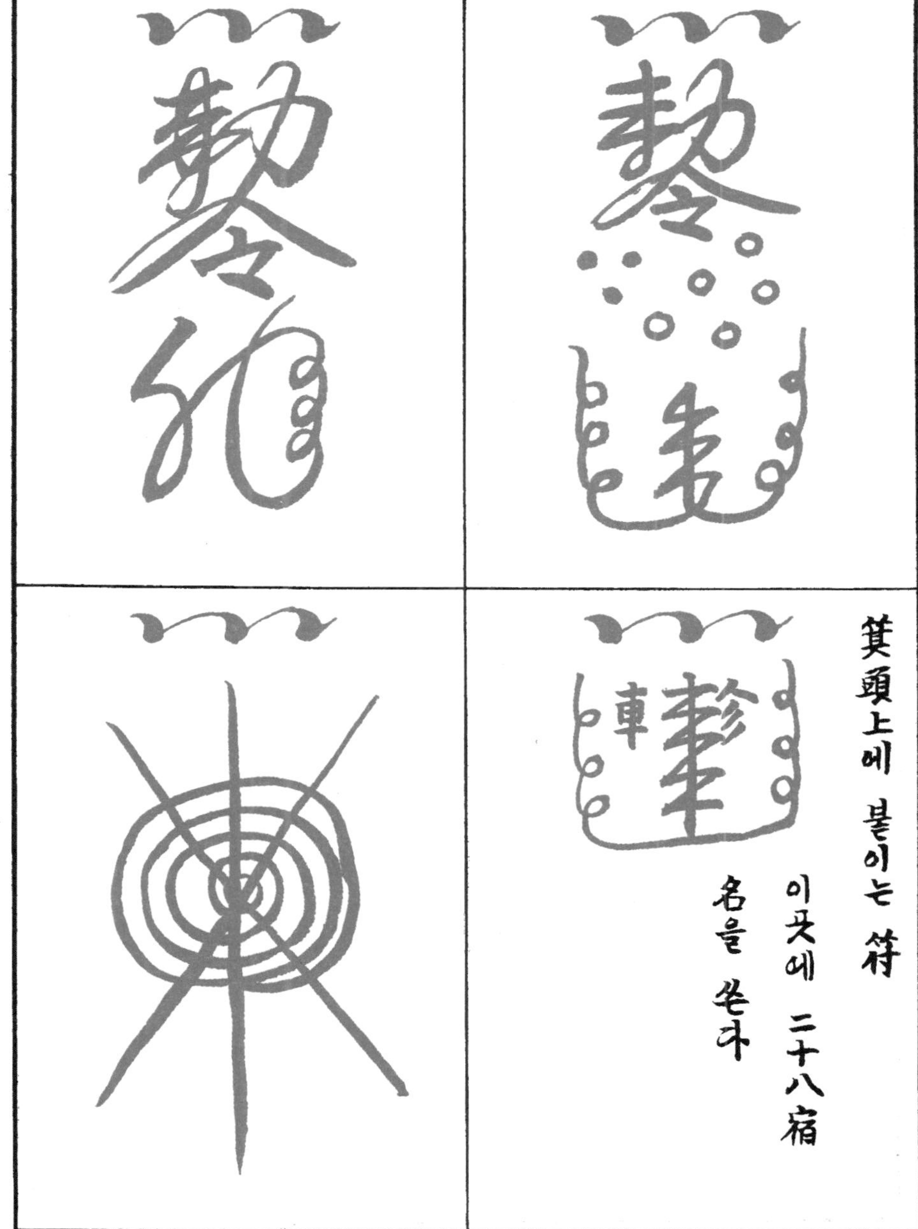
箕頭上에 붙이는 符
이곳에 二十八宿
名을 쓴다

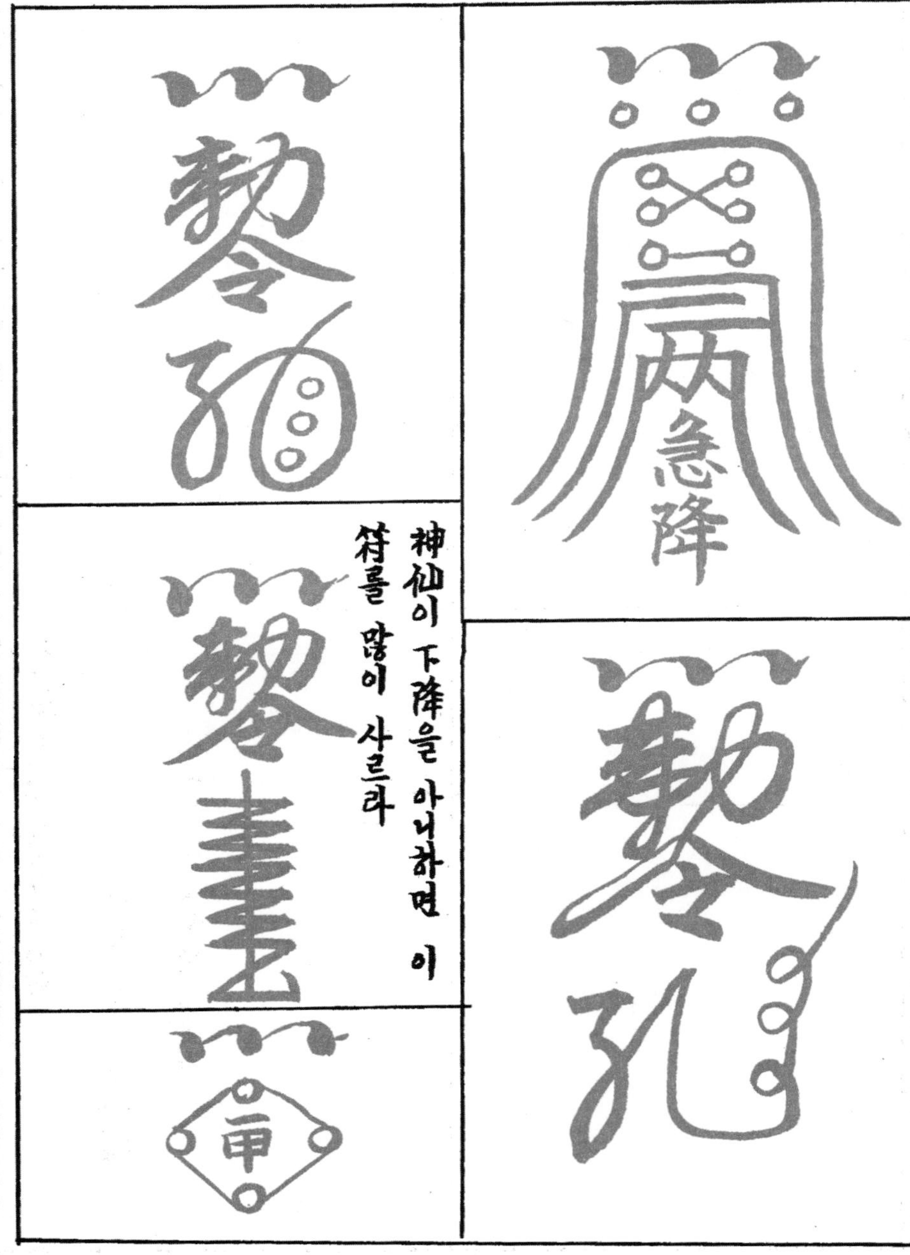
急降
神仙이 下降을 아니하면 이
符를 많이 사르라

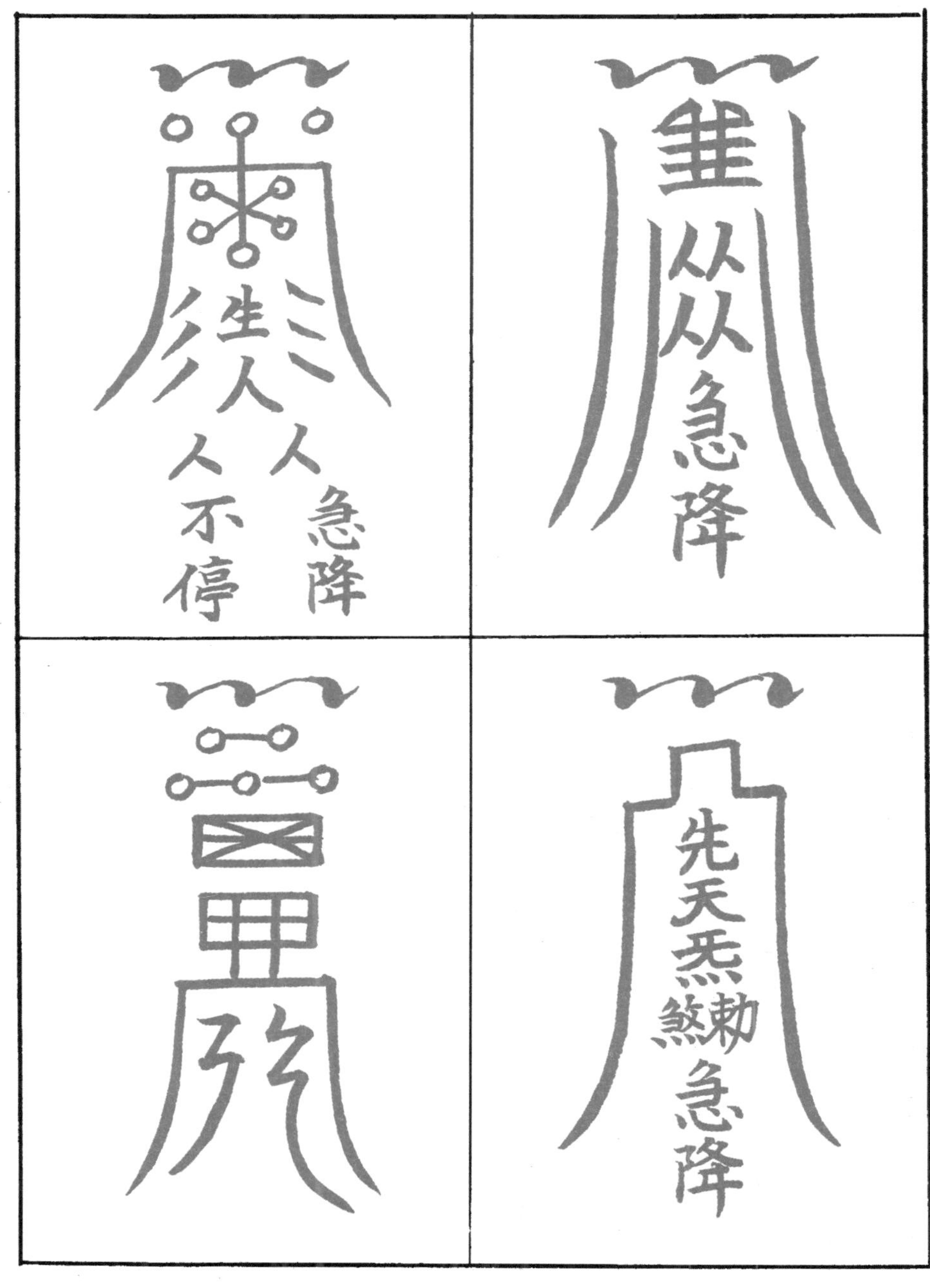
生人
人人
不停
急降
从从急降
先天炁
煞勅
急降

神이 내려오지 않거든 이 符를 써서 불사르라 곧 下降한다

口訣 = 四関看一力 天下人不識 君能有得者 虛空雷霹靂
(사관간일력 천하인불식 군능유득자 허공뇌벽력)

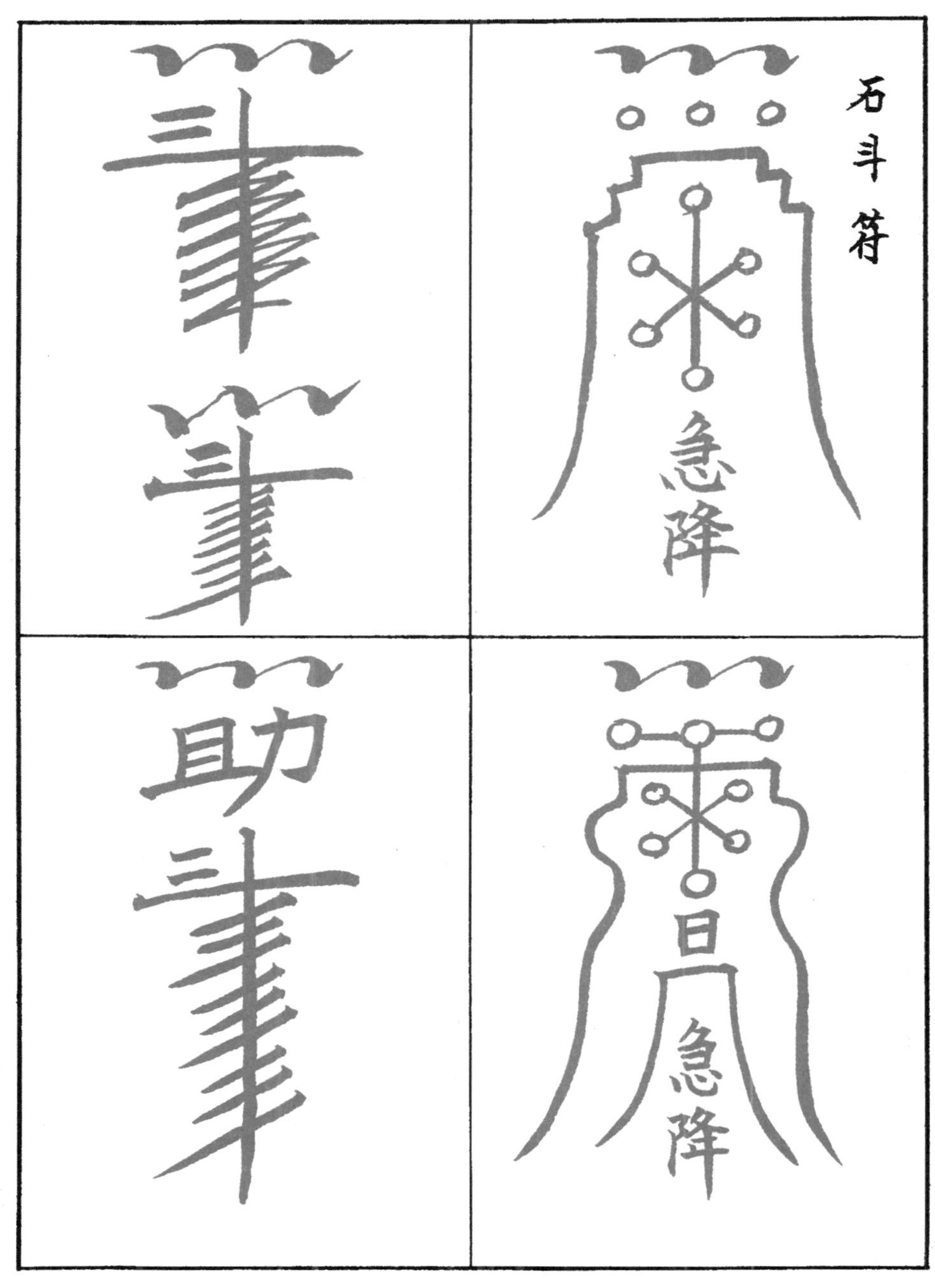
石斗符
急降
助
日
急降

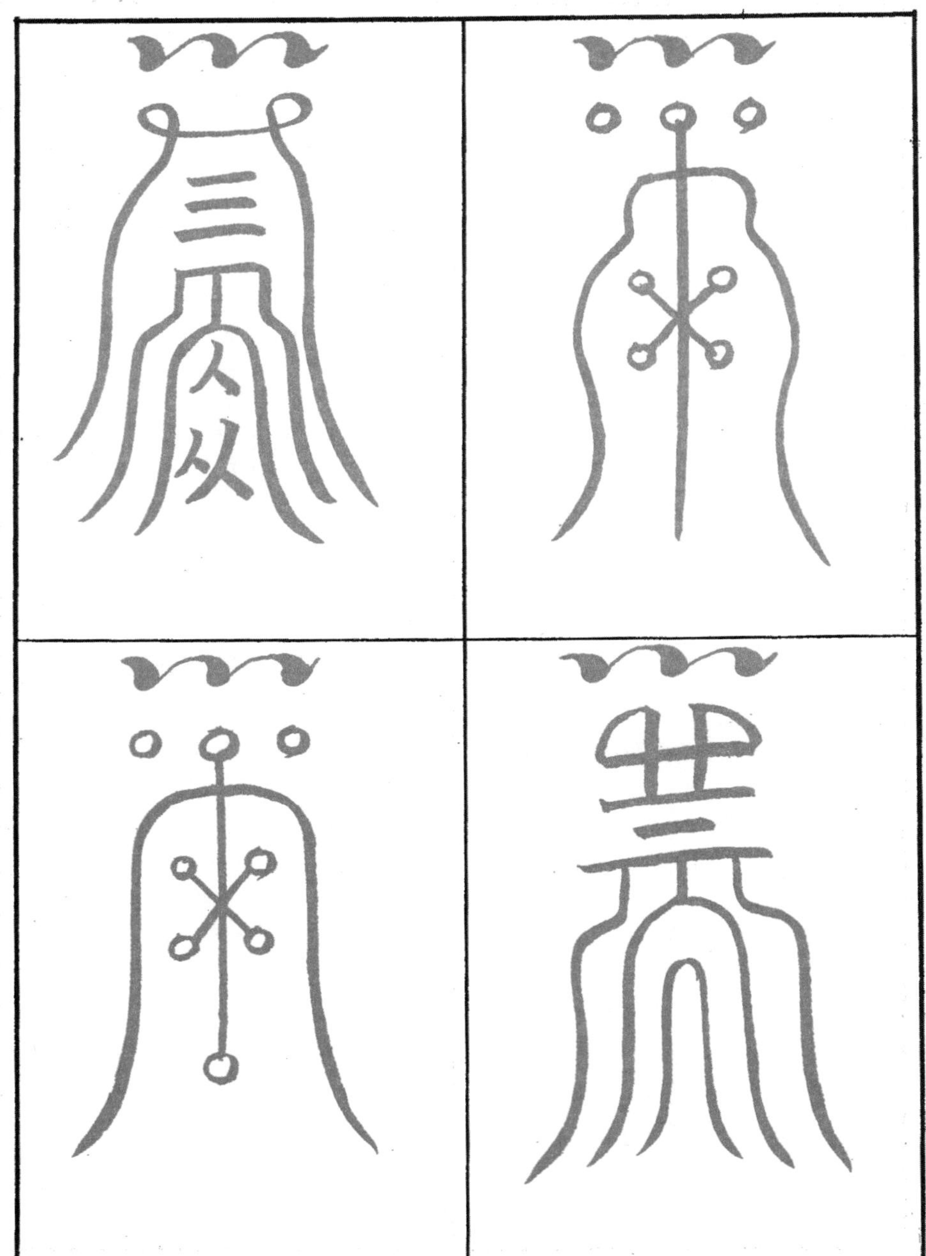

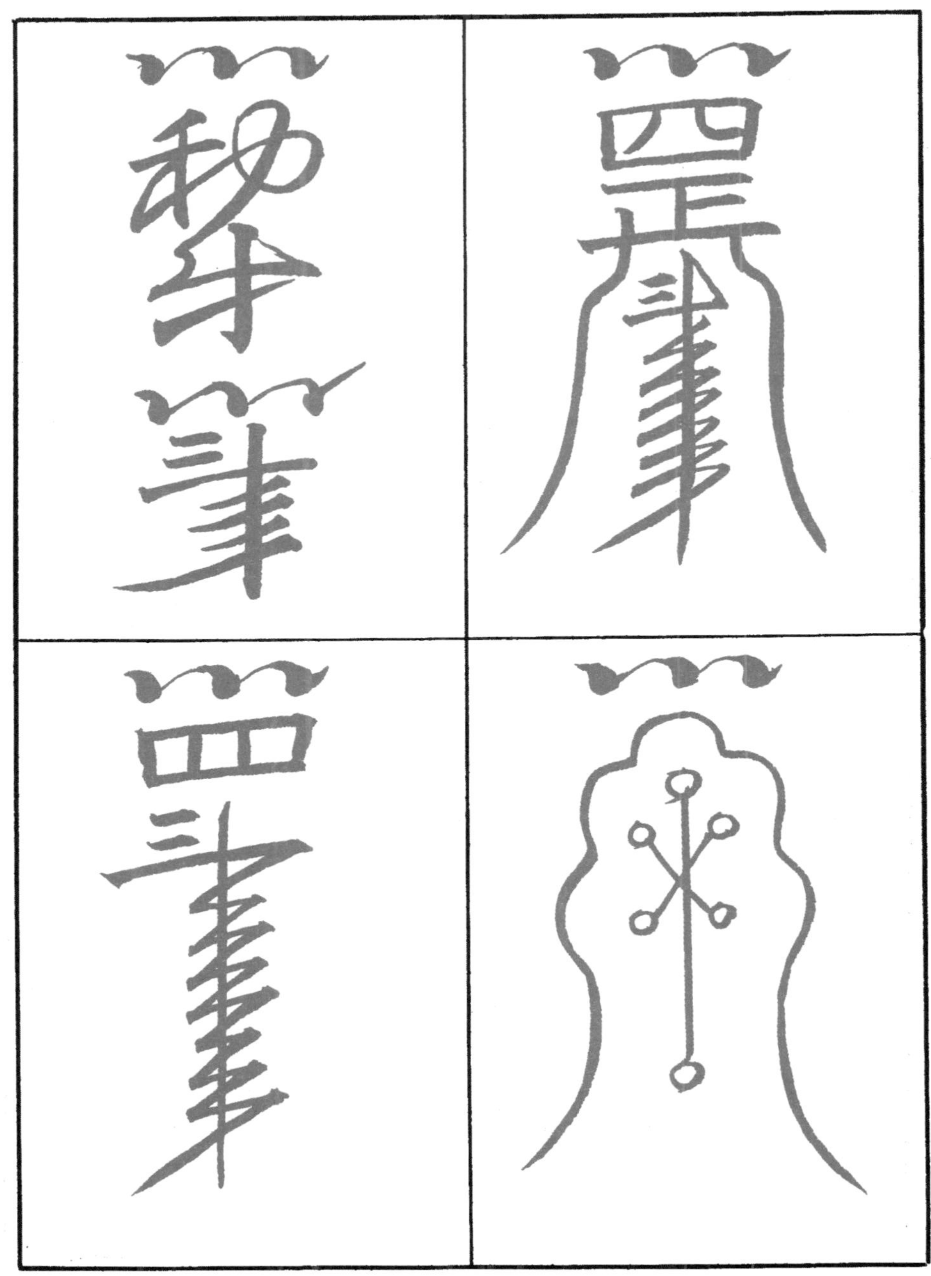

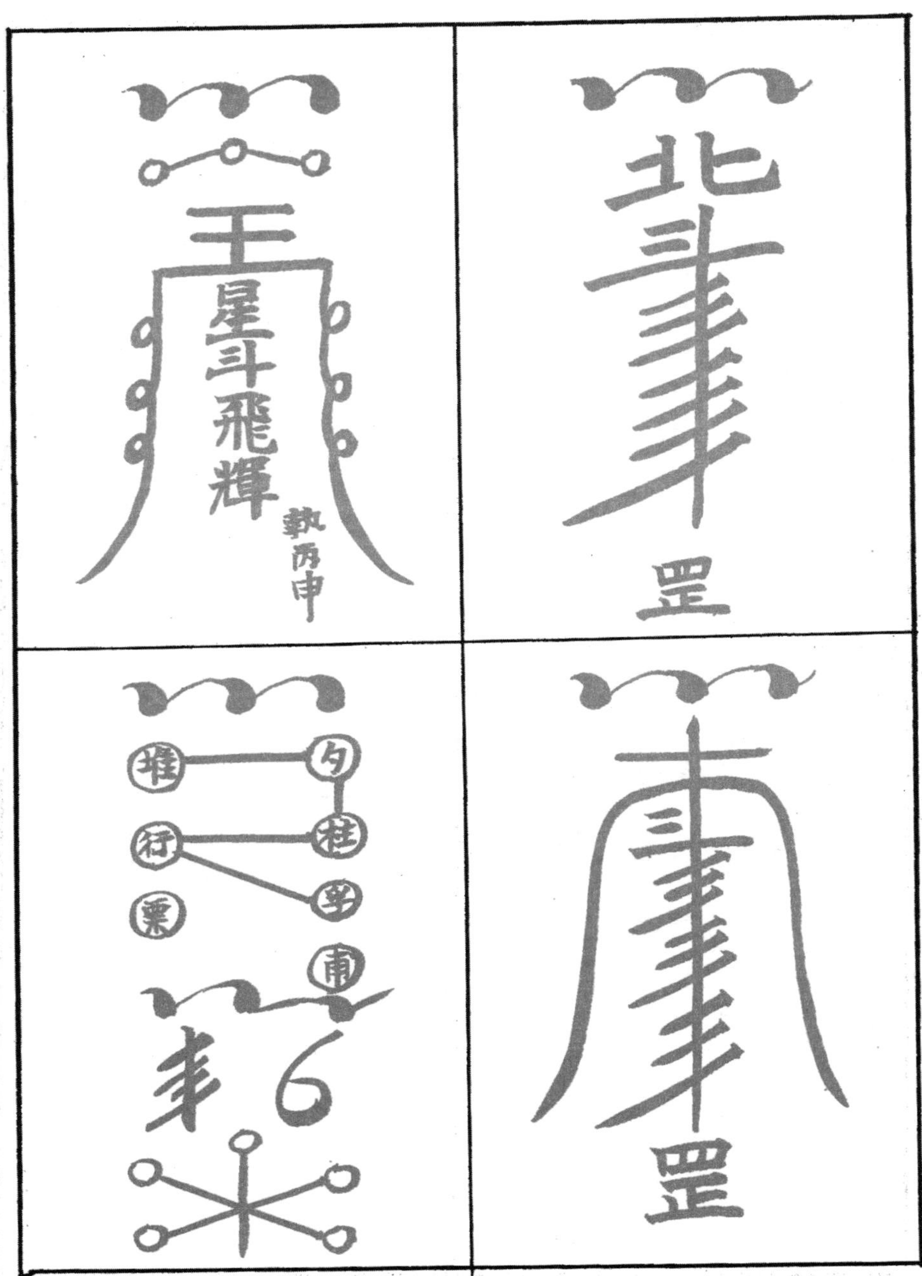

星斗飛輝
勅丙申
北
罡
罡

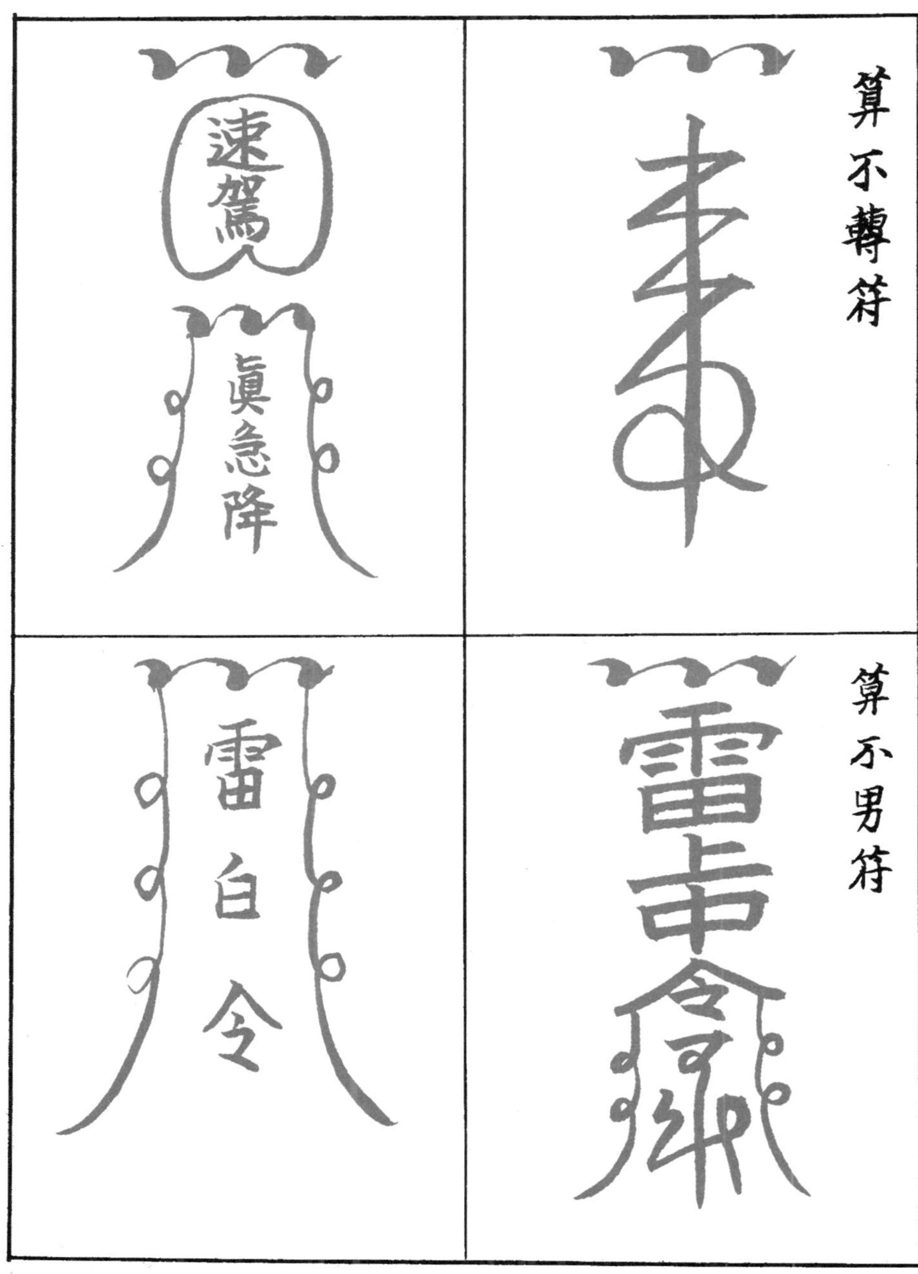
算不轉符
速駕
眞急降
算不男符
雷
白
令

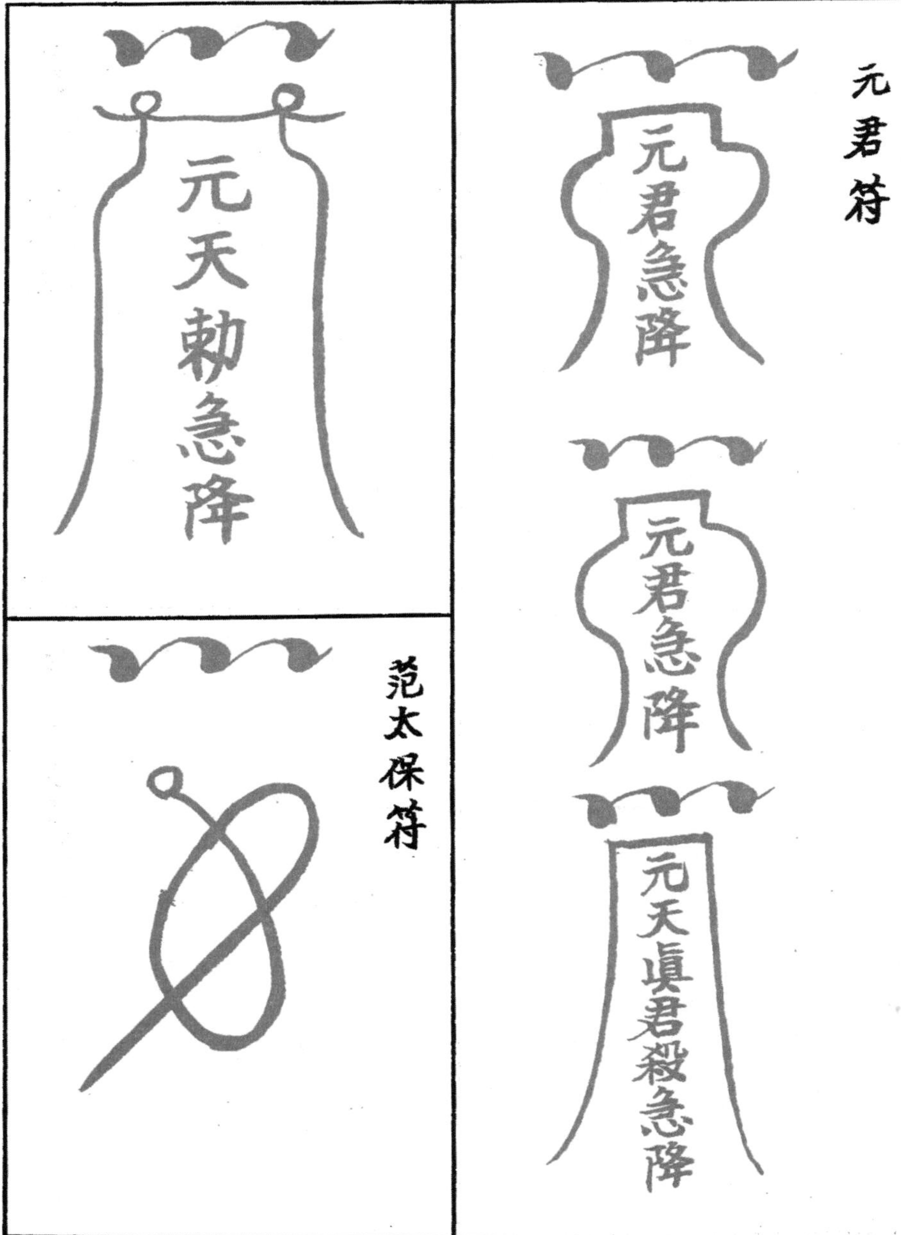
元君符
元君急降
元君急降
元天眞君殺急降
元天勅急降
范太保符

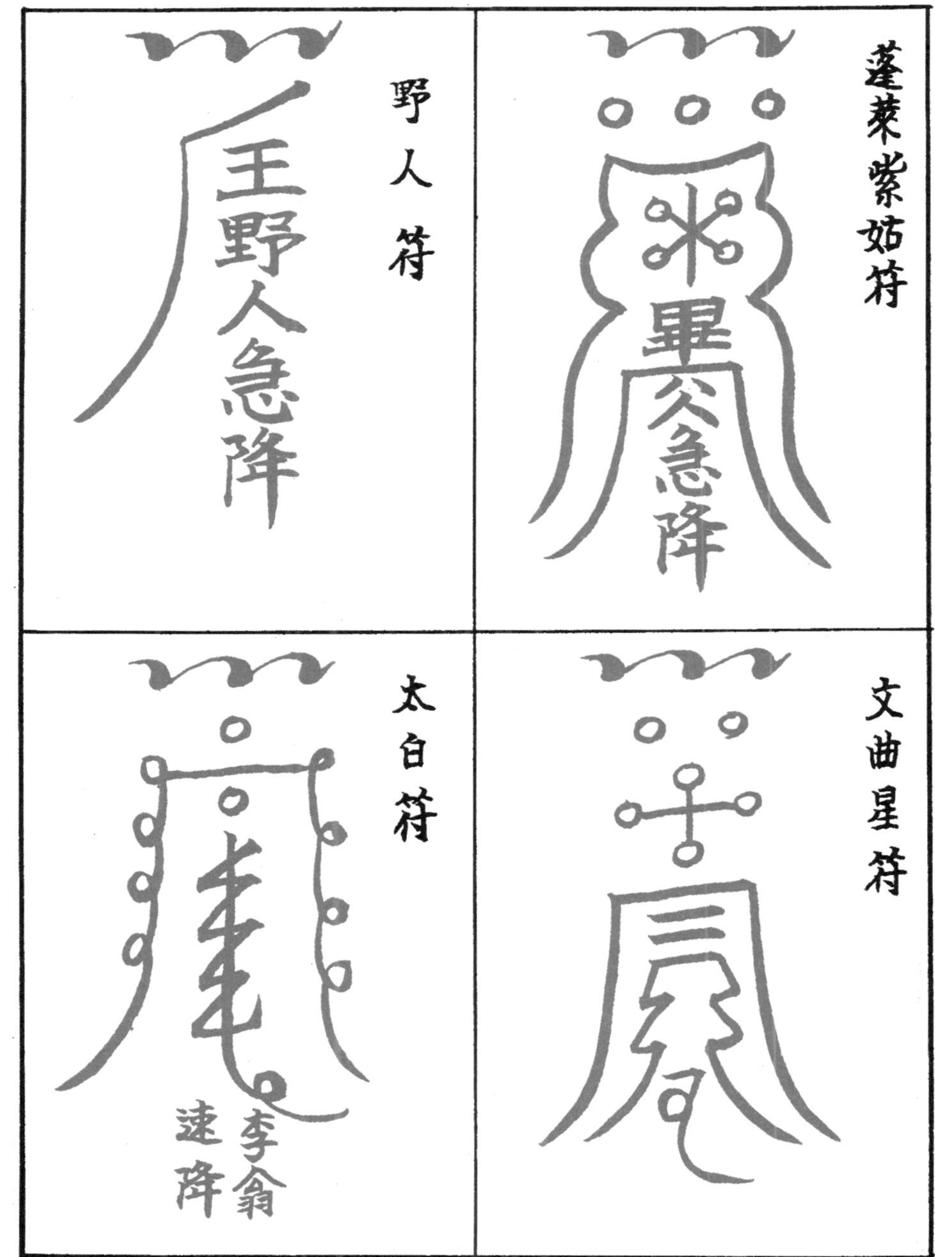
蓬萊紫姑符
畢公急降
野人符
王野人急降
文曲星符
太白符
李翁速降

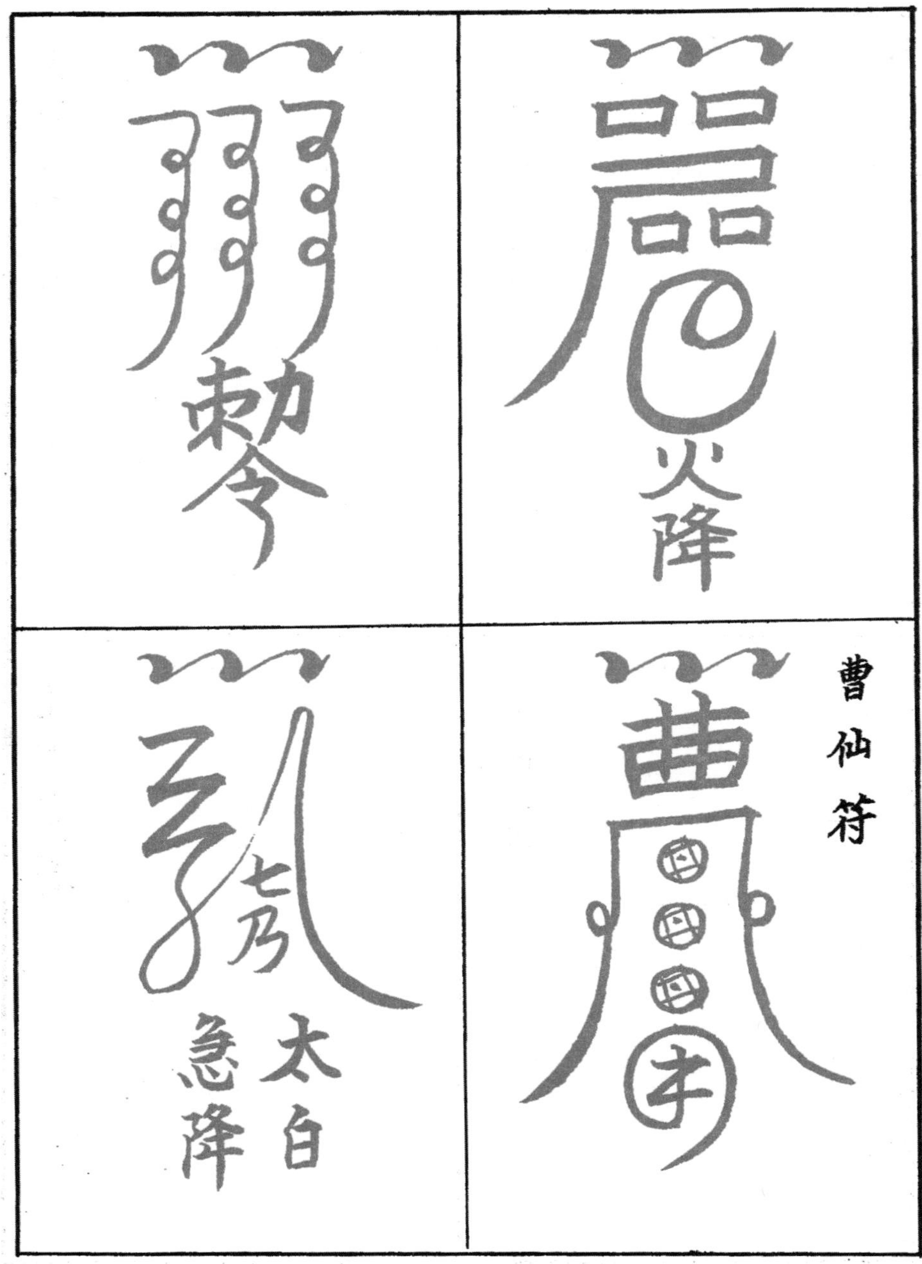

勅令
火降
曹仙符
七乃
太白
急降

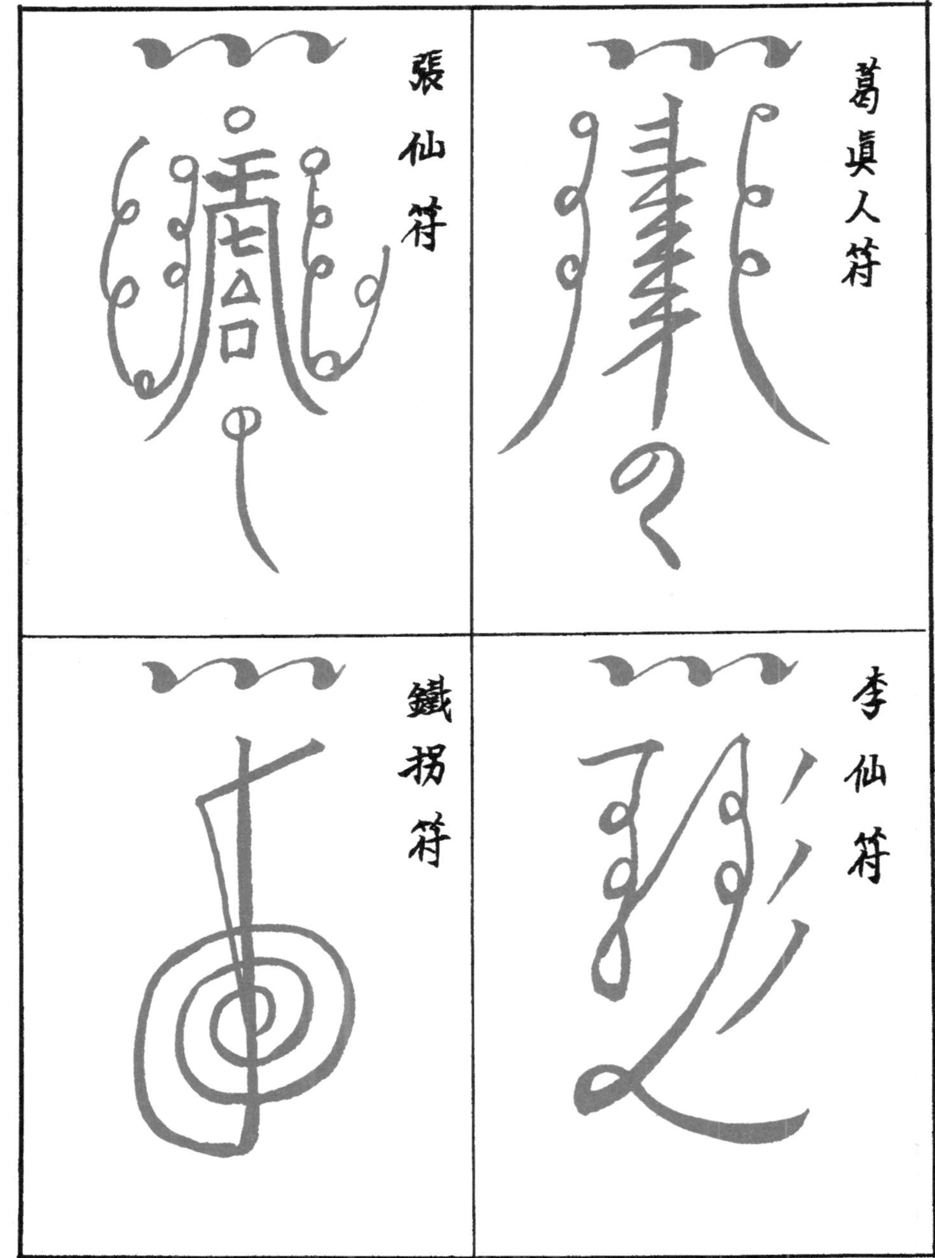
葛眞人符
張仙符
李仙符
鐵拐符

鐘離符

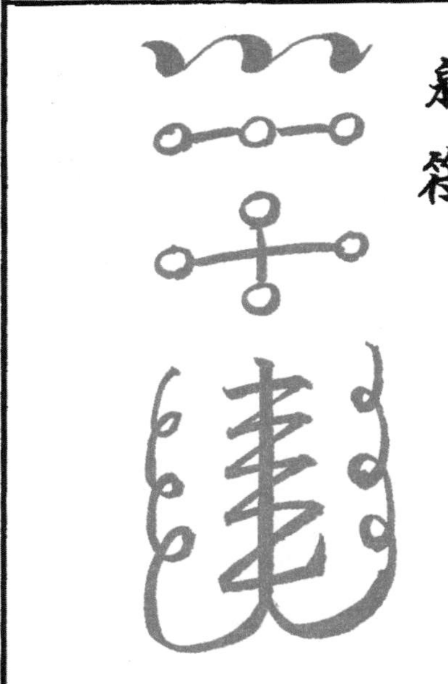

泉符

韓湘子符

翠胡子符

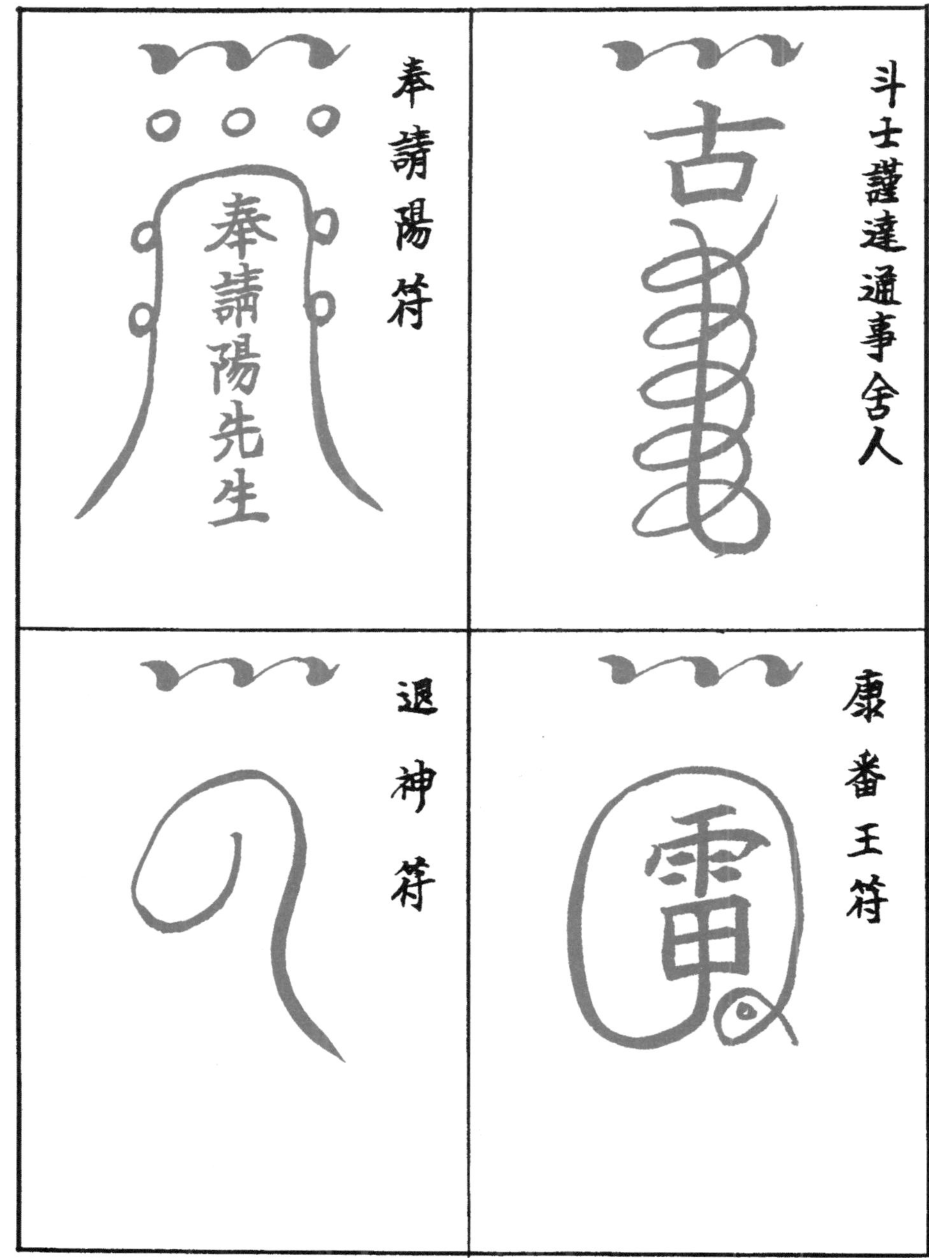
斗士謹達通事舍人
奉請陽符
奉請陽先生
康番王符
退神符

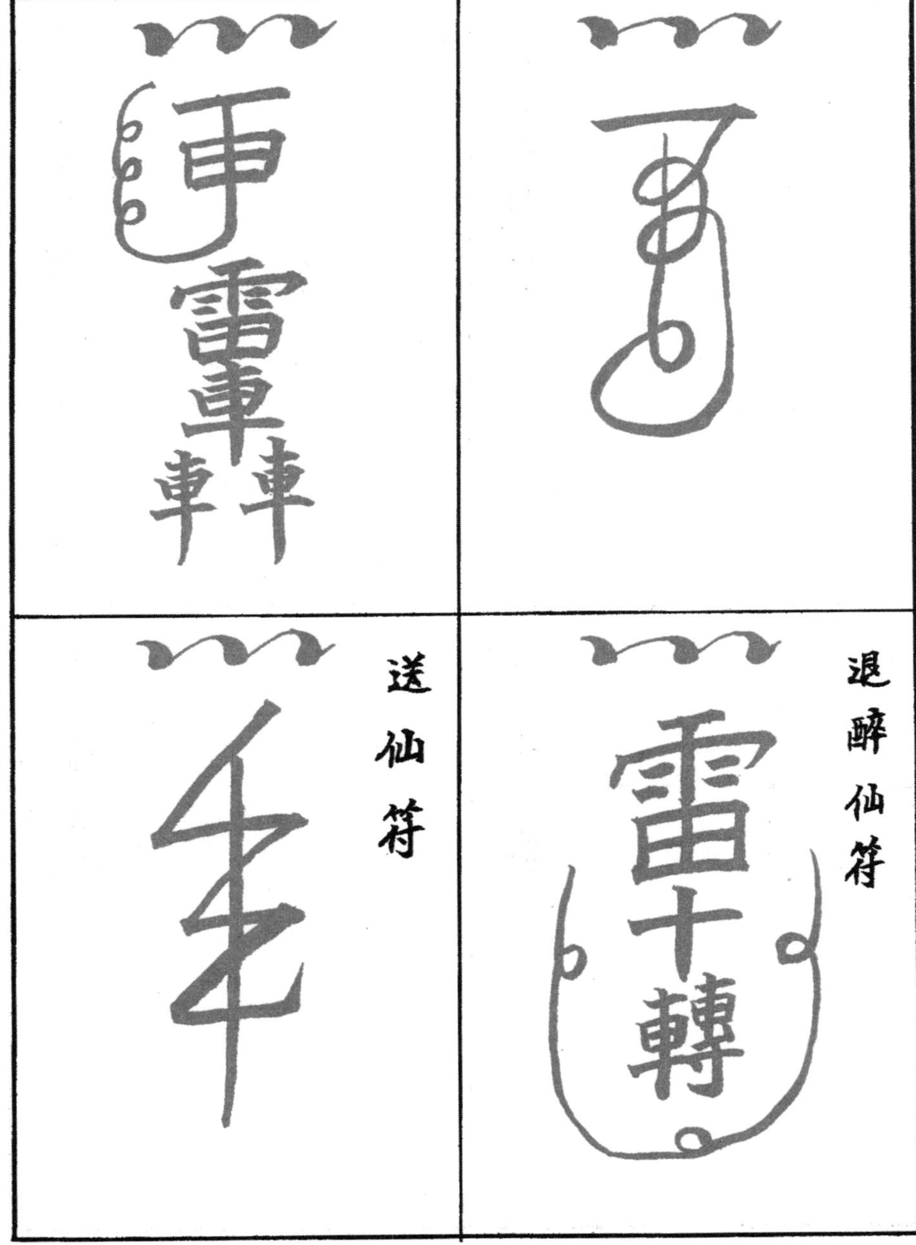

送仙符

退醉仙符

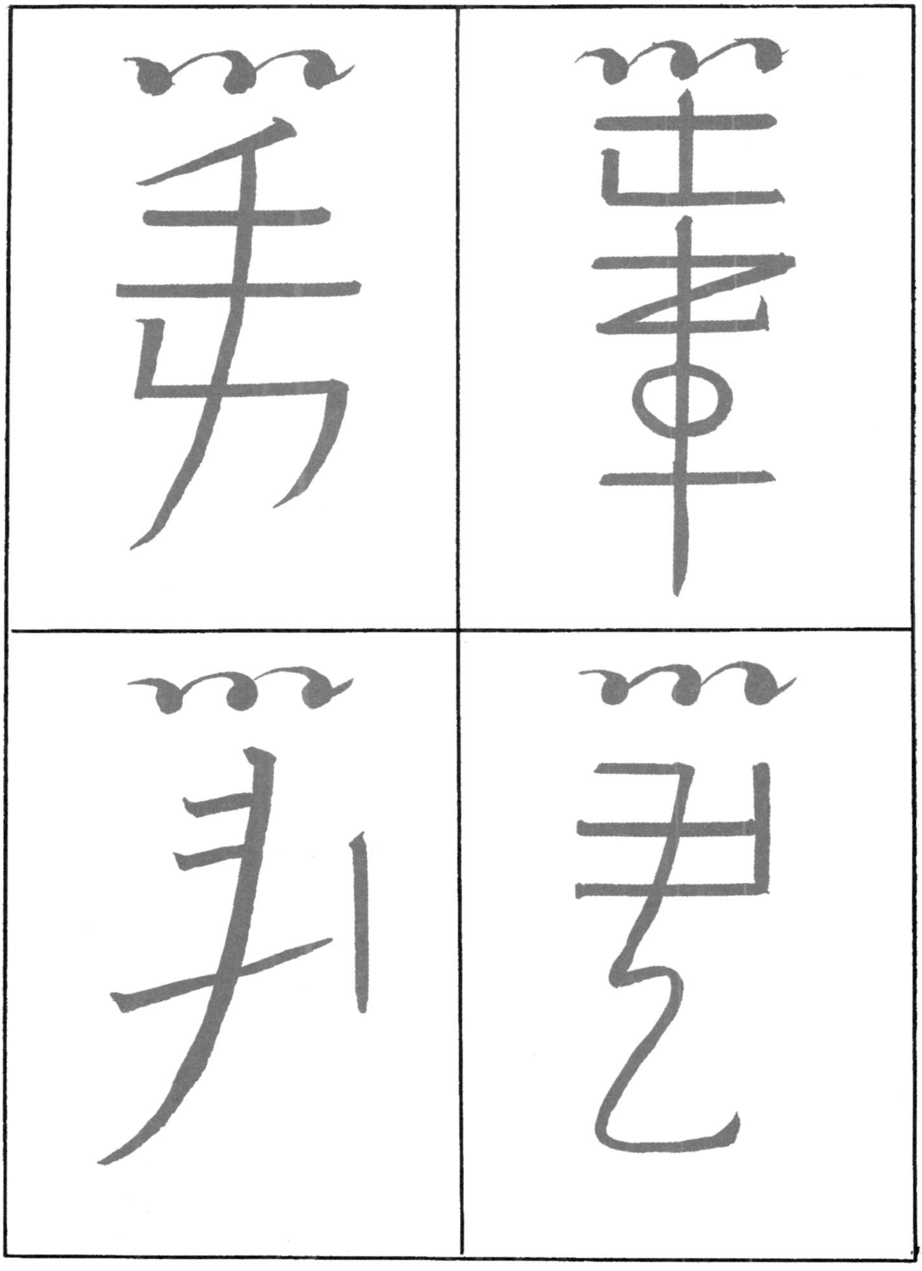

● 개단소두주(開壇召斗呪) — 단을 열고 신선을 부르는 주문 —

오장조사령 급왕봉래경 급소봉래선 화속도단연 당혹지연 유위상제 옴합나포두주급급여률령
吾將祖師令 急往蓬萊境、急召蓬萊仙、火速到壇筵、倘或遲延、有違上帝、唵哈哪咆吽呪急急如律令。

● 청여진인주(請呂眞人呪) — 여진빈(呂洞賓)을 청하는 주문 —

근계 봉래천선자 순심묘도여진인 서좌척사선정화 순유천하천무령 친수종이전비법
謹啓、蓬萊天仙子、純心妙道閭眞人、誓佐踢師宣政化、巡遊天下闡武靈、親受種離傳秘法、
서장법력구군생 구전금단방외도 일륜명월조봉영 조유창오병북해 시유랑원전곤륜 수습건곤귀
誓將法力救群生、九轉金丹方外道、一輪明月助蓬瀛、朝遊蒼梧幷北海、時遊閬苑轉崑崙、收拾乾坤歸
장악 막교술겁본원정 대장음송장옹호 계청망래림
掌握、莫教遽刦本原精、大將陰松長擁護、啓請望來臨。

● 자고선(紫姑仙)을 청하는 주문

건청봉래자고선 청다일회임세간 동리건곤시진취 공중성두반유행 태평년상왕모회
虔請蓬萊紫姑仙、淸茶一會臨世間、洞裏乾坤時盡醉、空中星斗伴遊行、太平年上王母會、
해저용왕헌금주 제자촌심공고청 신선급강파사서
海底龍王獻金珠、弟子寸心恭叩請、神仙急降把事書。

● 팔선(八仙)을 청하는 주문

근청선궁도원동 급급귀래부아기
謹請仙宮桃源洞、急急歸來附我箕。

● 구선(九仙)을 청하는 주문

천령령 지영령 수영령 화영령 천지영령 수화영령 근청 구호용왕 수모 화악상급일체
天靈靈、地靈靈、水靈靈、火靈靈、天地靈靈、水火靈靈、謹請、九湖龍王、壽母、華嶽上及一切

선중 내아명당 내아정실 혹시혹비 혹길혹흉 조강신기 분명판칙 무사지은 난해급강
仙衆、來我明堂、來我淨室、或是或非、或吉或凶、早降神箕、分明判勅、毋使至隱、難解急降。

● 태백(太白)을 청하는 주문

제자건성 설화연 배청향선 이적선 복로선동 통달의 조강영기작시연
弟子虔誠、設花筵、拜請香仙、李謫仙、伏勞仙童、通達意、早降靈箕作詩聯。

● 정구신주(淨口神呪) — 입을 깨끗이 하는 주문 —

단주구순 토예제분 설신정륜 통명양신 나우치부 각사위진 후신호분 충기인진 구신
丹朱口唇、吐濊除氛、舌神正倫、通命養神、羅于齒部、却邪衛眞、喉神虎賁、充氣引津、口神、

단원영아통진 사신 연액도기상존 급급여률령
丹元令我通眞、思神、煉液道氣常存、急急如律令。

● 정심신주(淨心神呪) —마음을 깨끗이 씻어주는 주문—

태상태신 응변무정 구사박매 보명호신 통달선령 지혜명정 심신안녕 삼혼영고
太上台神、應變無停、驅邪縛魅、保命護身、通達仙靈、智慧明淨、心神安寧、三魂永固、

백불상경 급급여률령
魄不喪傾、急急如律令。

● 정신신주(淨身神呪) — 몸을 깨끗이 하는 주문 —

이일세신　이월연형　선인부기　옥녀수행　이십팔수　여오합형　천사만예　축수이청
以日洗身、以月鍊形、仙人扶起、玉女隨行、二十八宿、與吾合形、千邪萬穢、逐水以淸、

급급여률령
急急如律令。

● 정법계진언(淨法界眞言)

정법계진언(淨法界眞言) = 옴·남(唵嚂)

이십육편(二十六遍)을 외운다。

호신진언(護身眞言) = 옴치림(唵齒嚂)

이십일편(二十一遍)을 외운다。

귀의진언(歸依眞言) = 계수귀의 소실제、두면정례칠구지、금아칭송대준제、유원자비수가호、나무사다남、삼막삼보타、구지남 다리야타、옴자주례준제사바하、옴부림(稽首歸依蘇悉帝、頭面頂禮七俱胝、今我稱讚大準提、惟願慈悲垂加護、南無薩哆南、三藐三普駝、俱胝南 怛你也他、唵折隸準提娑婆訶、唵部林)

위 진언중「옴자례주례준제 사바하」를 외울때「唵」자는 머리속에、「자」는 두 눈에、「례」는 목에、「주」는 심장에、「례」양쪽 눈썹에、「준」은 배꼽에、「제」는 양 陛에、「사바」는 양쪽 옆 목에、「하」는 양 발에 생각〈마음〉을 두면서 외워야 한다。

대명육자진언(大明六字眞言) = 옴마니반메훔(唵麻呢叭㘑吽) 이 진언은 일백번 외워야 한다。

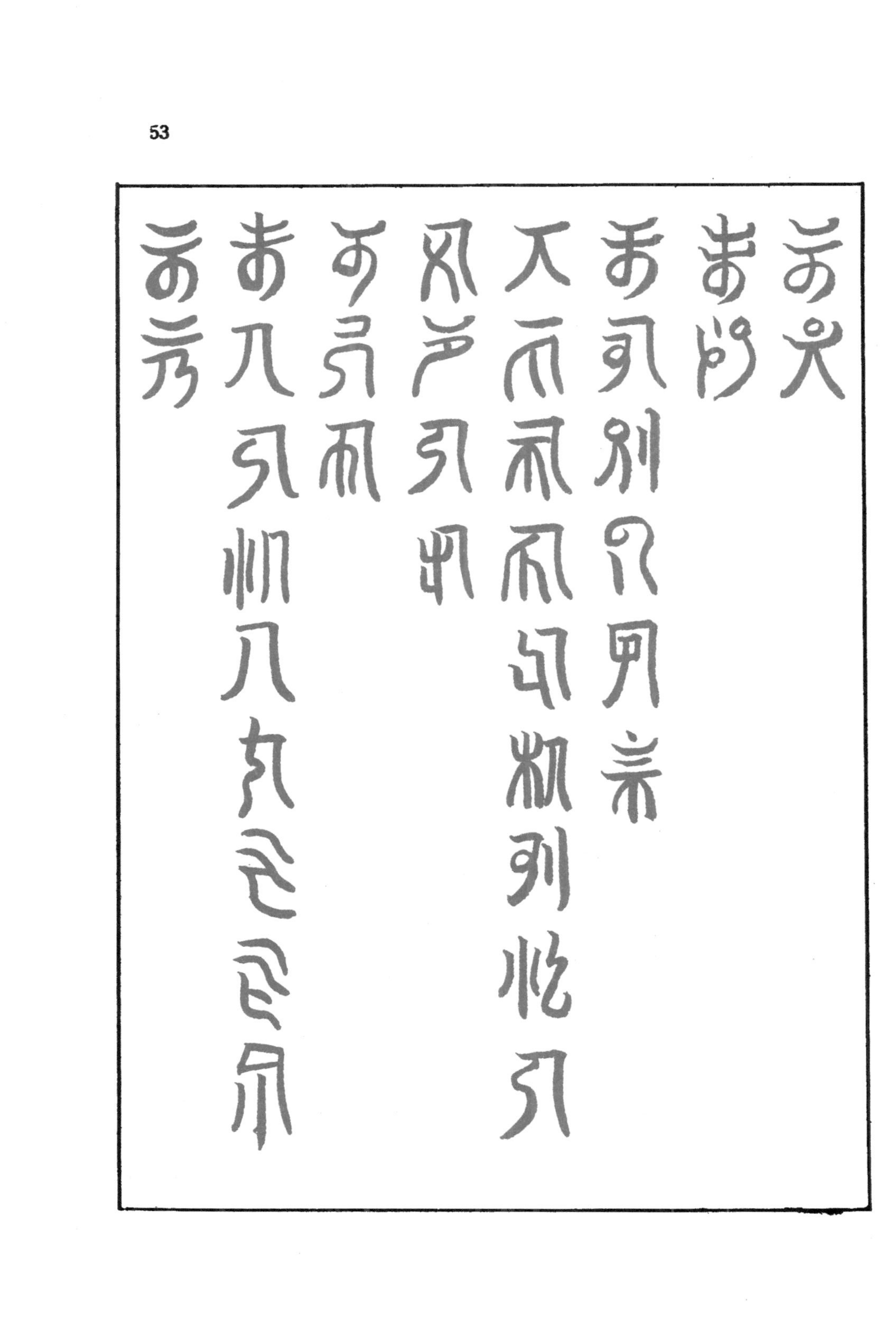

이상의 그림은 범자(梵字)다。 위 범음(梵音)을 마음속으로 상상하되 머리·눈·목·심장·어깨·배꼽·다리·발 등으로 마음을 머물렀다가 차례로 옮겨가면서 육자진언(六字眞言)을 일백팔편(一百八偏)을 외운다。

◯ 질병 치료법

○삼부병(三部病) 치료법

이 법은 후한(後漢)때의 인물인 태극좌궁 갈선옹(太極左宮 葛仙翁)의 질병을 치료하는 비법으로 심법(心法)과 영부(靈符)와 주문(呪文)으로 삼부(三部—上·中·下部)의 병을 신효하게 치료하였다 한다。

● 칙지필주(勅紙筆呪)

부적을 그리기 전에 지필(紙筆)을 준비해 놓고 다음과 같은 주문(呪文)을 외운다。

결공성범 진무자생 적서옥자 팔위용문 보제접운 사천장존 치병참사 만유안년 급급여
結空成梵、 眞無自生、 赤書玉字、 八威龍文、 保制刼運、 使天長存、 治病斬邪、 萬類安寧、 急急如
고상신소옥청진옥율령
高上神霄玉清眞玉律令。

● 삼부병 영부(三部病 靈符)

아래 부적으로 많은 사람들의 질병을 구제하였다。 혹 죽엽(竹葉)이나 혹은 상엽(桑葉—뽕잎)에 해당되

는 부적을 써서 삶아 물을 마시거나 혹은 종이에 써서 태운 재를 마시기도 한다。제단을 차려 놓고、지성으로 주문을 외우고、부적을 그리며 예배하면 더욱 영험할 것이다。

질병 치료하는 비법을 행하기에 앞서 모든 정주(淨呪—淨水呪・淨口呪・淨心呪・淨身呪 등)를 먼저 외우고 난 다음 위 주문(勅紙筆呪)을 외우고、다음은 아래 보고(寶誥)를 외워야 한다。

● 갈선옹 보고(葛仙翁 寶誥)

지심귀명례 천태득도 합택성진 석수동화 부전서촉 조명옥경 금궐위등 태극선반 자린극
志心歸命禮、 天台得道、 合宅成眞、 昔受東華、 復傳西蜀、 詔命玉京、 金闕位登、 太極仙班、 慈憐極

수어침륜 은념보자어고해갈천씨천풍 현저구루령 단사구존 괄창임유 나부내지 수한옥사
授於沈淪、 恩念漕慈於苦海葛天氏遷風、 顯著句漏令、 丹砂具存、 括蒼任遊、 羅浮乃止、 修閒玉笥、

수리금서 대비대원 대성대비 태상옥극 동오태극좌궁선옹 뇌정계성천기 내상옥허자령
修理金書、 大悲大願、 大聖大悲、 太上玉極、 東吳太極左宮仙翁、 雷霆系省天機、 內相玉虛紫靈、

보화현정 상도충응 부우진군 수은광구 자비태제 도인무량천존
普化玄靜、 常道冲應、 孚佑眞君、 垂恩廣救、 慈悲太帝、 度人無量天尊。

● 삼부제병부(三符諸病符)

아래 부적 가운데 상부부(上部符)는 머리(頭)·눈(目)·입(口)·귀(耳)·코(鼻)·혀(舌)·목구멍(喉關)등을 고치는데 쓰이고、중부부(中部符)는 가슴(胸)、명치(膈)의 질병으로 가슴이 담화(痰火)로 더부룩하게 부른 증세、해수병(咳嗽) 장(臟)의 질환 손·팔 등의 질환을 치료하며、하부부(下部符)는 배꼽 밑의 질환이니 방광(膀胱)、임질(淋疾)、탁뇨(濁尿)、여인의 경수부조(經水不調)와 난산(難産) 그리고 다리 질환 등 신체 하부에 속하는 모든 병을 치료하는데 쓰인다。

上部符 頭·耳·目·口 鼻·舌·喉関

中部符 胸膈·痰火·痔 脹·咳嗽·手肘

下部符 臍下·膀胱·淋濁 経不一 難産·脚疾

상부부주 상단명당 백제제흉 육궁명정 도화당존 백병속거 사여장생 상원적자 수어황방
上部符呪 = 上丹明堂、白帝除凶、六宮明淨、道化堂存、百病速去、使汝長生、上元赤子、守於黃房、
괘신귀명 보자영창 급급여률령
掛神歸命、保子永昌、急急如律令。(입 기운을 세번 내 뿜는다)

중부부주 중단적자 황제원선 예효길구 정숙심원 단정일야 영명연년 중원태을 좌진옥당
中部符呪 = 中丹赤子、黃帝元仙、預曉吉咎、淨肅心元、丹晶一夜、永命延年、中元太乙、坐鎭玉堂、
초혼위신 득견진왕 급급여률령
招魂衛身、得見眞王、急急如律令。(입 기운을 세번 내 뿜는다)

하부부주 하부신군 적제흑왕 육부유액 백병불상 금진보명 영부길창 하원원주 열재신정
下部符呪 = 下府神君、赤帝黑王、六腑流液、百病不傷、金津保命、永符吉昌、下元元主、列在神庭、

제혼성진　면생오당　급급여률령
制魂成身、面生五堂、急急如律令。(입 기운을 세번 내 뿜는다)

● 총칙부주(總勅符呪) — 부적을 쓰고 나서 외우는 주문 —

동화원군한군　강림옥부　진명보우　생령진기　도처영보장존　급급여률령
東華元君韓君、降臨玉府、眞命保佑、生靈眞氣、到處永保長存、急急如律令。

사람이 병이 들면 위부적을 대잎(竹葉)혹은 뽕잎(桑葉)혹은 황지(黃紙)에다 붉은 색(朱砂는 더욱 좋음)으로 그려 영부(靈符)를 東南편으로 바라볼 수 있도록 안치(安置)하고 「태을구고천존(太乙救苦天尊)」이란 주문을 삼백번 소리내어 외운 뒤 부적을 大棗湯(대추삶은물)과 같이 化하여 매일 세차례를 같은 방법으로 해서 복용하면 十日을 못 지나서 그 병이 자연 낫는다.

● 창종(瘡腫) 치료하는 계절

길일(吉日)을 잡아 오경(五更)이나 단오일(端午日) 오경에 이 法을 행하는데 주문은 아래와 같다.

일출동방　창창교교　묘묘망망　금동옥녀　위아수창　일수불요동여통　이수불요농여혈
日出東方、蒼蒼皎皎、杳杳茫茫、金童玉女、委我收瘡。一收不要疼與痛、二收不要膿與血、
삼수불성창여랑　급산급소막대내조　급소급산막대내단　신필도처만병소한　오봉태상노군
三收不成瘡與瘋、急散急消莫待來朝、急消急散莫待來旦、神筆到處萬病消汗、吾奉太上老君、
급급여률령칙
急急如律令勅。

이상의 아홉가지 부적글씨를 써서 瘡(환부)위에 놓아 두면 종기가 즉시 낫는다고 한다(혹 종기 부위에 지접 쓰느지 확실치 않음)

● 주조비결(呪棗秘訣) — 長生法 —

법(法)을 행하는 이 (즉 法師)가 몸과 마음을 깨끗이 재계하고 법단(法壇—탁자 등)앞에 마음을 가다듬고 단정히 앉아 고치이편(叩齒二遍—이를 딱딱 두번 마주침)한 뒤 아래와 같은 주문을 외운다。

「존변법신시천선 상원진 묵조금궐 상제엄사선단
存變法身是天仙、 想元辰、 默朝金闕、 上帝儼賜仙丹。」

이상의 주문을 외우고 나서 대추 여덟개를 탁자 위에 올려놓고 「허(嘘)·가(呵)·호(呼)·히(呬)·취(吹)」하고 대추에다 입기운(이를 玉氣라 한다)을 불어 넣고、 물그릇을 당겨 붓으로 물을 찍어 대추마다 「勅」字를 쓴 뒤에 經을 읽는다。

⊙ 장생부(長生符)

주언(呪言)

위 부적을 사용할 때 마음과 같은 주문을 七번 혹은 二十번 혹은 三十번 혹은 四十九번을 외운다.

천도청명 지도안녕 인도허녕 삼재일체 혼합건곤 백신귀명 만장수행 음양쇄휵 수화유통
天道淸明、地道安寧、人道虛寧、三才一體、混合乾坤、百神歸命、萬將隨行、陰陽洒育、水火流通

귀근복명 용호분행 필신화제 연전무정 연액일기성진 만마공복 백맥조영 선전선조
歸根復命 龍虎奔行 必神火帝、連轉無停、煉液一氣成眞、萬魔拱服、百脈調榮、仙傳仙棗、

선화선단 비성선정 온포선령 장생불로 과만비승 급급여태상노군율령 옥황상제율령
仙化仙丹、俾成仙鼎、溫飽仙靈、長生不老、果滿飛昇、急急如太上老君律令、玉皇上帝律令、

아장생대제율령 왕림이진인법지 영아장생 영아신선 비승봉도명렬상선
我長生大帝律令、王林二眞人法旨、令我長生、令我神仙、飛昇蓬島名列上仙。

이상주의 주문을 다 念하고 나서 위 부적을 태워 마시면 장생(長生)하는 도(道)를 터득함이 의심 없으리라.

● 한열독창화단(寒熱毒瘡火丹)치료부

아래 그려 있는 부적글씨는 한증(寒症)·열증(熱症)과 독창(毒瘡)·화단(火丹)을 치료하는데 쓰인다. 남자는 왼편에, 여자는 오른편에 쓰되 十干生年에 따라 一字를 골라 쓰면 효험이 지극하다.

아래 부적을 쓴 뒤 다음과 같은 주문을 먼저 외운다.

화신화신 삼매진화 화라화령 신소전화위진 범병 종풍산풍병기제복 온역제독기 한열속이신
火神火神、三昧眞火、火羅火鈴、神燒磚化爲塵、凡病、從風散風病氣除腹、瘟疫諸毒氣、寒熱速離身、

만병종차산 남녀조안녕 엄귀제철현빈나타리급급섭칙
萬病從此散、男女早安寧、唵歸諸顎賢嚬哪吒唎急急攝勅。

尚[食+良]甲
尚餘乙
尚[食+禾]丙
尚[食+卑]丁
尚飦戊

尚[食+甲]己
尚餅庚
尚[食+居]辛
尚饠壬
尚蝕癸

六甲天書

○ 六甲天書의 전설

아주 오랜 옛적에 동화제군(東華帝君)이 삼십삼천(三十三天)에서 원시천존(元始天尊)·도덕노군(道德老君)·옥제(玉帝) 자미대제(紫微大帝)와 한자리에 모이게 되었다。 천궁(天宮)의 주인인 동화대제(東華大帝)가 여러 성제(聖帝)들이 모인 앞에서 일어나 아뢰기를 「신(臣)에게 육갑천서)六甲天書)가 있는데 이를 인간세계에 전해주려고 기록해 두었습니다。 신이 예측컨데 인간 세계에서는 머지 않아 병화(兵禍)와 흉년으로 백성들이 벌이를 잃고 가족끼리 헤어지게 될터인데 이를 구원할 방법이 없습니다。 그래서 이 육갑천서를 상사(上士—聖賢)에게 주어 이 육갑천서의 비법으로 육정육갑신(六丁六甲神)、하늘에 노니는 십이계녀(十二溪女) 나연천녀(那延天女)를 부리도록 하면 다 음양지신이 되어 각각 신통함이 크오리다。 이 천서는 신(臣)이 거느리고 있는 본부의 삼원대장(三元大將)과 각 영(營)의 귀병(鬼兵)이 백만인지라 나누어 천서(天書) 三권을 지었습니다」하고는 육갑천서(六甲天書)를 삼청·호천·옥황·북극대제(三淸 昊天玉皇 北極大帝)에게 올렸다。 이 때 원시천존(元始天尊)이 함께 있었다가 동화대제(東華大帝)가 아뢰는 말을 듣고 옳게 여겨 하는 말이 『천서가 인간세상에 전해지면 과연 나라를 편안히 하고 난세를 평정하여 중생을 구제하리라』하고 승락의 뜻을 보이는지라 동화대제가 「황감하오이다」하고 여러 성군들과 머리를 쪼아리고 본 위치로 물러나왔다。

천궁(天宮)에서 이런 일이 있은지 얼마만큼의 세월이 흘렀는지는 모르지만 주(周)나라 중엽(中葉)에

노군(老君—太上老君 즉 노자)이 인간세상에 강림하여 조상공(趙相公)의 딸에게 의지해서 전수(傳受)하였다 한다。그 사연은 이러하다。조상공이란 사람이 있었던바 그집 정원에는 백양매수(白楊梅樹) 한 그루가 있어 동쪽 가지에 괴이하게도 오얏열매(李子) 한개가 매달려 탐스럽게 익어 있었다。조상공의 딸이 꽃 구경을 하다가 우연히 매화나무를 바라본즉 오얏열매 한개가 큼지막하게 열려 불그스럼 한 모양이 잘 익은것 같아 그녀는 그 열매를 따서 손에 들고 기이한듯이 살펴보는데 하녀가「아씨 잡숴보세요」하고 먹기를 권하는 말을 듣고 그녀가 오얏열매를 먹으려고 입에 넣자 미처 씹기도 전에 저절로 통채 삼켜지고 말았다。그녀는 몹시 놀라 그참 모친에게 달려가서 울상을 지으며 고하기를「소녀가 오얏열매를 먹으려고 입에 넣었는데 입에 넣자 그참 넘어가 버렸으니 어쩌면 좋아요」하고 근심하였다。이러한 사실이 여러 사람까지 널리 알려지게 되었다。소녀가 오얏열매를 삼킨지 석달쯤 지나자 배가 불러 표가 나는지라 그 부모가 괴이하게 여겨 그녀를 불러 세우고는『규중에 있는 처녀가 몸이 그토록 불러가니 웬일이냐 바른대로 대어라』하고 꾸짖거늘『소녀가 몇달 전에 꽃구경을 하다가 나무에 매달린 오얏열매가 탐스러워 보이기에 하녀를 시켜 따 먹으려는데 씹기도 전에「꼴깍」하고 저절로 넘어간 일이 있은 뒤로 제배가 부르기 시작하였습니다』하고 대답하는 말을 듣고 부모도 어쩌는 수 없어 더 이상 탓하지 않았다。

그 뒤 얼마 안되어 부모가 다 세상을 떠났다。그녀는 배가 불러 그랬는지 몰라도 시집가지 않고 혼자 살았다。부모의 유산이 있어 생활에는 지장이 없는지라 처녀로 늙은지가 그럭저럭 八十一세가 되었으나 十五세 당시의 애띤 모습 그대로였다。

어느날 그녀는 집안 사람들을 불러놓고 이런 말을 하였다。『내 배속에는 귀괴(鬼怪)가 들어 있어 내 나이 여든 한살이 되도록 나오지 않으니 왠 일인지 모르겠다』하자 이 말이 끝나기가 바쁘게 배속에서 갑자기 말소리가 나오기를『나는 노군(老君)이라 내일 아침이면 그대의 배속에서 강생(降生)할 것이오』한다

。그녀는 이 말을 듣고 깜짝 놀랐으나 마음을 진정하고 다음날 오얏열매를 따 먹던 그 나무 밑에 앉아 나무가지를 붙들고 오른편 옆구리로 아이를 낳았다。 그 아이가 낳자 말자 하는 말이 『낭낭(娘娘)의 옆구리는 아무 흔적이 없이 잘 아물게 되리니 근심마시오』하였는데 과연 금시 아이를 낳은 자죽이 없었다。

노군(老君)이 금시 낳았는데도 귀가 九尺五寸이오 머리는 흰실처럼 희였다。 노군이 그 모친에게 천서(天書)기록한것을 주니 이때 별안간 별들이 오색 노을빛이 시방삼계(十方三界—온 천하)、 제불보살(諸佛菩薩)、 원시천존(元始天尊)、 자미대제(紫微大帝) 및 성군(聖君)들이 있는곳까지 달하였다 한다。

그 뒤에 육갑천서(六甲天書) 三권이 관운희(關尹喜) 선생에게 전해지고、 지금에는 여러 사람의 손에까지 전해지게 되었다。 그런데 육갑천서 三권은 예로부터 지금까지 그 내용을 온전하게 초사(抄寫—베껴쓰는것)하지 못했다。 그것은 六甲의 명칭이 있으나 십이계녀(十二溪女)·나천녀(那天女)·삼원대장(三員大將)이 빠져 있으므로 이 비급을 제대로 행용(行用)할 수 없는 것이다。 만약 三권이 다 있었다면 능히 나라를 도와 난세를 다스리고 위급한 것을 구하며 민생(民生)들의 질병에 이르기 까지 구제하고、 많은 사람들이 신선(神仙)이 되었으리니 매우 아쉬운 일이다。

이 육갑천서(六甲天書)는 육정육갑신(六丁六甲神)을 부리고、 하늘에 노니는 십이계녀(十二溪女)와 나연천녀(那延天女)를 부르며、 귀병(鬼兵)과 삼원대장(三員大將)을 부릴 수 있다。 뿐 아니라 임의로 바람·구름·우뢰·비를 부리고、 선단(仙丹—신선되는 단약)을 단련하고 목우유마(木牛流馬)도 만들고、 벽에다 미인(美人)을 그려 마음대로 다룰 수도 있고、 꽃도 피우게 할 수 있고、 지하에 있는 귀신을 쫓고、 깊히 숨겨져 있는 보물을 찾아내고、 하루에 천리(千里)、 만리도 갈 수 있고 수화(水火)와 병란(兵亂)을 피할 수도 있고 혼자서 백만인을 대적할 수 있고、 활을 쏘면 백발 백중 시킬 수 있고、 오방제군(五方帝君)과 삼관오성(三官五星)을 강림하도록 하는 등 만사가 다 하고 싶은대로 할 수 있으리라。

○ 육갑신장(六甲神將)부리는 법

● 육갑신(六甲神)의 명칭

육갑신(六甲神)은 양신(陽神)과 음신(陰神)으로 구분되는바 아래와 같다.

양신명(陽神名)

甲子神—자(字)는 청궁(淸宮)이고 이름은 원덕(元德)이다.
甲戌神—字는 임제(林齊)요 이름은 허일(虛逸)이다.
甲申神—字는 중권(仲權)이오 이름은 절략(節略)이다.
甲午神—字는 문경(文卿)이오 이름은 욕인(溽仁)이다.
甲辰神—字는 양창(讓昌)이오 이름은 소원(沼元)이다.
甲寅神—字는 자선(子扇)이오 이름은 화소(化召)라 한다.

음신명(陰神名)

丁仰神—字는 인종(仁宗)이오 이름은 문백(文伯)이다.
丁丑神—字는 인귀(仁貴)요 이름은 문공(文公)이다.
丁酉神—字는 인수(仁修)요 이름은 문경(文卿)이다.
丁亥神—字는 인화(仁和)요 이름은 문통(文通)이다.

丁未神ㅡ字는 인공(仁恭)이오 이름은 승통(昇通)이다。

丁巳神ㅡ字는 인혜(仁惠)요 이름은 거경(巨卿)이다。

⊙ 육갑신주(六甲神呪)

상청상제 동화대제군 영오수육인천서 병사육정육갑지신 천유십이계녀 나연천녀오인
上淸上帝、 東華大帝君、 令吾受六印天書、 倂使六丁六甲之神、 天遊十二溪女、 那延天女五人、

통섭신병 삼원대장 화광대장 부해대장 후풍대장 차등중성 각령신병백만 해조오
統攝神兵 三員大將。 火光大將、 浮海大將、 吼風大將 此等衆聖、 各領神兵百萬、 垓助吾、

법력신통 천변만화 영득준오육갑신인 입재단전 영오칠정구궁 보우이신 사지종오
法力神通、 千變萬化、 永得遵吾六甲神印、 立在壇前、 令吾七政九宮、 保佑爾身、 使之從吾、

상조원군 여도합진 화형연혼 책공가 부승천섭운 급급여률령
上朝元君、 與道合眞、 和形煉魂、 策空駕、 浮昇天攝雲、 急急如律令。

전쟁터에서 적과 사우다가 적에게 포위당해 구원병이 없으므로 전멸당할 위기에 놓였을 때 위 육갑진주를 세번씩 외우고、 또는 六甲神의 인부(印符)를 지니면 육갑육정지신(六甲六丁之神)이 나타나 귀병(鬼兵)과 삼원대장(三員大將)이 귀병 백만을 거느리고 우뢰 소리를 내고 큰 돌멩이 같은 우박을 떨어뜨려 에워싼 적병을 물리쳐 준다。 적과 싸울 때도 육갑신장을 부르면 우군을 도와 크게 승리한다。

또는 육갑천서(六甲天書)의 비법을 행할 때도 위 주문을 외우면서 지성으로 제사를 지낸 뒤 법을 행하면 신통(神通)함이 불가사의 한다。

67

六 甲 印

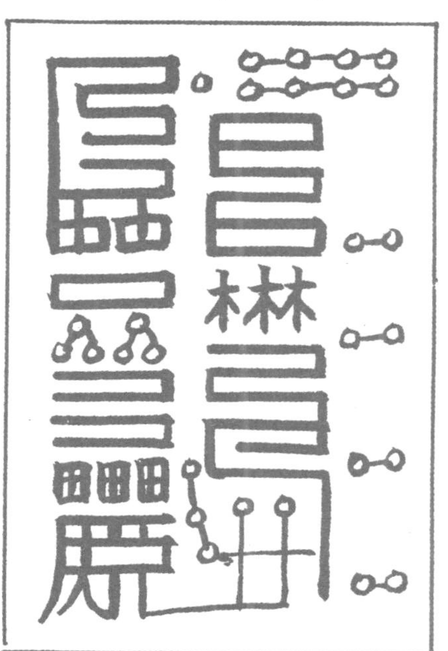

● 육갑인(六甲印)

이 육갑신서(六甲神書)를 상사(上士—眞人、 이상)가 얻으면 구름을 타고 하늘에 오를 수 있고、 중사(中士—道人級)가 얻으면 귀신이 두려워 쩔쩔매며、 하사(下士)가 지니면 나라와 백성을 편안히 구제할 수 있다。 단 이 천서는 덕(德)이 있는 사람만이 얻어 사용해야 하고、 또는 함부로 아무에게나 보이지 말고 비밀리에 간수해야 한다。

아래 육갑인(六甲印)은 육갑천서에 기록되어 있은 인부(印符)다。 벽조목(霹棗木—벼락맞은 대추나무 없으면 沈香木으로 대신해도 좋다)에다 (四方一尺二寸되게 한다) 아래 보기대로 인(印)을 새기되 먼저 분향하고 육갑신주(六甲神呪)를 세번 외우고、 정성되고 깨끗한 마음 가짐으로 새겨야 한다。

육갑신주(六甲神呪)는 세번 혹은 일곱번을 외운다。子時나 午時에 문을 굳게 닫고 혼자 앉아서 사람이 보지 못하도록 해야 한다。특히 부녀자와 어린이、닭、개 등을 꺼린다。육갑인(六甲印)을 만들고자 제(祭)를 지낼때 주사(硃砂)、물잔、조각칼 등을 단(壇—혹은 탁자)위에 올려놓고 제사를 지낸 뒤 인부(印符)를 비단 포대에다 넣고 사람이 보이지 않도록 잘 얽어매어 왼편 어깨에 메고 성밖 묘지(墓地)로 간다。중간쯤 가다가 법인(法印)을 꺼내 자기 품속에 넣고 묘에 이르거든 인부를 꺼내 오른손에 들고 六甲神呪를 세번 속으로 외운다。그리고 난 다음 묘 위를 바라보고 신(神)을 부르는바 이때 토지신(土地神) 및 모든 신(神)들이 형상을 나타낸다。또는 진귀한 보물을 주리니 그 보물을 받고 본처로 와서 크게 소리질러『너의 들은 쓰지 못한다』하면 나타났던 신들이 자연 물러간다。

● 제(祭) 지내는 법

육갑신(六甲神)에 제사를 지내려면 제상에 올릴 제수(祭需)와 제사 지내는 절차의 법식이 있으니 다음과 같다。

●신오과(新五果)、●차(茶)一斤 ●술(酒)二斤 ●목이(木耳)一斤 ●녹포(鹿脯)二斤、●대추(棗)二斤 ●콩(豆)二斤 ●당병유(糖餠油)각 二十四雙 ●경(鏡)二面 ●검(劍)二口、●신분(新盆)二只 ●오색채단(五色彩緞)二段 ●등(燈)二十四盞 ●새자리(新席) 二條 ●깨끗한 수건(淨手巾)二條

제사에 쓰는 향(香)은 침향(沈香)을 쓰고 단향(檀香)—유향(乳香)은 쓰지 않는다。방안에 단(壇)을 설치하고、아무도 제실(祭室)에 들어오지 않도록 한다。육정육갑신(六丁六甲神)을 청하면 이르러 단 앞에서 나를 도와 법(法)을 행한다。

절차는 왼손으로 물잔(水盞)을 잡고、오른 손으로 검(劍)을 잡고 단(檀)을 일곱번 돌고、육갑신주(六甲神呪)를 세번 외운 뒤 물잔을 단 위에 올려 놓고 나서 손에 인부(印符)를 쥐고 신(神)을 부르는데 잠깐 머물렀다가 왼편 다리로 바닥을 밟았다 떼었다 하기를 다섯번 되풀이 하면서 육정신(六丁神)을 청한다。그리고는 눈을 감고 서서 말하기를『아무개가 진군성중(眞君聖衆)을 움직이기 어려우니 각각 앉은 차서에 따라 말씀하겠습니다』하면 육갑신이 먼저 일어나 갈 것이다。또 청하기를『아무개가 장생약(長生藥)을 구하되 감로경장(甘露瓊漿)을 먹고 장생하려 하나이다』한다。육갑신과 육정신(六丁神)이 물러가면 택일 하여 다시 청한다。

● 육갑신(六甲神)을 모시는 단(檀)을 만드는 법식

백목(栢木)으로 단을 만들어 황지(黃紙)에다 주사(硃砂)로 六甲神과 六丁神의 이름을 각각 써서 신장(神將)의 차서대로 붙인다。

● 삼원대장(三元大將)의 명칭과 형상

제일은 화광대장(火光大將)이니 이름은 강원탁(康元鐸)이다。전후에 두개의 얼굴이 있는데 앞의 얼굴은 적색이고 뒤의 얼굴은 청색이다。머리 위에 뿔이 두개 돋고、얼굴에 두개의 수염이 있는바 앞은 붉고 뒤의 것은 황색이다。키는 이장(二丈)이오 옷은 홍의(紅衣)를 입고、손에는 큼직한 표주박같은 것을 들었는데 그 속에는 불덩이가 들어 무기로 사용한다。상갑천병(上甲天兵) 백만을 이끈다。

제이는 후풍대장(吼風大將)으로 이름은 오문정(午文亭)이라 한다。한 얼굴에 눈이 세개 달리고 머리에는 두개의 뿔이 돋았다。얼굴빛은 푸르고 이빨이 하도 커서 입 밖으로 삐쳤다。키는 이장(二丈)이나 되고 풍대(風袋)를 입고 있는데 신통광대(神通廣大—못하는 일이 없음)하다. 중갑천병(中甲天兵) 백만을 관할하고 있다.

제삼은 혼해대장(混海大將)이니 이름은 범문장(范文長)이라 한다. 얼굴에 두 눈이 달리고 얼굴빛이 붉고, 키는 이장(二丈)이며, 신통력이 말할 수 없이 넓고, 하갑천병(下甲天兵) 백만을 거느리고 있다.

● 신장(神將)들의 신통력

위 삼원대장(三員大將)은 화포(火砲), 석포(石砲)를 쏘고, 바람을 부린다. 거리가 千里나 되더라도 부르면 금시 이르리니 분향하고 육갑신주(六甲神呪)를 외우면 육정육갑신(六丁六甲神)과 하늘에 노니는 십이계녀(十二溪女)와 삼원대장이 앞에 나타난다. 그러므로 육갑신의 인부(印符)를 누른색 비단에다 미리 그려 두었다가 필요할 때 주문을 외우면 육갑신병과 삼원대장이 눈앞에 보일 것이다.

● 신(神)을 부를 때 주의할 점.

육정육갑신을 부르기 위해 법을 행할때는 새·짐승 등 모든 고기를 먹지 말것이며 (오직 羊肉은 무방함) 또는 망녕된 짓, 망녕된 생각을 하지 말고, 여색(女色)도 범하지 말아야 한다. 특이 이 육갑신서(六甲神書)는 아무나 가져서는 안되는 것이니 올바르지 못한 마음을 가진이와 박복한 사람한테는 전하지 말고, 착한 사람, 진실되고 정직한 사람에게 전해야 한다.

● 나연천녀(那延天女)

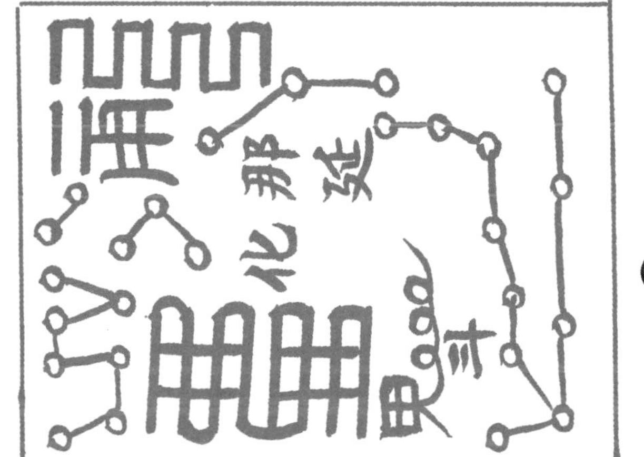

나연천녀인부
(那延天女印符)

법사(法師)는 육갑천서의 묘법을 행할 때 나연천녀 五人도 불러야 한다。 나연천녀는 동화대제군(東華大帝君)의 단(壇)에 있는바 각각 육갑천서 안에 있다。 이 오천녀(五天女)는 신통력이 광대하여 국가를 도와 나라를 편안히 하고、 난을 평정하여 창생을 구제하며 천상(天上)에 있는 일체의 천신(天神)들을 데리고 하강(下降)한다。

우선 나연오천녀(那延五天女)의 이름과 형상부터 알아보자。

第一天女의 字는 제지(齊之)요 이름은 인덕(仁德)이다。 용모가 아름답고 머리는 상투를 틀어 올렸으며 키는 五尺三寸인데 홍의(紅衣)를 입었다。 문자(文字)를 잡고 하강한다。

第二天女의 字는 간지(揀之)요 이름은 인거(仁拒)다。용모가 있고、머리는 상투머리로 틀어 올렸으며 키는 五尺一寸인데 청의(青衣)를 입었다。손에 문자(文字)를 잡고 하강한다。

第三天女의 字는 문강(文罡)이오 이름은 인석(仁錫)이다。용모가 있고 머리에는 칠성관(七星冠)을 썼으며 키는 五尺三寸인데 백소금의계선군(白銷金衣繫仙裙)을 입었다。손에 문자를 들고 하강한다。

第四天女의 字는 진지(眞之)요 이름은 인악(仁岳)이다。용모가 있고 머리는 상투를 틀어 올렸으며、키는 五尺二寸인데 녹색 운학의(雲鶴衣)에 계선군(繫仙裙)을 입고 손에 선과(仙果)를 들고 하강한다。

第五天女의 字는 실지(實之)요 이름은 인량(仁亮)이다。용모가 있고、머리에는 대길관(大吉冠)을 썼으며 키는 五尺인데 담황색(淡黃色) 웃옷에다 계선군(繫仙裙)을 입고 손에는 선화(仙花)를 들고 하강(下降)한다。

이상 오천녀(五天女)를 부르려면 甲子日에 제(祭)를 지내는데 십이계녀(十二溪女)에게도 제를 지낸다。제를 지낼때 계녀주(溪女呪)를 외우면서 부르면 하강하여 원하는 바를 이루어주고 돌아간다。후일에 다시 청할 때는 甲子日을 가릴것 없이 볼 일이 있을 때마다 육십갑자신인(六十甲子神印)을 갖고、육갑신주(六甲神呪)를 세번 외우면 금시 나타난다。한 번 청할때 二三人을 청해서는 안되고 꼭 一人만 청해야 한다。혹 동자(童子)가 진수성찬을 내거든 같이 먹어도 좋다。

● 천녀(天女)·계녀신(溪女神)을 부르는 주문(呪文)

괴강괴강봉 구기군 강도육갑천서 오지육갑신인 소청나연천녀 천유십이계녀 입부단전
魁罡魁罡奉、九氣君、降到六甲天書、五持六甲神印、召請那延天女、天遊十二溪女、立赴壇前、

여오붕우 문호즉지 소지입변 승운이내강 조오행력용사 급급여율령섭
與吾朋友、聞呼卽至、召之立便、乘雲而來降、助吾行力用事、急急如律令攝。

● 천녀(天女)를 청하는 방법

우선 제사에 쓰일 물목(物目)을 준비하는데 아래와 갔다.

새자리 四개、 깨끗한 수건 四개、 향화(香花)、 오과(五果)、 정결한 술、 포(脯)、 유식(油食)、 당병(糖餅)、 유병(油餅)、 녹포(鹿脯)、 세다(細茶)、 백순(白筍)、 묵은 거울 사면(四面)、 대추 좋은것으로 二升、 목이(木耳) 二升、 누른색 지전(紙錢) 七分、 등(燈—등잔) 二十四개、

甲子日 卯時에 제를 지내는데 방 안에 단(壇)을 설치、 이상의 제수(祭需)를 차려놓고 방에 들어가 향을 사른 뒤 육갑신주(六甲神呪)을 다섯번 외우고 나서 주문을 탁자 위에 놓는다.

午時가 되거든 분향하고 계녀(溪女) 이름을 부른 뒤 육갑신인(六甲神印)을 태워 재를 깨끗한 물에 타서 두 눈을 씻는다. 왼손으로 인(印)을 잡은채 눈을 감고 향안(香案)앞에 正向하고 선다(기다린다) 드디어 황홀스런 향내가 방안에 가득하거든 눈을 뜨라. 십이계녀(十二溪女)와 나연천녀(那延天女)가 차례로 좌정(坐定)하였을 것이다. 혹 그앞에 절을 하고 『예·예』다섯번 대답하라. 그리고 나서 정수(淨水)를 뿌리고 향을 사른 뒤 소원을 구하되 계녀(溪女)가 『앉아도 좋다』말하거든 앉아서 소원을 말하고 육갑신주(六甲神呪)를 외우면 신통함이 헤아릴 수 없으리라.

● 나연천녀인부(那延天女印符)

이 인부(印符)는 벽조목(霹棗木) 가운데 부분을 쓰는데 방원(方圓)이 一尺二寸되게 한다. 三元日(甲子日)、 혹은 五月五日에 아무도 없는 방안에서 분향하고 위 인부를 칼로 새긴다. 조각이 끝나면 나연천녀와 십이계녀 주문을 다섯번 염(念)하고、 천녀와 계녀의 이름도 염한다. 그리고는 백목(栢木)을 사용 匣을 만들어 인부를 그 안에 넣고、 또 匣을 비단포대에 넣어 잘 간직하였다가 필요(法을 行하려고)할 때 청하려는 여신(女神ー女神의 名牌를 써 놓고 청한다)앞에 인부를 드린 뒤에 법을 행하면 신통함이 불가사의 하다。

● 십이계녀(十二溪女)

六甲天書의 비법을 쓰려면 모름지기 천유십이계녀(天遊十二溪女)와 六丁玉女와 나연천녀(那延天女)와 三員大將ー火光·吼風·渾海大將)의 신통력을 얻어야만 난세를 다스려 백성들을 편안히 해 줄 수 있고 개인적으로는 자기가 절실히 원하는 바를 이룰 수 있는 것이다。

이 십이계녀는 하늘의 부용성(芙蓉城)의 무산(巫山)이란 곳에 있는데 땅에서 三千六百里라 한다。 이곳에는 보궁(寶宮)이 있고 십이계녀가 있으며 또 五百여명의 신선들이 거처하고 있으며 육정신(六丁神)、 옥녀(玉女)、 나연천녀(那延天女) 역시 이 보궁에서 노닐고 있다 한다。

六甲天書 안에 十二溪女의 이름이 기록되어 있다。 그런데 반드시 육갑인(六甲印)을 사용해야만 천신(天神)을 강림토록 하여 만나볼 수 있는 것이니 六甲神印으로 능히 육정육갑신(陸丁六甲神)과 나연천녀、 삼원대장、 십이계녀를 청하여 강림토록 할 수 있다。 만약 장수(將帥)가 이 육갑천서을 얻었다면 싸움터에서 이상에서 말한 모든 천신(天神)들을 초청하여 큰 공을 세울 수 있다。 한가지 예로 가령 무기가 없고 군량(軍糧)이 떨어졌더라도 신들의 신통력으로 무기가 준비되고 군량이 생길 것이다。 옛날 당(唐)나라에 이정(李靖)이란 사람이 군사를 거느리고 음산(陰山)에 이르렀을 때 군량과 마초(馬草)가 떨어졌는데 마침 六甲天書를 얻은바 있어 天書의 법식대로 분향하고 육정육갑지신(六丁六甲之神)인 십이계녀(十二溪女)와 나연천녀(那延天女)와 화광(火光)、 혼해(渾海)、 후풍(吼風)의 삼원대장(三員大將)을 청하였더니 각각 신병(神兵) 백만을 거느리고 내려와 군량과 마초를 마련해 주었다 한다。

● 십이계녀의 이름과 형상

第一溪女의 이름은 한인희(韓仁姬)라 키는 五尺이고 용모가 아름답다。 머리에는 금관(金冠)을 쓰고 녹주의(綠珠衣)를 입었으며、 손에 호로병을 들고 하강한다。

第二溪女의 이름은 사인통(史仁通)이오 키는 五尺三寸이며 경국(傾國)의 아름다움을 지녔다。 머리는 상투머리로 틀어올리고 몸에는 청의(青衣)를 입었는데 손에 문자(文字)를 들고 동자(童子)와 같이 하강한다。

第三溪女의 이름은 이인수(李仁受)요 키는 五尺三寸이며 용모가 있고 머리에는 도관(道冠)을 쓰고 담홍의(淡紅衣)에 계청선군(繫青仙裙)을 입었는데 손에 선과(仙果)를 들고 하강한다。

第四溪女의 이름은 서인형(徐仁亨)이오 키는 五尺四寸이니 용모가 있다。 머리에는 화관(花冠)을 쓰고、 몸에는 소금은색(銷金銀色)옷을 입었으며 손에 문자(文字)를 들고 하강한다。

第五溪女의 이름은 사경화(史敬和)요 키는 五尺三寸이며、 용모가 있다。 머리에 칠성관(七星冠)을 쓰고 여의계조군(女衣係皂裙)을 입었는데 손에는 문자(文字)를 들고 하강한다。

第六溪女의 이름은 주경희(周瓊姬)요 키는 五尺三寸이며 용모가 있다。 머리에는 화관(花冠)을 쓰고、 몸에는 담황의(淡黃衣)에 계선군(繫仙裙)을 입었는데 손에 악기(樂器)를 잡고 하강한다。

第七溪女의 이름은 조자옥(趙子玉)이오 키는 五尺三寸이며 용모가 있다。 머리에 도관(道冠)을 쓰고、 몸에는 비금의(緋金衣)에 계선군(繫仙裙)을 입었는데 손에 축(軸)을 들고 하강한다。

第八溪女의 이름은 전자옥(展子玉)이오 키는 五尺三寸이며 용모가 있다。 머리는 상투를 틀어 올렸고、 소금운학의(銷金雲鶴衣)를 입었는데 소녀에게 법금(法琴)을 들게 하고 같이 하강한다。

第九溪女의 이름은 심공권(沈公權)이오 키는 五尺三寸이며 용모가 있다。 머리는 상투머리를 틀고 남여의(藍女衣)에 계자군(繫紫裙)을 입었는데 손에 문자(文字)를 들고 하강한다。

第十溪女의 이름은 유군유(劉君諭)요 키는 五尺三寸이며 용모가 있다。머리에는 도관(道冠)을 쓰고、청의(青衣)에 계록군(繫綠裙)을 입었는데 손에 문자를 들고 하강한다。

第十一溪女의 이름은 고사언(高思彦)이오 키는 五尺三寸이며 용모가 있다。머리에는 도관(道冠)을 쓰고、홍의(紅衣)에 계아청군(繫雅青裙)을 입었는데 손에 악기를 들고 하강한다。

第十二溪女의 이름은 왕인무(王仁茂)요 키는 五尺三寸인데 용모가 있다。머리는 상투를 틀어 올렸고、몸에는 황의(黃衣)에다 계수화군(繫琇花裙)을 입었는데 손에 선과(仙果—신선 세계에서 열리는 과실)를 들고 하강한다。

● 십이계녀 청하는 법

이상의 십이계녀는 신통력이 있어 마음대로 구름과 비를 몰아 오고、또 난리를 평정하고、무엇이든 원하는 바를 이루어 진다。처음 제(祭)를 지낼때는 甲子日을 가리지만 두번 청할 때는 아무때나 필요할 때 먼저 육갑신주(六甲神呪)와 십이계녀주(十二溪女呪—위 天女溪女呪)를 염(念)하면 금시 하강한다。만약 급한 일이 있어 갑자기 一人이나 二人을 청하려면 이름을 부르고 청하면 같이 강림하며、매우 크고 중대한 일이면 십이계녀를 다 청하라、함께 하강한다。

십이계녀의 비도인(飛刀印)이 있으니 法을 행하는이가 매일 새로 길러온 물로 매번 십이과(十二夥—좋은 珠砂로 丸을 싼다)를 먹으면 백일만에 몸이 가벼워져서 땅에서 三·五尺을 솟아 날아 다닐 수 있다(남의 눈에는 보이지 않고 오직 자신만이 그 사실을 안다) 같은 방법으로 계속 五年을 먹으면 용모가 젊어져서 少年의 형상으로 변하고、추운 밤에 캄캄한 방에서 자더라고 자연 신광(神光)이 비쳐 환하고 방이 훈훈해지며、달이 없는 캄캄한 밤길에도 등불이 필요없이 몸에서 광채를 발하여 백보 주의가 환하다。또는 자주 신선(神仙)들과 만나 서로 사귀게 되고, 九年을 계속하면 몸이 날려 채운(彩雲)을 타고 하늘의 금궐(金闕)에 조화하는 수준에 도달할 것이다.

〔참고〕 십이계녀(十二溪女)의 비신인(飛身印)을 만들려면 五月 五日에 배나무(梨木) 열두토막(十二塊)을 준비하여 넓이 二寸八分에 두께 五寸이 되게 해서 십이계녀영인(十二溪女靈印—아래 그림 참고)을 새기는데 당일 끝맞추지 못하거든 七月 七日에 분향하고 다시 조각한다. 조각하면서 계녀주(溪女呪)를 염(念)하고 십이계녀의 이름을 불러야 한다.

십이과(十二髁)는 藥丸에 질이 가장 좋은 주사(硃砂)로 환(丸)을 싸는데 반드시 십이계녀주(十二溪女呪)를 외우면서 만들어야 한다.

육갑천서의 법을 행하려는 이가 이 십이계녀의 십이과 즉 비신인(飛身印)을 먹으면 오백번에 이르러 신통한 효과를 볼것이다. 매일 午時에 二十四氣(二十四方의 공기를 돌면서 들여 마심)를 마시고, 또는 이른 새벽에 진기(眞氣)를 마신 뒤, 七日만에 새로 길러온 물로 십이과를 삼킨다. 이렇게 하기를 백일만 계속하면 능히 몸을 날려 지상에서 몇자 위로 날아 다닐 수 있으리라. 단 태만하거나 정성이 모자라면 도리어 재앙을 입을까 두려우니 삼가 가벼이 행해서는 안된다.

● 십이계녀영인(十二溪女靈印)

第一溪女靈印

第二溪女靈印

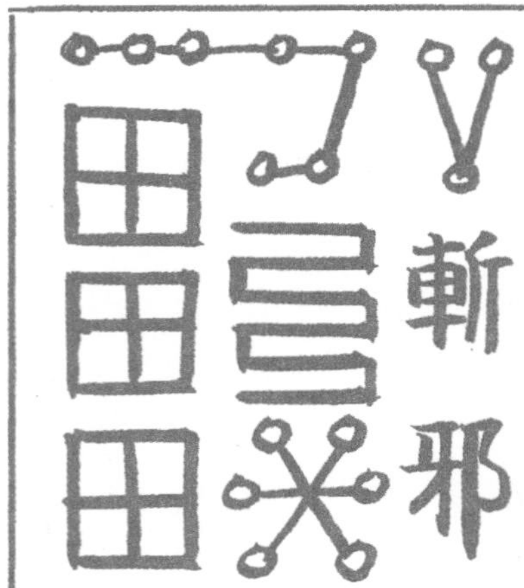

第三溪女靈印

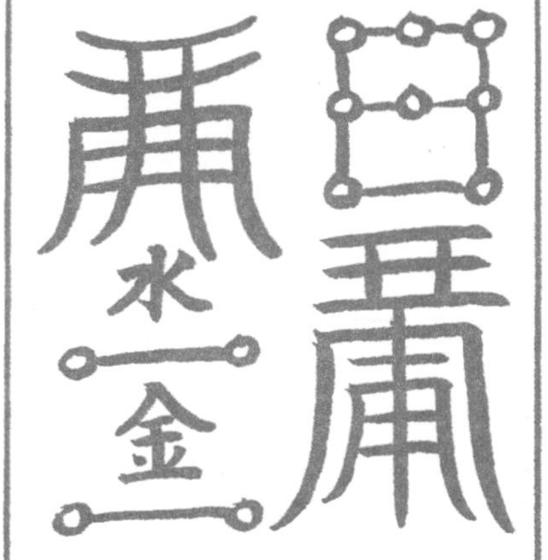

第四溪女靈印

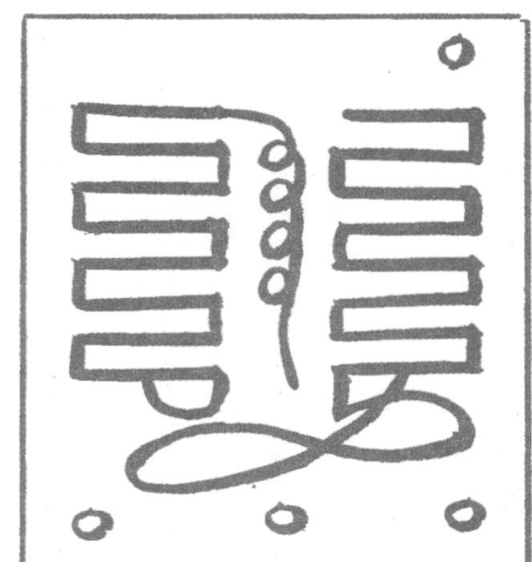

第五溪女靈印

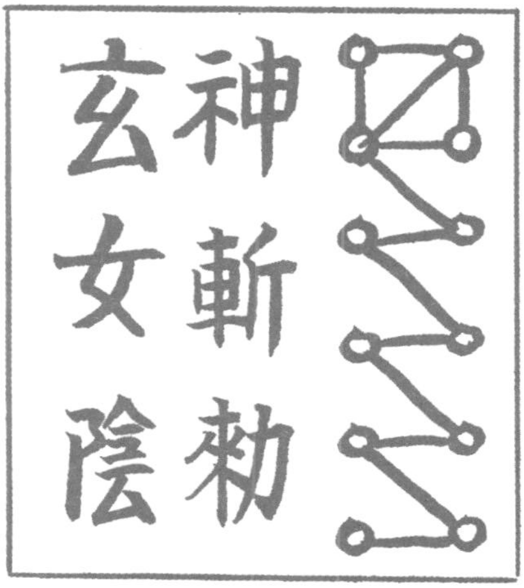

神斬勅
玄女陰

第六溪女靈印

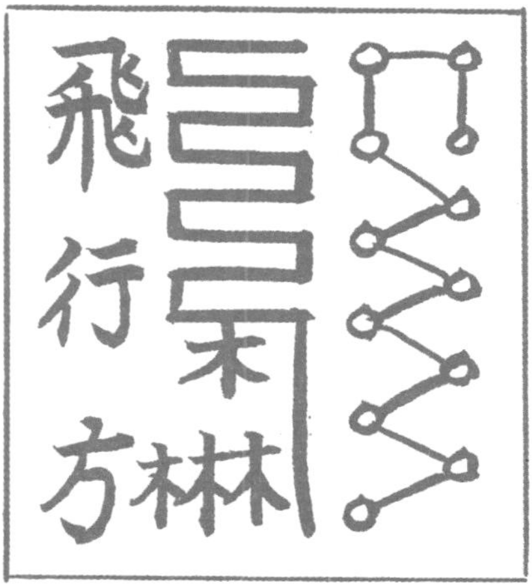

林
飛行方

第七溪女靈印

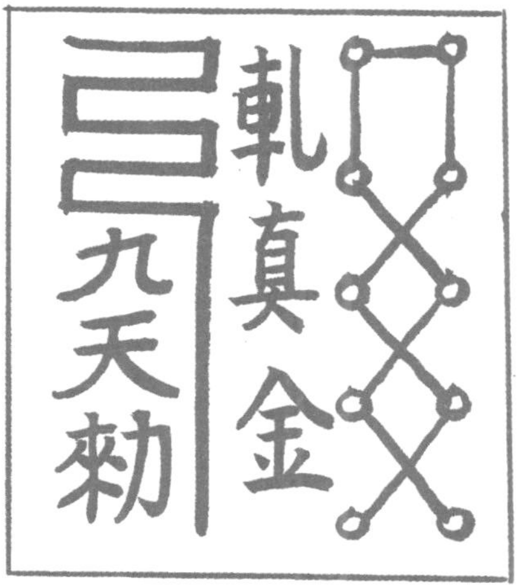

軋真金
九天勅

第八溪女靈印

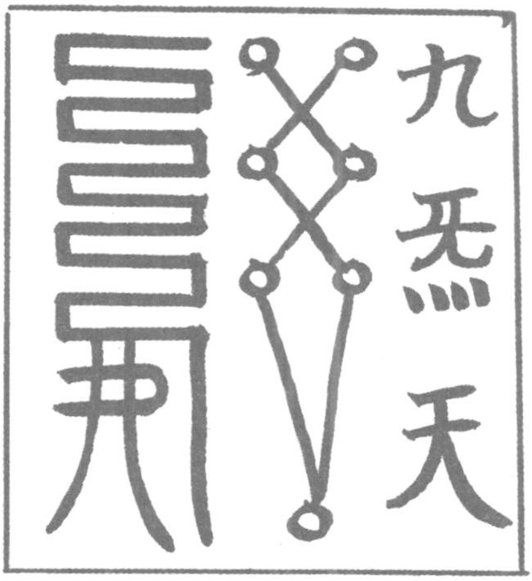

九炁天

第九
溪女
靈印

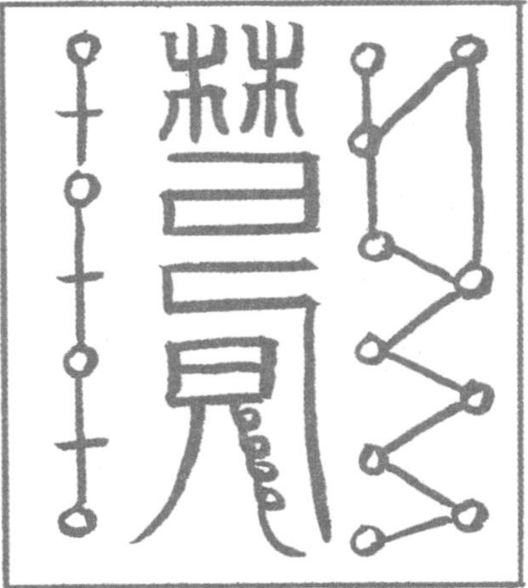

第十
溪女
靈印

第十一
溪女
靈印

田田田
水帝

第十二
溪女
靈印

火炎大
元帝君
甲乙位九

○ 은신법(隱身法) (1) 몸을 숨기는 법

正月 初一日 밤 三更이나, 甲子日 밤 五更에 북두성(北斗星)을 향하여 분향(焚香)하고, 주문(呪文—朝斗呪 四十九遍과 팥 삶는 주문 七번)을 외운 다음 흑두(黑豆—검정팥) 약간(수량에 관계 없이)을 솥에 넣고 삶는다。 삶아진 뒤에 볕에 말려 잘 간직해 두었다가 위급한 때에 그 삶아 말린 팥을 입안에 옥물고, 양손에는 육갑통패(六甲統牌—복숭아 나무에다 아래 그려져 있는 六甲總符를 새겨 새긴 자욱에다 朱砂로 바른다)를 들고 있으면 남이 자기를 보지 못한다。

또 집이나 거처하는 방을 남의 눈에 띄지 않게 하려거나 많은 사람들을 숨기려면 위와 같이 해서 말린 팥을 四方(건물이면 담장 밖 四面)에 묻고 육갑총부(六甲總符)를 그려 싸서 길 사방에 묻으면 건물 및 사람들을 남이 보지 못한다。 만약 숨겨지지 않거든 팥과 부적을 다시 바꿔 보라。

● 조두주(朝斗呪) — 北斗를 향해 외우는 주문 —

천즉령 지즉령 좌수지칠성 우수지북두 천상이십팔숙 시오소관 두대북두칠성 각답구곡황
天則靈、 地則靈、 左手指七星、 右手指北斗、 天上二十八宿、 是五所管、 頭戴北斗七星、 脚踏九曲黃

하오봉상계혈자 오시하계피난 오등탄두인불견 오등수두변시인 급급여율령칙
河吾奉上界血子、 吾是下界避難、 吾等呑豆人不見、 吾等收豆便是人、 急急如律靈勅。

● 자두주(煮豆呪) — 팥 삶을 때 외는 주문

천현지황 육갑구장 출행불견 영보장생 인래추아 엄기양목 마래추아 단기사족 칙오등 은신
天玄地黃、 六甲九章、 出行不見、 永保長生、 人來追我、 掩其兩目、 馬來追我、 斷其四足、 勅吾等 隱身、

근청 북두상원진군 변오가재 수미산안신 급급여율령칙
謹請、北斗上元眞君、變吾家在、須彌山安身、急急如律靈勅。

이 주문은 일곱번 거듭 외운다。

● 서부주(書符呪) — 부적을 쓸때 외우는 주문 —

양명지정 신위장인 수섭음매 둔은인형 영부일도 사택무적 감유위역 천병상행
陽明之精、神威藏人、收攝陰魅、遁隱人形、靈符一道、舍宅無迹、敢有違逆、天兵上行、
급급여율령칙
急急如律令勅。

● 육갑총부(六甲總符)

이상 몸을 숨기고、집을 숨기는 비법은 마음이 바르지 못한 사람에게는 함부로 전하지 마라、그 영험이 칙량할 수 없으니 경솔히 전하지 않겠다고 산처럼 무겁게 맹세하라。

○ 은신법(隱身法) (2)

주사(珠砂)로 아래의 뇌공인부(雷公印符)를 그려 향등(香燈) 위에 올려놓고 오방신주(五方神呪)를 외운 뒤에 인부(印符)를 가슴에 붙이면 효력이 신비롭다。

● 뇌공인부(雷公印符)

● 주문(呪文)

옴동방대금정 자재륜 천정역사 목타 지환남화 중토 서금 북수 개여용야
唵東方大金頂、自在輪、天丁力士、木吒、只換南火·中土·西金·北水·皆如用也。

○ 초환법(初歡法)

만나보기 원하는 사람을 만날 수 있도록 하는 비법이다。 즉 귀인을 만나려 하거나 헤어진 부모·형제·

부부 등을 만나고 싶으면 화합부(和合符—아래에 있음)를 써서 화합주(和合呪)를 외우면서 난간(檻) 밑에 감추어 두면 원하는 사람을 만날 수 있다(상대방이 주인공을 그리워하여 스스로 온다)。 만일 부부간에 불화로 인해 그 하나가 집을 나갔다면 상대방(나간 사람)의 生年月日을 부적위에 써서 보지 못하는 곳에 감추어 두면 좋다(물론 和合呪도 念해야 한다)。

○ 화합주(和合呪)

누구와 불화가 생겨 화합을 원하거나 특히 부부간에 불화로 가정이 불안하거든 이 방법을 사용해 보라。 자기 生年과 머리카락、 성명을 사용한다。 먼저 화합주(和合呪)를 외우고 보강결(步罡訣)을 아홉번 읽은 뒤에 자기 生年字에 해당되는 방위(가령 寅生이면 寅方、 酉生이면 酉方)에 가서 화합부(和合符)를 쓰고、 상대방의 머리카락을 부적 위에 올려 놓고는(부적에 양쪽의 生年月日과 성명을 쓴다) 왼쪽 발로 부적을 밟으면서 최신주(催神呪)를 외운다。

● 화합주(和合呪)

천정지정　일월지정　천지합기정　일월합기명　신귀합기형　이심합아심　아심합이심
天精地精、　日月之精、　天地合其精、　日月合其明、　神鬼合其形、　㒀心合我心、　我心合㒀心、
천심만심만만심　의합아심　태상노군　급급여율령
千心萬心萬萬心、　意合我心、　太上老君、　急急如律令。

먼저 주인공의 生年字에 행당되는 방위에서 주문을 외운 뒤 乾字(步罡法의 乾字)위에 서서 법대로 보강결(步罡訣)을 외운다。 그리고는 아래와 같이 보강(步罡—글자를 따라 발자욱을 옮김)한다。

● **보강결(步罡訣)**

우선 아래의 구절을 아홉번 외우면서 아홉발자욱 옮기는데 한번 외울때 숨을 멈추고 단숨에 외우되 옆에 사람도 듣지 못 할만큼 작은 목소리로 외워야 한다。

천화만합여아심합
千和萬合與我心合。

九天 玄九 和合

巽	离 六	坤 七
五 震		三八 兌
二 艮	一四 坎	○ 乾

위 강(罡)을 분명 정확하게 밟고 비결(千和萬合與我心合)을 외우면서 밟으라、밟기가 끝나거든 生辰字를 써놓고、그 위에 머리카락을 놓은 뒤 왼발로 부적을(和合符를 큼직하게 땅 위에 그려 놓는다) 밟고 서서 최신주(催神呪)를 염(念—아주 작은 소리로 입만 달삭거리며 외우는 것)한다。

● **육신부(六神符)**

집나간 사람、또는 기다리는 사람이 스스로 오도록 하는 부적이다。일곱장을 써서 최신주(催神呪)를 외우면서 불 사른다。

六神符

[illegible] 魁 魀 魋 魙 𩲅 𩴾 魒 罡

위 부적글씨 일곱자는 斗口 안에 쓰는게 좋다。

● 최신주(催神呪)

오유현녀진언결 칙령모 씨합 여약내순오 신귀가정결
吾有玄女眞言訣 勅令某(성명)氏合。如若來順吾、神鬼可停訣。
여조불순오 산석개붕열 염동진언결 천강속현형파군 오문귀섭전형 현녀 급급여율령
如造不順吾、山石皆崩裂。念動眞言訣、天罡速現形破軍。吾聞鬼攝電形、玄女、急急如律令。

이 주문은 六甲符를 사른 뒤에 念한다。

● 화합부

이 부적은 섭마석(攝魔石)으로 쓰는게 더욱 좋다。 鬼字 옆에는 주인공의 生年月日을 記入한다。

● 급최주(急催呪)

기다리는 사람을 오도록 하는(위에 있음)법을 써도 오지 않거든 이번에는 이 주문을 다시 외워 보라. 독촉하는 주문이다.

천정원원　지광산천　뇌공격장　뇌모제연　지정신녀　천정분연　풍백혼약　우사침연　조호성숙
天精元元、地廣山川、雷公擊杖、雷母制筵、地精神女、天精賁然、風伯混躍、雨師沈硏、早呼星宿、

모인신선　신구합덕　사귀만천　좌보우필　입재운전　수오구사　금폐사　연신구　급급여율령칙
暮引神仙。神龜合德、使鬼萬千、左輔右弼、立在坛前、隨吾驅使、禁閉邪、緣神龜、急急如律令勅

● 화합주(和合呪) 二

정관원년　오월오일　만회성승생하사　불신불법　불신선　전관인간화합사　화합내시이시래
貞觀元年、五月五日、萬回聖僧生下士、不信佛法、不信仙、專管人間和合事、和合來時利市來、

안관이원무삼태　박수가가상요소　동동금고곤지래　남녀상봉심상애　영모매매대초재
眼觀梨圓舞三台、拍手呵呵常要笑、冬冬金鼓滾地來、男女相逢心相愛、營謀買賣大招財、

시시각각심상연　만합천화만사해　오봉　만회가가장성승율령칙
時時刻刻心相戀、萬合千和萬事諧、吾奉、萬回歌歌張聖僧律令勅。

● 화합부(和合符) 二

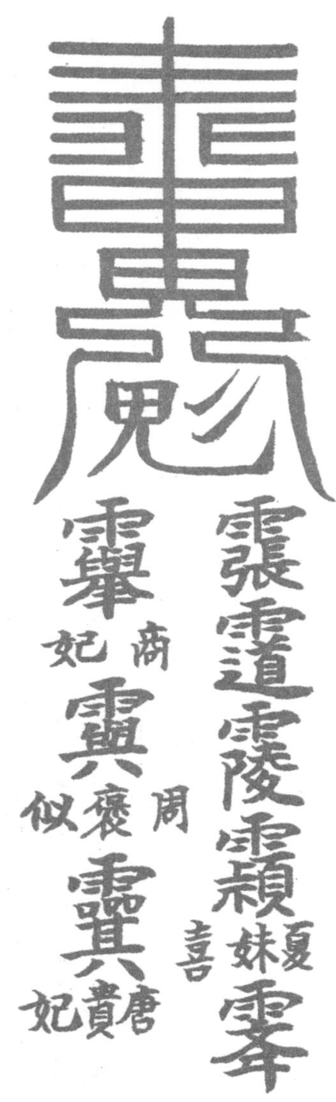

○ 재화(災禍)를 피하는 법

五月 五日에 西南쪽으로 뻗은 오동나무(梧桐)가지를 잘라다가 길이 五寸이 되게 인형(人形)을 만들어 색동옷을 만들어 입힌 뒤 왼편 팔뚝에 메고 있으면 천만가지 재앙이 침범을 못한다(인형이 보이지 않도록 비단 같은 것으로 싼다)。

● **재앙을 피하는 부적**

아래 부적을 복사나무 널판자(桃板) 二개에다 각각 주사(硃砂)로 그려 북당(北堂—안방) 대들보 위에 달아매면 도둑과 요괴(妖怪)가 침입을 못할 뿐 아니라 기타 원하는 일이 뜻대로 된다。

● 피대화부(避大禍符)

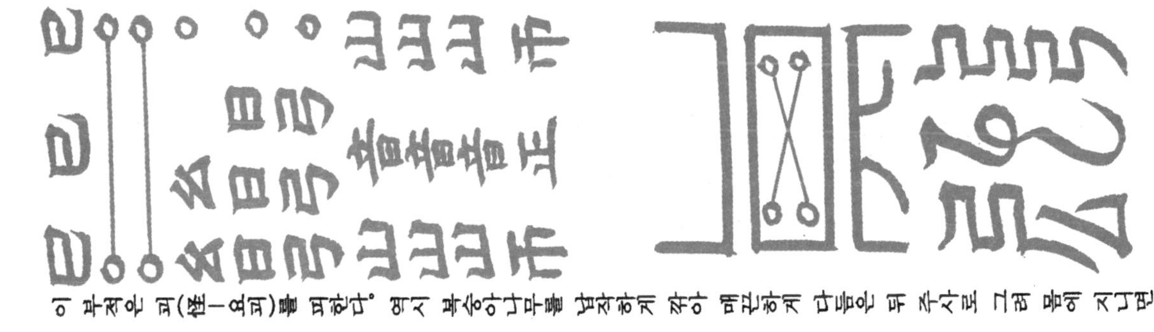

이 부적은 괴(怪—요괴)를 피한다。 역시 복숭아나무를 납작하게 깎아 매끈하게 다듬은 뒤 주사로 그려 몸에 지니면 비록 혼자서 만리(萬里)를 여행할지라도 도둑 및 나쁜 사람을 만나지 않고、 호젓한 깊은 산길에서도 짐승이 덤벼들지 못한다。

● 피괴부(避怪符)

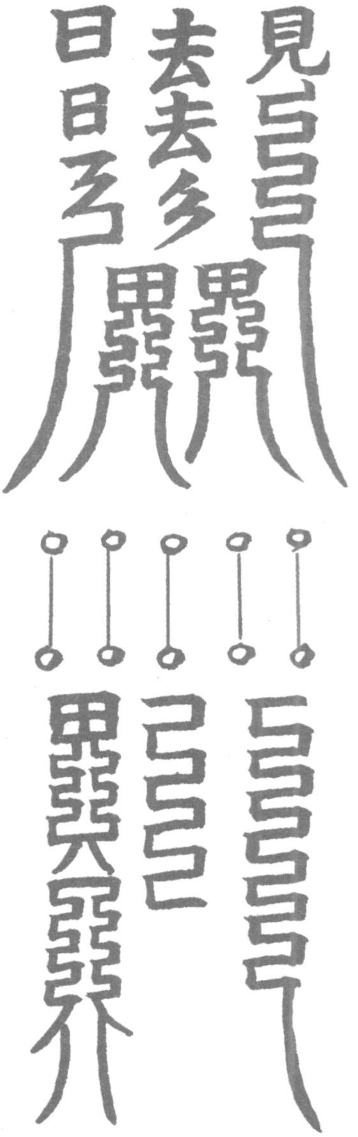

이 부적은 흰 종이에다 주사로 써서 주머니에 넣어 바지 앞쪽에 차면 싸움터에 임할지라도 칼 창과 실탄을 피하게 된다.

● **피병부(避兵符)**

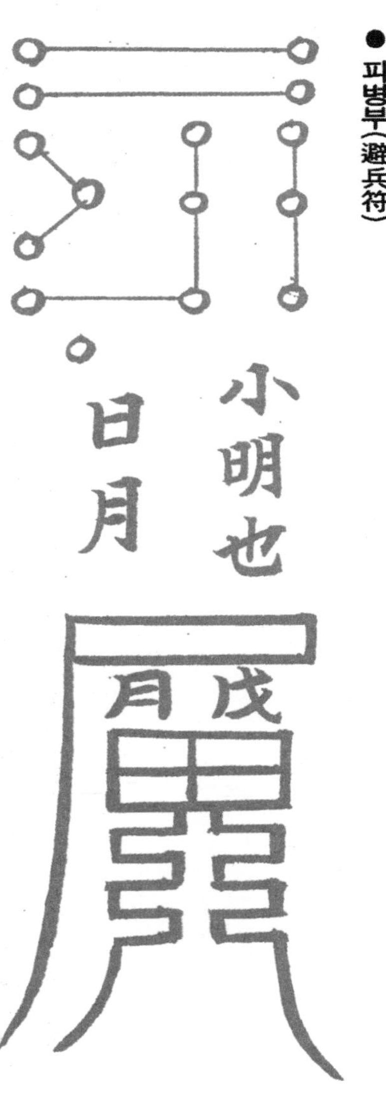

이 부적은 집을 짓거나 수리하거나, 안장(安葬)을 하므로서 동토탈(動土頉)이 나면 주인공 및 주인공의 가족에게 질병 또는 기타의 흉액이 있거나 구설, 손재 등 불상사가 생기는 수가 있다. 이를 미리 방지하기 위해서는 일 시작하는 날에 아래와 같은 부적을 주사로 써서 문 위나 중정(中庭)에 붙여 두라. 그 뿐아니라 이 부적을 살라 삼키거나 집 四方이나 까치가 앉았던 나무가지에 붙여두면 대길하다.

● 동토부(動土符)

○ 영(靈)을 통하는 법

먼저 六丁六甲神의 인장(印章)부터 준비해야 한다. 도장을 새기는 재료는 벽조목(霹棗木—벼락맞은 대추나무)을 사용하되 가로세로가 二寸이 되도록 잘 깎아 다듬는다. 이 六丁六甲神의 인부(印符)를 새길때는 개일(開日)·제일(除日)·성일(成日)을 가려 하는데 이날에 풍운(風雲)이 일어나거나 우뢰가 일거나 비가 쏟아지면 좋은 징조라 한다. 도장을 새길 때 닭·개·중·신자복(信者服)을 차린 교인(敎人)·무당박수·이상한 사람·산모(產母)·상복(喪服)입은 여자 등을 일체 보지 말아야 한다. 만일 이러한 짐승·사람을 보았다면 다음 길일로 가려 행한다.

正月—입춘후 子日開、卯日除、戌日成。
二月—경칩후 丑日開、辰日除、亥日成。
三月—천명후 寅日開、巳日除、子日成。
四月—입하후 卯日開、午日除、丑日成。
五月—망종후 辰日開、未日除、寅日成。
六月—소서후 巳日開、申日除、卯日成。
七月—입추후 午日開、酉日除、辰日成。
八月—백로후 未日開、戌日除、巳日成。
九月—한로후 申日開、亥日除、午日成。
十月—입동후 酉日開、子日除、未日成。

六丁六甲印符

中來員
日月水
三十二四十田皿
三十月五香成
三十月古聖降

十一月— 대설후 戌日開、丑日除、申日成。 十二月不 —소한후 亥日開、寅日除、酉日成。

● 보소주(普召呪)

구천도왕군 칙오방은신 청오지법령 수혼지난행 일체원밀의 물정찰복순 급칙여의법
九天都王君、勅五方隱身、請吾之法令、逢香之難行、一切遠密意、勿停刹服巡、急勅如意法、
구천인봉행 지천천추열 지지지동경 일섭제이법 중신급봉행 호천만억지 물조별체형
九天印奉行、指天天推裂、指地地動驚、一攝諸異法、衆神急奉行、呼千萬億至、勿阻別滯形、
신향성의축 수응부법행 소종여아의 문신구천군 위오법령자 봉참이신형 급급여 구천황인제군율령칙섭
信香誠意祝、逢應付法行、所從如我意、問信九天君、違吾法令者、奉斬爾身形、急急如、九天皇人帝君律令勅攝。

● 신향방(信香方) — 방법 —

먼저 다음과 같은 것을 준비해야 한다.

● 枸杞子一兩、 ● 栢子仁一兩、 ● 官桂一兩、 ● 茅香一兩、 ● 藿香一兩、 ● 白芷一兩、

● 大黃二兩五錢 ● 玄精石五錢 ● 姜黃五錢 ● 細辛五錢 ● 金精石五錢、

● 銀精石五錢、 安息香五錢(없으면 川片으로 대체)

그 外로는 黃白·紫梓·眞香·麝香 등 十五味를 곱게 갈아서 마련해 둔다. 위 六甲神印(벽조목으로 위 그림처럼 새긴 도장)을 찍는데 주사(硃砂)를 정결한 참기름에 개어 인주(印朱)로 삼아 黃紙에다 二十五개를 찍는다. 찍기전에 향(香)을 피우고、 향 연기에다 도장을 잡고 쪼인다. 도장을 다 찍었으면 도장 찍힌 黃紙를 탁자(香案)에 놓고、 위 보소주(普召呪)를 二十一번 외운 뒤에 불에 사른 재를 위 약가루와 같이 연밀(煉密)에 개어 떡과 丸을 만든다. 그리고는 택일하여 대문(大門)을 향해 三尺 깊어 구덩이를 파고 약환(藥丸)을 독에 넣고 봉하여 묻는다. 묻은지 十五日이 되거든 묻은 것을 꺼내어 비단 주머니에 싸서 잘 보관해 두었다가 甲日이나 丁日되는 밤에 북두를 바라보고 분향한 뒤 떡 五개를 먹는다. 다 먹고 나서 주문(普召呪)을 四十九遍 외우고는 五方(東西南北과 하늘)을 바라보면서 五方의 氣를 입으로 크게 다섯번들여 마신다. 아무 말도 하지 말고 다음날 해뜰 때까지 난잡한 행동을 하지 말아야 한다. 하늘의 계율은 결코 가벼운것이 아니니 하늘을 두려워하고 공경하는 마음을 가지면 이렇게 한 뒤로부터 자연 영(靈)을 통하게 될것이다.

○ 은신법(隱身法) (3) 몸을 숨기는 비법

은형법(隱形法)이 또 한가지 있다。東南쪽으로 뻗은 버들가지를 꺾어 길이 一尺二寸이 되게 잘라 준비해 두었다가 몸을 숨기는 비법을 쓰려면 버들가지를 손에 쥐고 보소주(普召呪—앞에 있음) 四十九遍을 염한 다음 六丁六甲印을 사용하되 버들가지에 허인(虛印—인주를 묻히지 않고 그냥 도장 찍는것) 二十四印을 찍고 신향방(神香方—위에 기록되었음)에 의해 만들어진 떡 一개를 입에 넣고 씹어서 버들가지에 바르고는 얼마동안 묵념하듯 눈을 감는다。그리고는 乾方의 땅에 三尺깊이의 구덩이를 파고 묻었다가 四十九日만에 꺼낸다。이것을 잡고 있으면 남의 눈에 자기의 형체가 발견되지 않는다고 한다。사용치 않을 때는 누른색 비단에 주사로 아래 보기의 부적을 써서 버들가지와 같이 항시 몸에 가까이 감추어 두라。남이 보아 천기(天機)를 누설하면 안된다。비밀리에 몸을 보호하라。

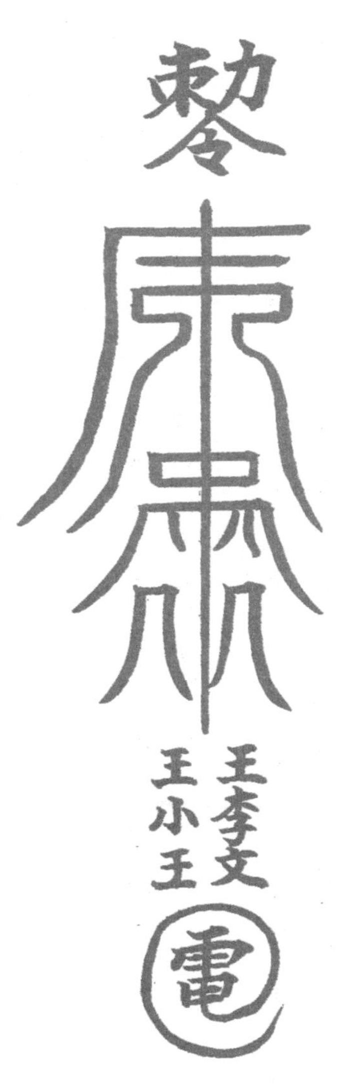

○ 환경법(換景法)

남의 눈에 산천초목(山川草木)의 환경이 다르게(황홀하고、아름다워 신선이 거처하는 곳 처럼 보임) 보이도록 하는 술법이다。

대호도(大葫桃) 한개를 空空히 하여 六丁六甲印을 口上에 두고 허인(虛印) 三十六印과 신향떡(信香餠) 한개를 불사른 다음 서쪽을 바라보고 「변하라!」하고 크게 소리지르며 오른 손을 들어 목적지를 가리키면 주위 환경이 다른 사람들의 눈에는 궁궐 같이도 보이고 봉래산의 신선이 사는 선경(仙景)같이도 보인다。

이 법을 행하는이는 걸을때 왼편 소매자락을 한번 떨치면서 「호도(葫道)야、나오너라!」하고 꾸짖듯이 소리지르면 호도신(葫道神)이 나와 길을 인도하고、몸을 보호하며 천리라도 속히 도달할 수 있도록 도와 준다고 한다。그러나 못된 일에 쓰거나 아무에게나 함부로 전하면 닦은 도(道)가 헛되이 잃고 만다。

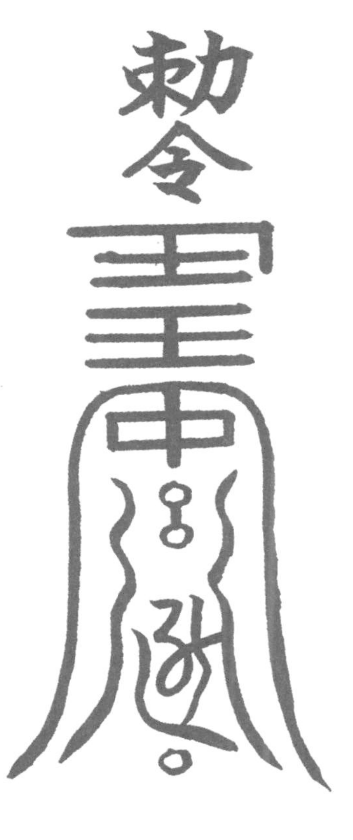

계(偈)『매일건성일주향 천조두례하무화 신부일인성심련 선원진자종차 연필
每日虔誠一炷香、天曺斗禮下無火、神符一印誠心煉、仙袁眞自從此、煉畢에
이성장차제례송성귀선궁
已成將此祭禮送聖歸仙宮。』

이상의 偈를 외우고는 제물(祭物)을 재빨리 묻고、청해드린 신(神)을 보낸 뒤에 집으로 돌아오는데 오는 도중 뒤를 돌아보아서는 안된다。 이후는 망녕되이 행하지 말기를 당부하는 바다。

○ 가시술(假尸術)

자기의 몸을 죽은듯이 보이도록 남의(적의)눈을 속이는 방법이다。

살구씨(杏子) 六개에다 六甲神名(아래에 있음)을 써 놓고、자신의 코피(鼻血)에다 살구씨를 담궈 일년동안 재어 둔다。 初一日에 살구씨를 건져 대접 위에 올려 놓고 卯時에 正東을 향하고 서서 주문(呪文ㅡ아래에 있음)을 七번 염한 뒤 공기를 七번 들여마신다。 살구씨가 놓인 대접을 죠용하고 정결한 방안에 옮겨 놓고、제(祭)를 올리면서 수련하기를 六日간 계속한다。 등(燈) 六盞과 물 六종발을 가득히 채워 살구씨와 함께 포대(자루)에 넣어 땅 속에 묻어 두었다가 부득이 몸을 피하거나 숨겨야 할만한 위급한 때가 이르면 살구씨 一개를 땅 속에서 꺼내 놓으라。 그러면 그 살구씨는 자기가 죽은 형상을 짓고 있으므로 쫒던 적은 죽은줄 알고 그냥 지나갈 것이다。 그러나 이 법은 반드시 계율을 지킬 것이며、바르지 못한 사람에게는 전하지 마라。 선률(仙律)을 어기면 하늘이 반드시 엄한 벌을 내릴 것이다。

● 주문(呪文)

행인행인 육갑제신 수신수호 용즉성인 근청상봉 삼청금지 옥황칙령 속용속령섭
杳仁杳仁、六甲除神、隨身守護、用則成人、謹請上奉、三淸金旨、玉皇勅令、速用速靈攝。

● 육갑육경신명(六甲六庚神名)

갑자비등 갑인송지 갑진건룡 갑오만편 갑신절략 갑술초월 경자장군 경인용지
甲子飛騰、甲寅宋之、甲辰乾龍、甲午萬遍、甲申節略、甲戌超越、庚子將軍、庚寅涌地、
경진왕래장군 경오다자 경신곤룡 경술장군 속강율령섭
庚辰往來將軍、庚午多子、庚申坤龍、庚戌將軍、速降律令攝。

이 술법은 누가 千金을 준다 해도 경솔히 알려 주어서는 안된다。

○ 또는 화둔법(鞋遁法)이라는 것이 있다。 이 법을 수련하려는 날 황지(黃紙)에다 주사(硃砂)로 뇌진부(雷震符)를 그려 북향하고 부적 그려진 황지를 태워 맑은 물로 부적재를 마신 다음 북향하고 탈신수시주(脫身守屍呪)라는 주문을 세번 외운다。 그리고는 호흡을 크게하여 공기(空氣)를 배 속 깊이 들여 마시기를 세차례 한다。

술법을 쓸 때는 평소에 신고 다니는 신 한켤레를 버리고 동쪽을 향해 걸어 가라。 몇 발자욱 걷고 보면 신비스럽게도 자기가 버린 신이 자기가 죽어 누어 있는 것으로 보여 사람들이 보기에는 진짜 죽은 것으로 안다。 九日이 지나면 법술(法術)이 풀려 가짜 죽은 시체가 다시 신으로 보인다。

● **탈신수시주(脫身守屍呪)**

태상삼관 오뢰구수 흘오진선 수오진원 오봉 태상노군급급여율령섭
太上三官、 五雷久隨、 吃吾眞先、 守吾眞元、 吾奉 太上老君急急如律令攝。

● **뇌진부(雷震符)**

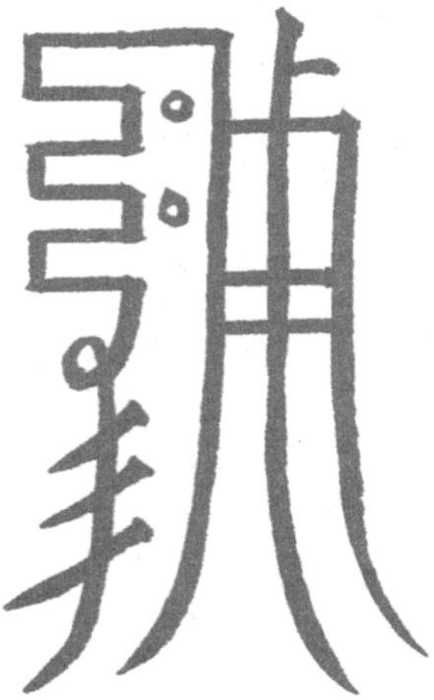

이 술법은 덕이 있는 사람에게만 전해야지 만일 사람답지 못한 사람한테 함부로 전한다거나, 술법을 못된 일에 쓰면 하늘이 반드시 꾸짖을 것이다.

○ 오귀(五鬼) 부리는 법

이를 혼천법(混天法)이라 한다. 고루(估僂) 五枚를 준비해 두었다가 六癸日(癸酉·癸未·癸巳·癸卯·癸丑·癸亥日) 五更에 고루에다 각각 오귀 이름을 써 둔다. 언제나 癸日이면 一枚씩을 불사르고 부적을 써 놓고 육갑단(六甲壇) 아래에서 祭를 지낸다. 발로 魁·罡 두 글자를 밟고 왼손으로 뇌인(雷印)하고, 오른손으로 검결(劍訣)한 뒤에 五方을 차례로 돌면서도 五方의 眞氣를 입으로 힘껏 들여마시고는 혼천주(混天呪)를 외운다. 그리고는 五鬼符 다섯장을 불태운다. 이와 같이 한 뒤 四十九日이 되는 날 밤에 제문

(祭文)을 쓰는데 원하는 일을 쓰고 오귀 이름을 부르면 각 귀는 부르는 소리를 듣고 형체를 나타낸다。 각 귀신들에게 각인(角印)으로 허인(虛印—조각한 도장으로 인주가 없이 그냥 찍는것) 하나씩을 찍고 나서 각각 하늘에 맹세 시킨다。 그런 뒤에 마음대로 오귀를 부리는바 오귀들은 먼데 소리도 들을 수 있고、 장애물이 있어도 뚫고 볼 수 있으며 미래를 예칙하므로 어떤 일이 든지 성패(成敗)와 화복(禍福)을 다 알으켜 준다。 어디 먼길을 가려면 낮에는 안되고 밤을 이용하여 오귀들이 교자를 메게 하거나 수레를 끌도록 명령하면 천리길로 하룻밤 안에 득달시켜 준다。 또 가는 도중 여관 같은데서 쉬게 되면 오귀에게 경비를 시켜도 좋다。 이와 같이 매사를 오귀한테 부탁하면 사람이 해내지 못할 일을 척척 해낼 수 있는 것이다。

● 혼천주(混天呪)

정령정령 부지성명 수양오귀 도오단정 순오자길 역오자흉 보오요도 광오성진 영이반운
精靈精靈、 不知姓名、 授兩五鬼、 到吾壇庭、 順吾者吉、 逆吾者凶、 輔吾了道、 匡吾成眞、 令爾搬運、
즉속취행 역오령자 촌참회진 오봉 태상노군급급여율령
卽速就行、 逆吾令者、 寸斬灰塵、 吾奉、 太上老君急急如律令。

● 진언(眞言)

남무위부 옴길리옴길리
南無胃浮、 唵吉唎唵吉唎

위 진언을 단숨에 일곱번 외우고 五方氣를 힘껏 입으로 다섯번 들여마신 다음 구령부(九靈符) 한장을 불사르고 이어서 오귀부(五鬼符) 五매를 불사른다。 매일 三차례 향갱(香羹)、 미주(美酒)、 육포(肉脯)만두를 임의로 베풀어 주고、 유염(油塩) 장(醬)、 초(醮)와 금·은·비단 등을 불살라 오귀 들이 쓰도록 한다

● 구령부(九靈符)

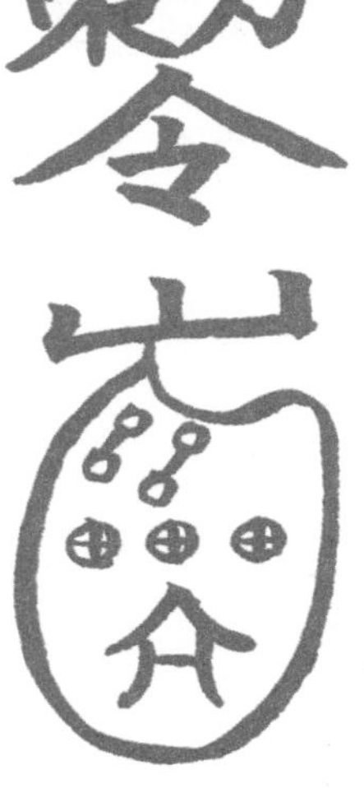

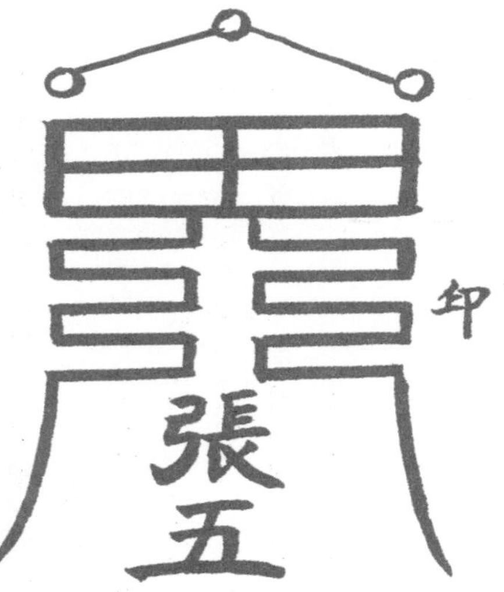

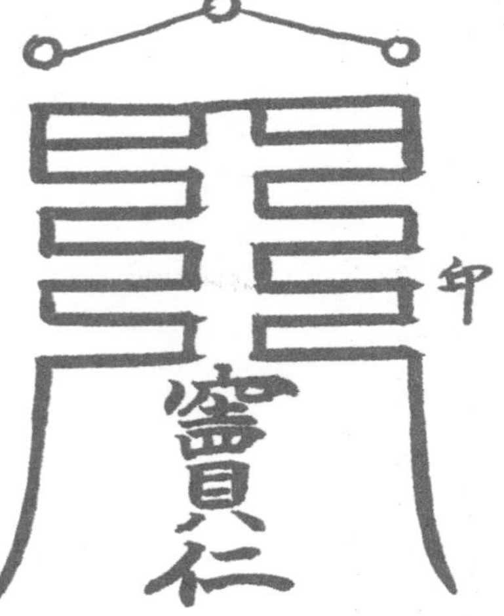

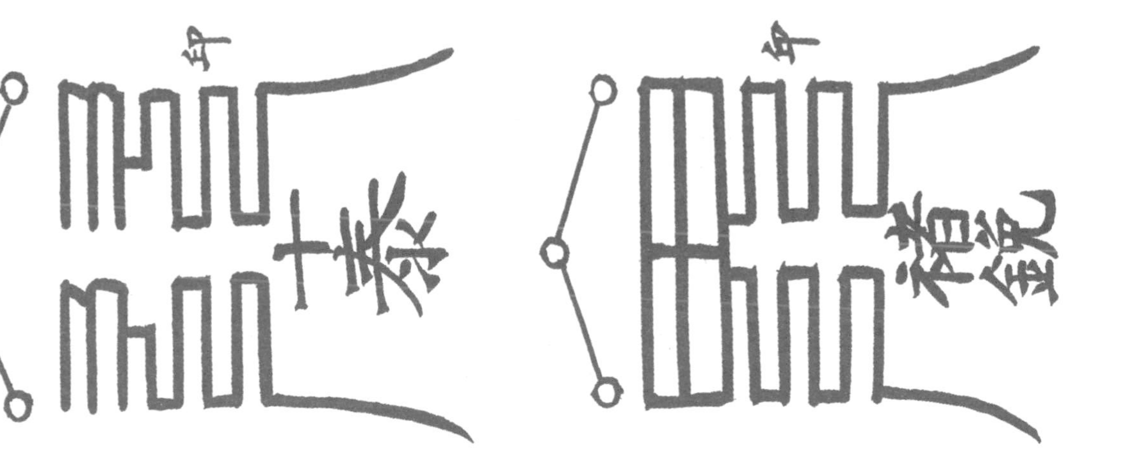

● **오귀명(五鬼名)**

一、두인(竇仁)、二、이개(李凱)、三、장오(張五)、四、십태(十泰)、五、저만(褚晩)

이상은 다 오귀의 성명(姓名)이다。위 부적을 쓰고、오귀 이름을 부른 뒤 분향하고 진언을 외운다。그리고는 먼저 구령부(九靈符) 한장을 불태우고、차례로 오귀부 한장씩을 불사르면서 오귀 이름을 부른다。

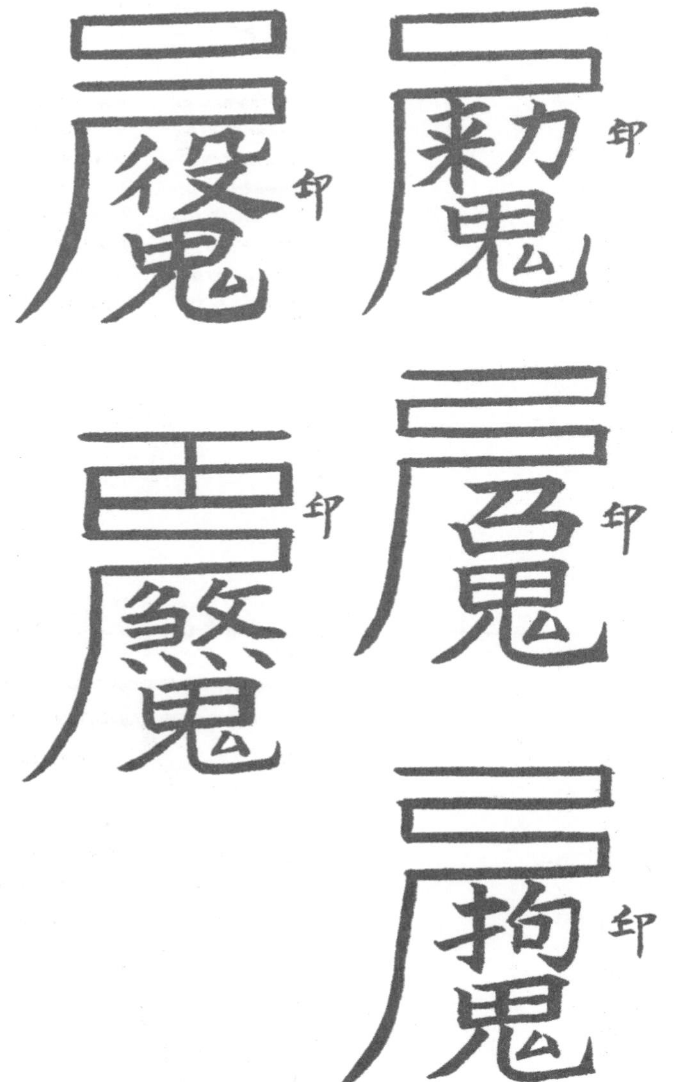

오귀가 형체를 보일 때 각각 맹세를 시킨다. 『내가 그대들을 쓰거든 언제나 나의 좌우를 떠나지 말것이며, 내가 가는곳마다 따르라』하고, 자신이 먼저 음식을 먹은 뒤에 五鬼들에게 주어 먹도록 한다. 오귀를 먹도록 하는 주문이 또 있으니 아래와 같다.

삼계무량식 三界無量食、
충만법계중 充滿法界中、
제여기갈차 濟汝飢渴者、
청색무색성 淸色無色聲 이라하고

또 이어서 다음과 같은 주문을 외운다.

비부상왕고 悲夫常枉苦、
번뇌삼도중 煩惱三途中、
맹화소인후 猛火燒咽喉、
상사기갈념 常思飢渴念、
일쇄감로수 一洒甘露水、
여열복청량 如熱復淸涼、
유경정락극 幽境靜樂極、
탁화도요향 托化道遙鄕、
오금시여공 吾今施汝供、
익여선경중 益如仙境衆、
일입변천만 一粒變千萬、
하사귀신공 河沙鬼神共、
오봉억억겁 吾奉億億劫、
중도인무량 中度人無量、
심성부감대 尋聲赴感大、
을구고천존 乙求苦天尊、
청립상제율령섭 靑立上帝律令攝。

이상의 법사(法事)를 다 끝낸 뒤에는 마음대로 五鬼를 부리되 함부로 아무에게나 누설해서는 안된다.

○ 기우법(祈雨法) — 비가 내리도록 비는법 —

오랜 가뭄으로 오곡(五穀)이 타 죽으면 흉년이 들어 일만 백성들이 굶주린다. 옛날에는 한 나라의 임금이나 한 고을의 수령(守令)이 목욕재계하고, 吉日을 받아 하늘에 비를 비는 기우제(祈雨第)를 지냈다. 과학이 발달한 오늘날에는 소위 전천후농업(全天候農業)기술이 있어 강물을 끌어들이고 지하수를 개발하여 완전한 흉년은 없다 하겠으나 아무리 기술에 의존한다 할지라도 만약 三개월만 비를 내리지 않는다고 가정하면 한재(旱災)를 면할 수 없다。

기우제를 지낼 때 아래와 같은 주문을 외우고 분향하고 제사를 지낸 뒤 부적을 써서 사른다。

● **분향할 때의 축문**

도유심학 심가향전 향열옥로 심존제전 진령하혜 신지조정 영아심령 감아심건 소기지원
道由心學、心假香前、香熱玉爐、心存帝前、眞靈下盻、神祇照庭、令我心靈、鑑我心虔、所祈之願、
함사여언
咸賜如言。

● **칙수주(勅水呪)**

청화경 원시상제칙구봉 진령문 합명천지자천문 일급정은하통곤륜 탕척제예염 인세득광명
清華境、元始上帝勅九鳳、眞靈文、合明天地自天門、日金精銀河通昆崙、蕩滌諸穢厭、人世得光明

• 文書符

• 取水符

(三道를 用한다)

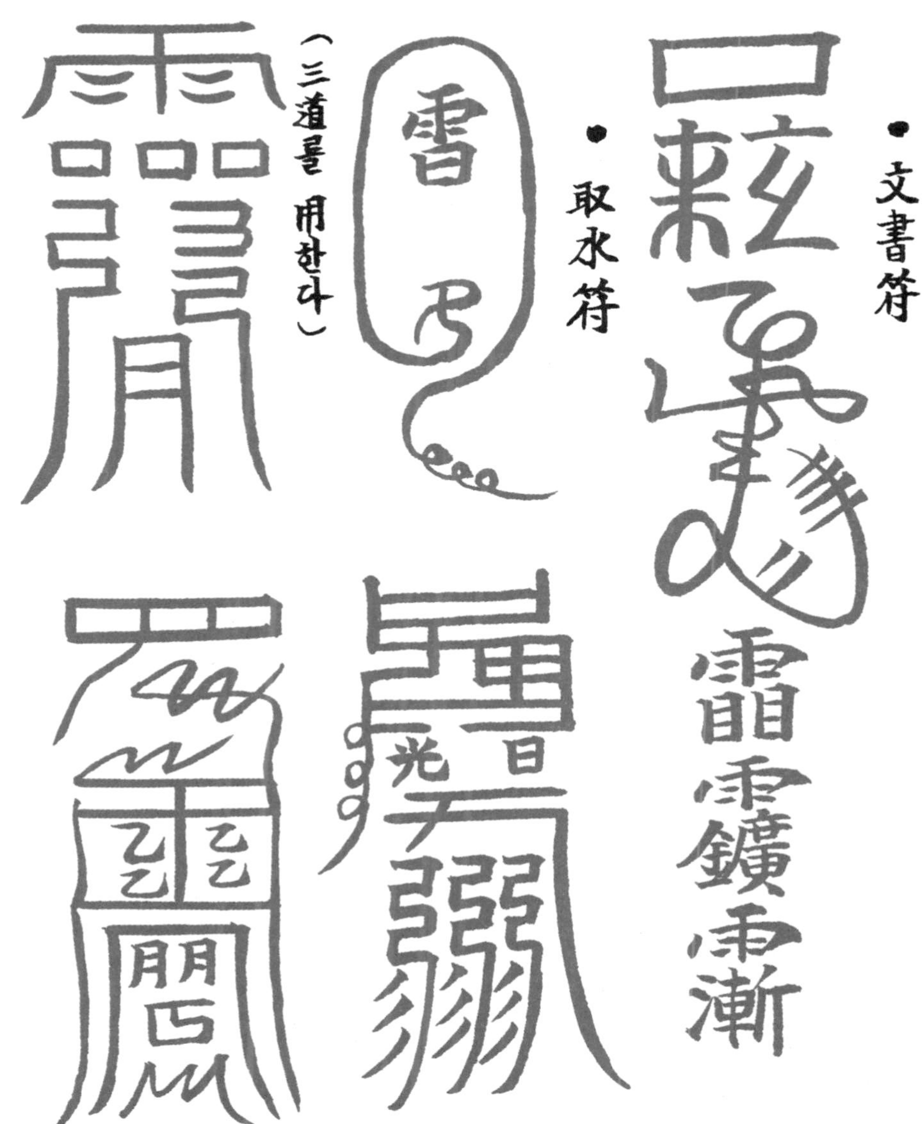

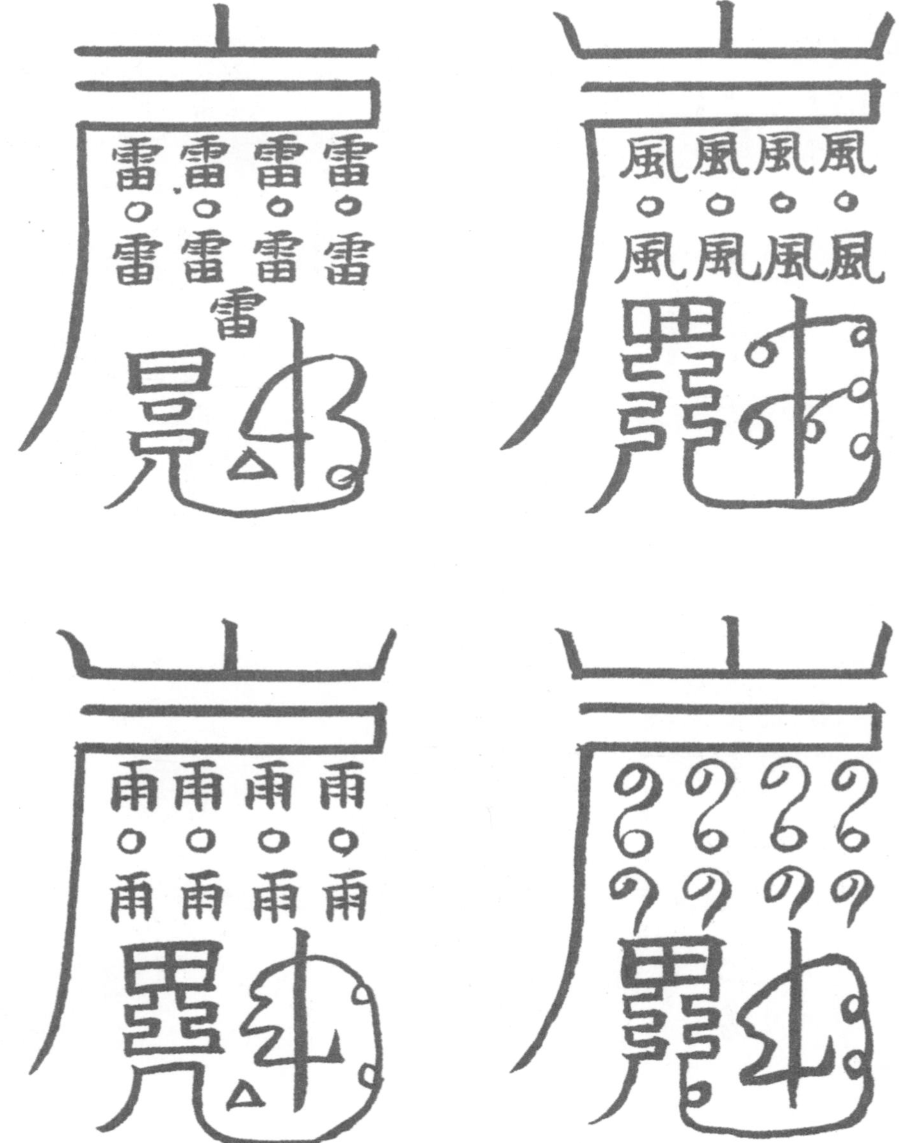
雷雷雷雷
雷雷雷雷
雷
風風風風
風風風風
雨雨雨雨
雨雨雨雨

○ 도(道)를 통하는 비법

甲子日이나 甲辰日에 동쪽을 바라보고 분향예배(焚香禮拜)하고、정구주(淨口呪)를 외운 뒤 추신부(追神符)를 불에 태워 삼킨다。이 부적은 구천현녀(九天玄女)의 서부(誓符)라 부적을 삼킨 뒤로는 만가지 병이 생기지 않으며、능력(수련한)에 따라 귀졸을 부릴 수도 있고、몸이 가벼워 날아 다니듯이 빨리 걷게 되며、몸이 건장해진다。위와 같은 절차를 행한 뒤 매일 이른 아침과 저녁에 태양주(太陽呪)와 태음주(太陰呪)를 외우고 공기를 크게 들여마셔 배속까지 들어가게 한다。단 주문을 외울때 마음속으로 염(念)해야지 입밖으로 소리를 내서는 안된다。이와 같이 一月을 계속하면 법(法)을 성취할 수 있다。아침 저녁으로 주문을 외우면 귀에 벌이 우는것 같은 소리가 한시간 동안 계속되리니 그 다음날 추신주(追神呪)를 七번 외우고는 추신부(追神符) 一장을 태워 마시고 또 명이주(鳴耳呪)를 三번 외우고、명이부(鳴耳符) 一장을 태워 마시면 이날에는 귓가에서 어린아이 우는 소리가 一시간 동안 들릴 것이다。이어서 개후주(開喉呪)를 三번 외우고 개후부(開喉符) 한장을 태워 마시라、그리하면 이날에 동자(童子) 목소리가 들릴 것이다。동자성(童子聲)이 나거든 선음주(宣音呪) 三번을 외우고 선음부(宣音符) 一장을 태워 마시면 귀 근방에서 이상한 소리가 들릴 것이다。이때『너는 어느 神이냐、단(壇) 앞에 나타나라!』하고 제수와 돈·비단을 준비해 두었다가 내놓고 안신주(安神呪) 三번을 외운 뒤 안신부(安神符) 一장을 불사르고 신장과 맹세하라。맹세하는 글과 모든 주문과 부적은 아래와 같다。

● 서운(誓云)

여요사여상천 여오상천 사여입지 여오입지 여요보 인간화복 여오통보 유여축착귀신
如要使汝上天、與吾上天。使汝入地、與吾入地。如要報、人間禍福、與吾通報。遺汝逐捉鬼神、

치병거사 일응등사 실개보지타 구행선개 각승상품 절여상고 약유위만 상주천정
治病祛邪、一應等事、悉皆報知他、口行仙喈、各昇上品、切與相顧、若有違慢、上奏天庭、
죄유소귀 부득상부 조아혹응
罪有所歸、不得相負、助我或應。

甲子日에 시작하여 매일 새벽에 일찍 일어나 동향하고 서서 정구주(淨口呪) 등 모든 주문을 외운 뒤에 추신부(追神符)를 태워 마시고 東方의 氣를 입으로 두번 들여 마신다。혹 一月이나 四十九日간을 항시 수련하는 생각을 잊지 않으면 성공한다。

● 정구주(淨口呪)

태상정생 태광상령 벽제음귀 보우양결 영원불갈 연수장녕 사기회인 진기장존 음수칠백
太上延生、台光爽靈、劈除陰鬼、保于陽結、靈源不竭、延壽長寧、邪氣灰人、眞氣長存、陰隨七魄、
양수삼혼 의오지교 주상일청급급여 구천현녀율령칙
陽隨三魂、依吾指敎、奏上一淸急急如、九天玄女律令勅。

● 총섭소신주(摠攝召神呪)

혁혁양양 일출동방 우주자사 도주자망 오봉북제 입참불상 일체귀괴 개이오방 하물불견
赫赫陽陽、日出東方、遇呪者死、道呪者亡、五奉北帝、立斬不祥、一切鬼怪、皆離吾傍、何物不見、
하물감당 수불능익 화불능상 삼계지내 유오독강 급급봉 구천현녀율령칙
何物敢當、水不能溺、火不能傷、三界之內、惟吾獨強、急急奉、九天玄女律令勅。

이 주문을 七번 외우고 나서 아래 부적을 등잔불에 태워 정수(淨水)로 마신다。

● **총섭태양영부(總攝太陽靈符)**

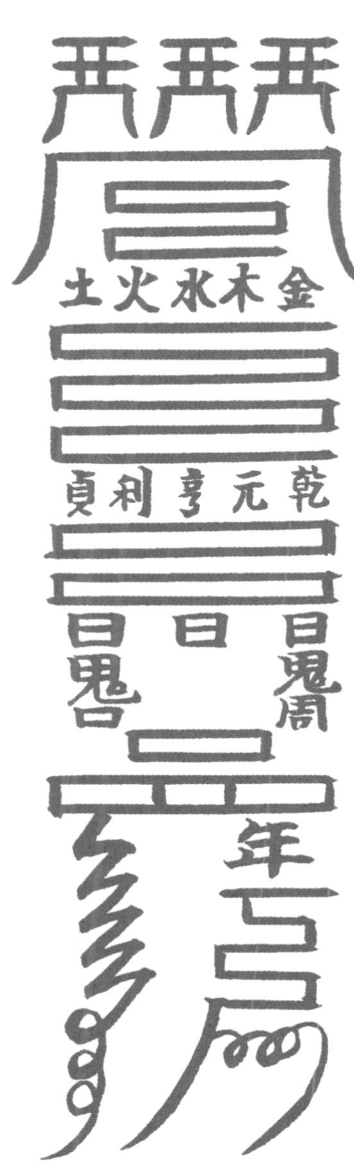

위 부적을 분향하고 태워 마신 뒤 일기주(一氣呪)를 또 외운다。

● **일기주(一氣呪)**

영군영군　조아감응　향성일격　만사지정

靈君靈君、 助我感應、 響聲一擊、 萬事知情。

이 일기주(一氣呪)를 三번 외운 뒤 아래 부적 三장을 태워 마신다。

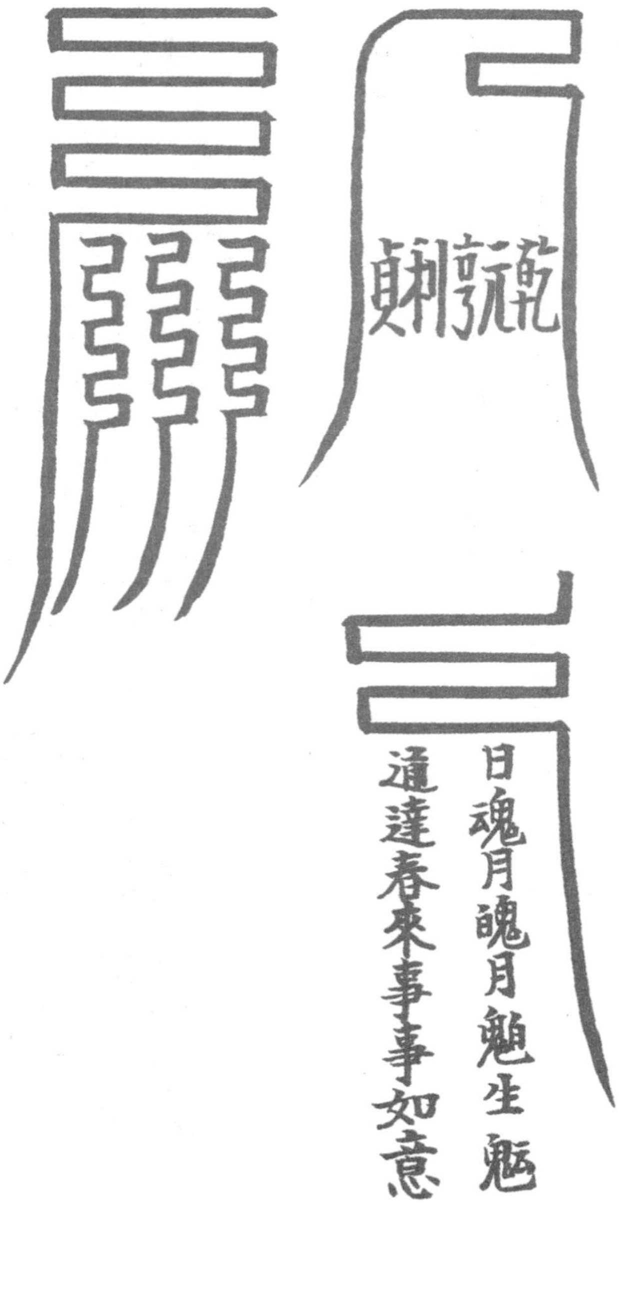

위 부적은 미리 써 둔다。初一日이나 十五日에 일찍 일어나 조용하고 깨끗한 방에서 좋은 香을 사르고 위 부적 三장을 쓰는데 먼저 東向하고 일기주(一氣呪) 三번을 외운 뒤 주사로 써서 棗湯(조탕—대추탕)과 같이 달여 먹는다。탕을 마실때도 마음속으로 원하는 일을 생각한다。

● 태양주(太陽呪)

매일 이른 새벽에 三번씩 외운다음 아래 태양부(太陽符)를 태워 마시되 물그릇 안에 八卦를 그리고、

왼손으로 金燈을 돋우고 오른손으로는 검결(劍訣)한다。

동방부상궁 섭수조결린 태양동명경 요요하소종 금아배금면 후천망영자 황화장옥녀 임참강차
東方扶桑宮 摺首朝結粦 太陽動明景 寥寥何所終 金我拜金兎 候天望英姿 皇華將玉女 臨斬降此。

● 태양부(太陽符)

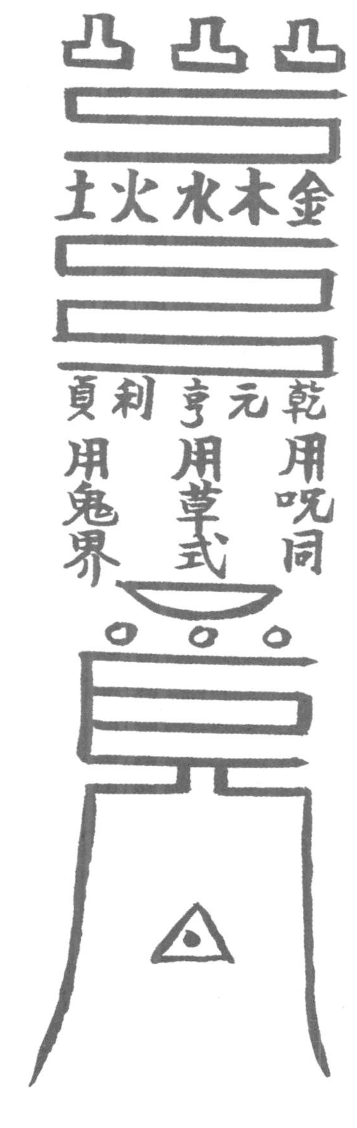

이 부적을 그린 뒤 東方의 靑氣를 들여 마시고、부적을 접어 머리털 속에 꽂고 추신주(追神呪)를 외운다。

● 태음주(太陰呪)

매일 저녁에 아래 주문을 三번씩 외운다。

앙망고팔표 유월잉음정 중유화소성 천인마육병 요화광이극 혼명조삼청 은근구지도
仰望顧八表、唯月孕陰精、中有火素星、天人馬六駢、曜華光二極、混明照三清、慇勤求至道、

오색하래영
五色下來迎。

● 태음부(太陰符)

아래 부적을 다 그리고 나서 東方의 맑은 공기를 힘껏 들여 마신 뒤 부적을 접어 머리털 속에 꽂으면 영험하다。

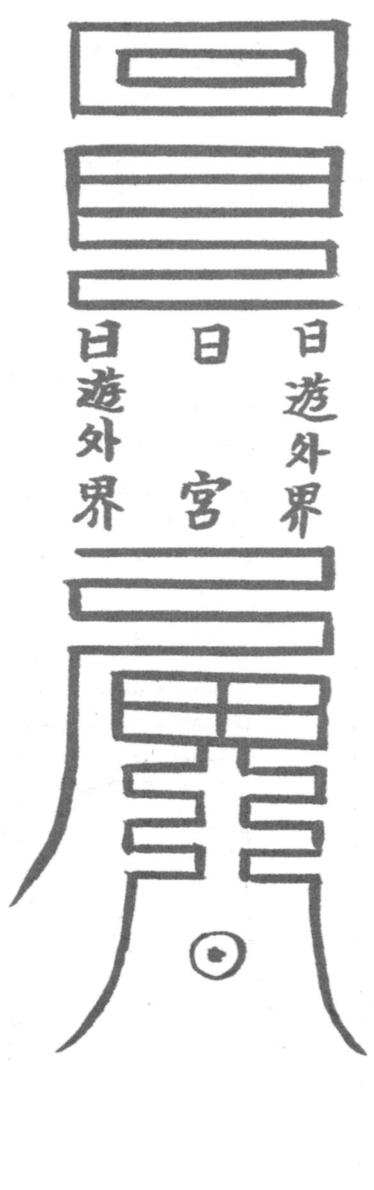

庚申日이나 甲子日에 분향하고 태양주(太陽呪)와 태음주(太陰呪)를 一百二十번 외우고 나서 주사로 위 부적을 써 머리털 속에 꽂았다가 불에 태운 재를 깨끗한 물로 마시되 아침에는 태양주와 태양부를、저녁에는 태음주와 태음부를 사용하되 아침에는 태양을 바라보고 저녁에는 달을 바라보면서 삼킨다。甲子日前인 癸亥日 밤에 祭를 지내고 다음날인 甲子日에 분향(焚香)하고 위에서 설명한대로 주문을 외우고 부적을 사용하라、四十九日까지 계속하면서 추신주(追神呪) 十만번 이상 외우면 神이 와서 보호해주고 앞

일을 알으켜 준다。法을 行하는 동안에는 목욕 재계하고 술과 고기、오신채(五辛菜—마늘 파 고추 등)를 먹지마라。뿐 아니라 나쁜 짓도 하지 말고、사람들을 위하는 일이면 부지런히 행하라 도(道)가 섭취되어 神이 보호하고 미래사를 보고해 줄 것이다。

● 추신주(追神呪)

천청지녕 천지교정 구천현녀 사아청녕 양정양백 음정음혼 속부오주 속지오신 약초유위
天清地寧、天地交精。九天玄女、賜我清寧。陽精陽魄、陰精陰魂。速赴吾呪、速至吾身。若稍有違、
여역태청 봉래선자 봉도진인 급급주지 속조오행 급급여 구천현녀율령섭
如逆太清、蓬萊仙子、奉道眞人、急急呪至、速助吾行、急急如、九天玄女律令攝。

위 주문 七번을 외우고 東方의 青氣를 배속까지 들여 마신다。呪文을 외울때 斗劍訣한다。아침 저녁으로 東西의 青白氣를 마셔 배속에 넣고、왼손으로 斗訣하고 오른손으로 劍訣한 뒤에 분향하고 아래 부적(追神符)을 태워 마신다。뒤에 구천현녀영부(九天玄女靈符) 三장과 추신부적을 항시 주사로 쓰는데 부적을 쓸 때도 추신주를 마음속으로 三번 외운다。

● 추신부(追神符)

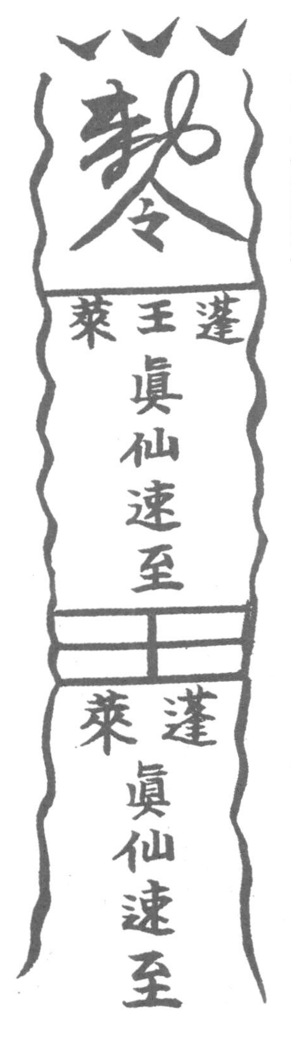

● **三台二勅符**

아래 부적을 주사(朱砂)로 써서 불에 태운 재를 물에 타 귀를 씻기도 하고 마시기도 하면 자연 신령이 도우리라。 같은 날 명이주(鳴耳呪)를 외운다。

魑魅⿺鬼孛⿺鬼見一⿺鬼丕⿺鬼手⿺鬼去

● **명이주(鳴耳呪)**

아래 주문을 七번 외운다。

천지신광 지지신광 일월신광 이변개광 주지이문 주문이광 신통입이 속지이방
天之神光、地之神光。日月神光 耳邊開光。呪至耳聞、呪聞耳光、神通入耳、速至耳傍。
급급여 구천현녀율령섭
急急如、九天玄女律令攝。

위 주문 七번 외우고 나서 東方의 氣를 들여 마셔 배속에 넣고、아래 부적을 태워 물에 타 마신다。아침에는 東方을 향하고、저녁에는 四方을 向하여 주문、氣를 마시는것、부적을 태워 마시는 일을 하면 신장(神將)의 말을 들을 수 있다。

● 명이부(鳴耳符)

이 부적을 달사(達士—術法에 매우 능한이)가 마시면 七日에 효험이 있고 中士(術法에 약간 능한이)가 먹으면 반달만에 신장(神將)의 말을 들을 수 있는 것이지만 함부로 천기(天機)를 누설하지 마라。경계하는 말을 어기면 모처럼 터득한 法術을 잃어 神이 하강하지 않는다。만약 신장의 말소리가 들리거든 급히 개후주(開喉呪)를 외우고 개후부(開喉符)를 불에 태워 마신다。

● 개후주(開喉呪)

신정원군 태을심경 능구질고 설여전정 여약불설 영타침륜 오금교여 속통성명 급급여
神精元君、太乙尋聲、能救疾苦、說與前程、汝若不說、永墮沈淪、吾今教汝、速通姓名、急急如、
구천현녀율령섭
九天玄女律令攝。

위 주문을 七번 외우고 東方의 氣를 한입에 마셔 배속까지 들이고、아래 부적을 태워 물에 타 마시면 신명(神明)과 말과 뜻을 통하게 된다。

● 개후부(開喉符)

다음에는 선음주(宣音呪)를 외운다。(神將의 말소리가 들리지 않을때)

● **선음주(宣音呪)**

원시조기　보화만신　상제유칙　영아통령　삼구멸상　구충망형　외청내증　구규광명　선신출음
元始祖氣、普化萬神。上帝有勅、令我通靈。三口滅爽、九虫忘形。外淸內澄、九竅光明。宣神出音、
속강음성
速降音聲。

위 주문 七번을 외우고、부적을 사용한 뒤 또 안신주(安神呪)를 외운다。

● **선음부(宣音符)**

아침에는 동쪽을 향하고 저녁에는 서쪽을 향하여 위 선음주(宣音呪)를 외운뒤 아침에는 동방의 青氣、저녁에는 四方의 白氣를 배속으로 들여 마시고 위 부적을 태워 물에 타 삼킨다。

다음에는 안신주(安神呪)와 안신부(安神符)를 사용한다。

● 안신주(安神呪)

천하신병 팔괘지정 섭도신장 안생오신 문주속지 백사통령 무사불보 부득위령 오봉
天下神兵、八卦之精。攝到神將、安生吾身。聞呪速至、百事通靈。無事不報、不得違令。吾奉、
九天玄女律令
구천현녀율령。

주문을 三번 외우고 나서 氣를 마시고 丁甲神呪를 외우고 부적을 써 불사른다。

● 안신부(安神符)

아침에 사용

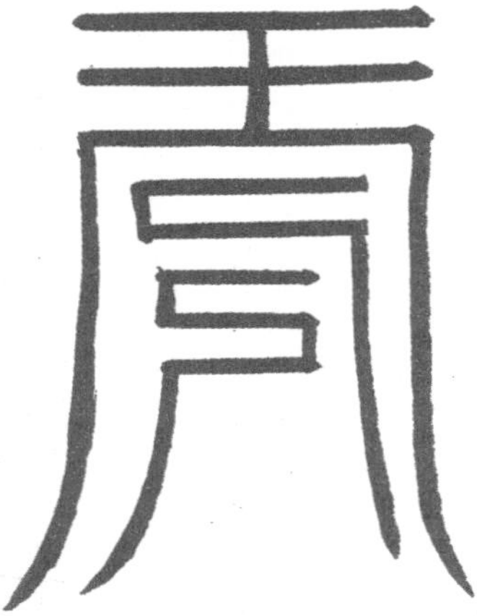

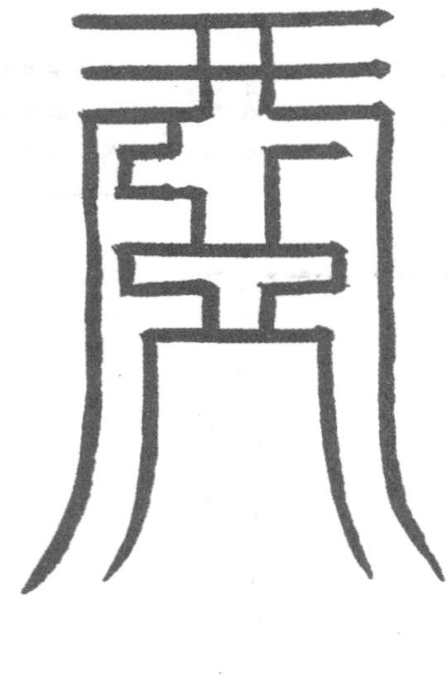

낮에 사용　　저녁에 사용

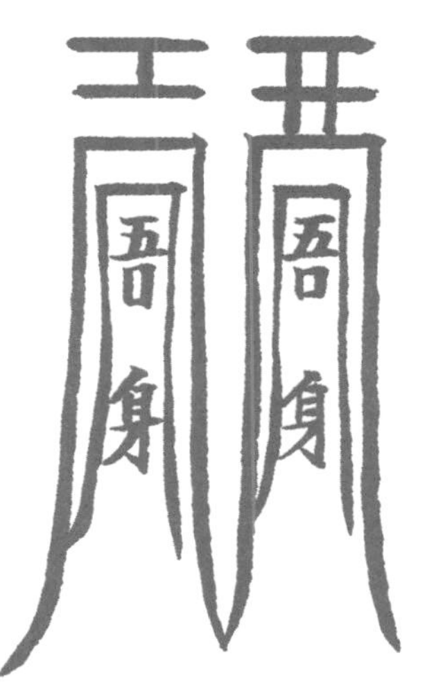

위 안신주(安神呪) 三번을 외우고 부적 一장을(해당되는) 살라 물에 타 마신다. 매일 아침·점심·저녁 三차례를 같은 차서로 행하면 신(神)이 와서 귀에 대고 알려준다.

● 六甲日呪

六甲日에 祭를 지낼 때 다음과 같은 주문(呪文)을 외워도 좋다(神이 와서 미래사(未來事) 및 기타 궁금한 일을 알려달라는 뜻으로)

조양조양 염동일광 영부탄지 기신내보 청 남두육성 북두칠성 오봉 태상노군급급여율령

朝陽朝陽、念動日光。靈符呑之、其神來報、請·南斗六星、北斗七星、吾奉、太上老君急急如律令。

太極

南

東 中 西

北

出祖氣寫入賣天仁 東貢 卯文 婁天義 西兌 酉文

李天禮 南離 午文 鬼天智 北吹 子文 翟天信 中史坤 上 文

東方青氣嘘肝入卯文(동방청기는 간장에 불어 넣는다。肝은 卯木)

南方赤氣呵心入午文(남방적기는 심장에 불어 넣는다。心은 午火)

西方白氣呬肺入酉文(서방백기는 폐에 불어 넣는다。肺는 酉金)

北方黑氣吹入子文(북방흑기는 신장에 불어 넣는다。腎은 水子)

中央黃氣呼脾入土文(중앙황기는 비장에 불어 넣는다。脾는 土)

〔斗 訣〕

東斗五星

南斗六星

西斗五星

北斗七星

中斗五星

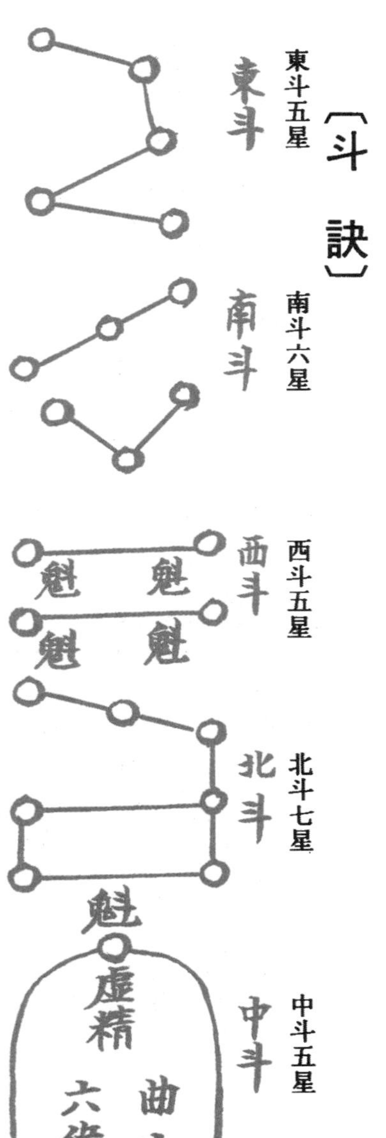

● 오두명(五斗名)

동두청허율조신 남두이백천존성 서두필백삼란 북두두작 만행필직표 중앙두정열경
東斗靑虛聿兆辛、南斗離百天尊星、西斗必白參蘭、北斗斗勺、灌行畢直票、中央斗正列耿。

太陽

太陰

天罡

紫微

● 호단부(護壇符)

法을 수련하기 위해 제(祭)를 지내려면 맨 먼저 단(壇)부터 설치해야 한다。그러므로 단을 만드는데 단은 천신(天神)이 임하는 것이라 가장 정결한 것을 요하니 깨끗이 하고 또 잡귀(雜鬼)나 새·짐승 따위와 기타 부정(不淨)한 것이 범하지 못하도록 해야 한다。

上治金

西三

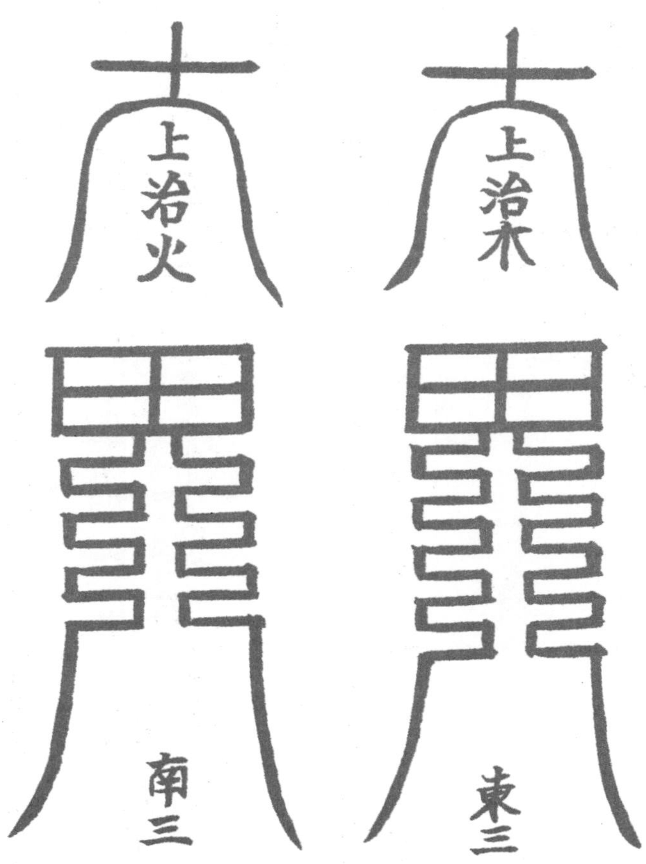
上治木
東三
上治火
南三

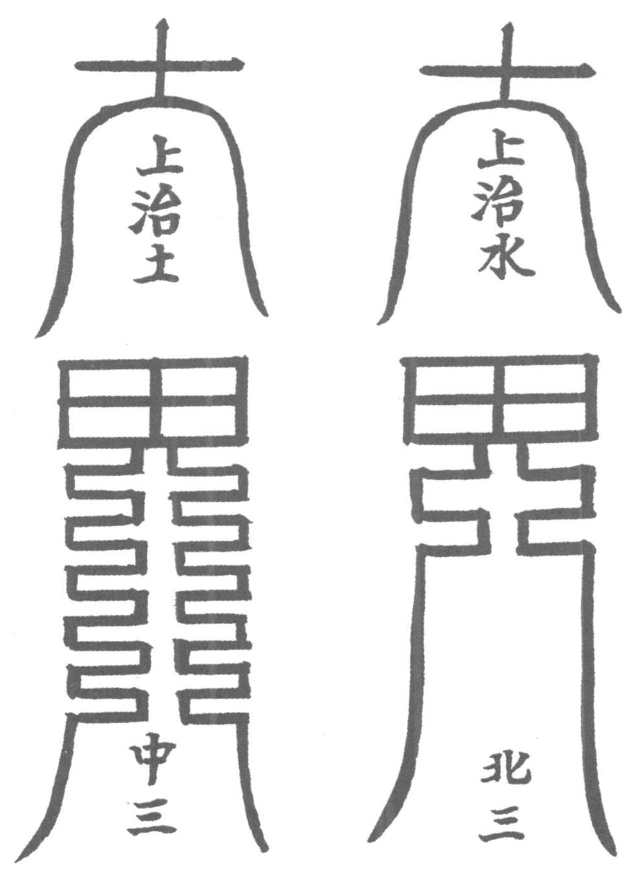
上治土
中三
上治水
北三

위 부적그림 다섯가지를 널판자에 새겨 주사(硃砂)로 칠하여 단(壇)을 세우고 수련할 때 五方에 걸어 놓는다。

● 구천현녀인(九天玄女印)

아래 그림은 구천현녀(九天玄女)의 신부인(神符印)이다。 길일양시(吉日良時) 즉 성(成) 개일(開日)에 황도시(黃道時)를 가려 수상목(水相木)에 조각해서 비밀히 간직해 두면 영험한 공덕이 있다 한다。

九天玄女玉篆印式

○ 이보법(耳報法)

註=이보(耳報)란 신(神)이 와서 알고자 하는 일이나 어떤 비법(秘法)을 귀에 들려주는 것을 말한다。 이 법의 제명(題名)은 이보행십리법(耳報行十里法)이라 한 것을 그냥 이보법이라 통칭하였다。 이보(耳報) 뿐 아니라 이 법을 제대로 수련하면 집안에 모든 재앙이 이르지 안니하고 자신은 만가지 병에 걸리지 아니하며 능히 신장(神將)을 부려 하루에 몇 천리도 갈 수 있고, 사람이 하지 못하는 일도 신출귀몰하게 해 낼 수 있다고 한다.

이 법은 정갑천서비전(丁甲天書秘傳)이란 글에 수록된바 이 글의 유래는 옛날 중국 황제(黃帝)라는 임금이 치우(蚩尤)와 싸울때 이길 수가 없으므로 하늘에 기도한 뒤 얻은 글이라 한다. 오직 마음이 바르고 지혜로운 사람에게만 전해 받을 수 있는 비급이다.

먼저 조사(祖師)와 구천현녀(九天玄女), 봉래산(蓬萊山)의 여러 신선들에게 제(祭)를 올리면서 이 法을 수련하겠노라고 고(告)하면서 法을 어기지 않고, 함부로 망행(妄行)하거나 아무에게나 전하거나, 비밀을 누설치 않기로 이러한 분들에게 맹세부터 해야 한다(만약 맹세를 어기면 벌을 받는다). 혹 신선과의 인연이 있는 사람이면 도(道)를 얻을 수 있는바 천기(天機)와 지부(地符)와 인간, 만물의 정(情)을 通해야만 귀신도 부릴 수 있는 경지에 이른다. 수련하는 방법은 아래와 같다.

一、甲子日에 시작하여 甲辰日까지 四十一日간 수련한다.

一、단(壇)을 설치한 뒤 東向하고 분향예배(焚香禮拜) 한다.

一、정구주(淨口呪) 七번을 외운 뒤 추신부(追神符) 一장을 불에 태워 물에 타 마신다. 이 추신부는 구천현녀(九天玄女)의 서부(誓符)로서 부적을 삼킨 뒤에는 전염병에 걸리지 않고 기타 모든 병이 발생하지 않으며, 출중한 인물이면 능히 귀신을 부릴 수 있고, 보통 사람이면 몸이 항시 건강하다.

一、다음 날 부터 매일 이른 새벽에 추신주(追神呪)를 七차례 외우고 추신부(追神符) 一장을 태워 마신 뒤 東方의 氣(공기)를 한입에 배속까지 들여 마신다(주문을 외울때는 마음 속으로 念해야지 입밖으로 소리나게 외워서는 안된다). 이와 같이 一月쯤 하면 뜻을 이룰 수 있으리라.

一、얼마쯤 위와 같은 수련을 매일 되풀이 하다 보면 어느 날인가는 귀가에서 벌(蜂)이 우는 소리 같은 것이 들리면서 一시간 동안 계속되거든 다음날 새벽에 추신주 七번을 외우고 추신부를 태워 마신다。

一、이어서 또 명이주(鳴耳呪) 三번을 외우고 명이부(鳴耳符)를 태워 마신다。

一、다음날에는 갓난 아기 울음소리 같은 소리가 一시간 동안 계속될 것이니 개후주(開喉呪)를 三번 외우고 개후부(開喉符) 一장을 태워 삼킨다。

一、다음 날에는 동자(童子) 소리가 귀 주번에서 들릴 것이다。이번에는 선음주(宣音呪)를 三번 외우고 선음부(宣音符) 一장을 삼키고 나면 귓가에서 이상한 소리가 들릴 것이다。

一、즉시 묻기를 『너는 어느 神이냐、단(壇)앞에 나타나 보아라』하고 이날은 그만 둔다(아직 神이 나타나지 않는다)。

一、다음날 제상(祭床)을 차린다。술、과일、돈、비단 등을 차려놓고、안신주(安神呪)를 三번 외우고 안신부(安神符) 一장을 삼키면 신장(神將)이 나타나리니 신장에게 맹세 시키기를 『네가 하늘에 오르려거든 나와 같이 오르고、네가 땅속으로 들어가려거든 나와 같이 들어갈 것이며、인간의 길흉화복(吉凶禍福)일랑 나에게 보고하라。또는 너를 보내어 못된 귀매(鬼魅)를 잡아 족쳐 인간들의 병을 고치고 재난을 막아 주도록 할것이며 무슨 일이든지 다 보고하라、나중에 공을 이루어 행한 일이 많거든 선계(仙界)로 올라갈 지어다。만일 명령을 어기거나 태만하면 하늘에 아뢰어 죄를 받도록 하리니 너와 나 서로 이 맹세를 잊지 마라。그리고 너를 부를 때는 종(鍾)을 치거나 북을 울릴터이니 종소리나 북소리가 들리거든 즉시 와서 통보하라。初一日、十五日과 사시 팔절일(四時八節日)에 소지(燒紙)를 올리며 매일 분향하리니 나를 도와 감응하라』한다。

一、왼손으로 斗訣하고 오른손으로 劍訣하며 呪文을 마음 속으로 생각하면서 위의 天罡氣를 한입에 들어마셔 양 어깨에 마음을 멈추는바 왼편은 太陽이요、오른편은 太陽을 상징함이라。주문(呪文)에 이르기를

아여신회 신여아회 여아통령 봉래동부 제위진선 속강오전급급봉 구천현녀율령칙섭
我與神會、 神與我會、 與我通靈、 蓬萊洞府、 諸位眞仙、 速降吾前急急奉、 九天玄女律令勅攝。

이라 하고、 이어서 진향(眞香)을 피우고 절한 뒤 청하기를

구천현녀 육정육갑신장 천사장진인 원천강선생 동방삭선생 동화제군 노선생 마의선생
九天玄女、 六丁六甲神將、 天師張眞人、 袁天罡先生、 東方朔先生、 東華帝君、 盧先生、 麻衣先生、
도덕선생 호선생 역대전파법교주사 진명산동부 제위선중 복차보향 보동공양 향상유
道德先生、 胡先生、 歷代傳派法教主師、 眞名山洞府、 諸位仙衆、 伏此寶香、 普同供養、 向上由、
계청량목 내림 좌상향다 근당배헌 구천선녀 봉래동부 제위선중 근천구이천응 만감이
啓請諒沐、 來臨、 座上香茶、 謹當拜獻、 九天仙女、 蓬萊洞府、 諸位仙衆、 僅天求而千應、 萬感而
만통 상주천정 하통지부 중판인간 화복 호지제자 영좌행지
萬通、 上奏天庭、 下通地府、 中判人間、 禍福、 護持弟子、 永佐行持。

● 정구주(淨口呪)

태상연생 태광상령 벽제음귀 보명양정 영원불갈 연수장녕 사기불입 진기상존 의오지교
太上延生、 胎光爽靈。 辟除陰鬼、 保命陽精。 靈源不渴、 延壽長寧。 邪氣不入、 眞氣常存。 依吾指教、
상주삼청급급여율령섭
上奏三淸急急如律令攝。

● 추신주(追神呪)

천청지령 천지교정 구천현녀 양아지령 양정양백 음정음혼 속부오주 속지오신 약초유위
天淸地靈、 天地交精。 九天玄女、 揚我旨令。 陽精陽魄、 陰精陰魂、 速赴吾呪、 速至吾身。 若稍有違、

여역태청　봉래선자　봉도진인　급급주지　속조오행　급급여구천현녀율령섭
如逆太淸。 蓬萊仙子、 奉道眞人、 急急呪至、 速助吾行。 急急如九天玄女律令攝。

위 주문을 七번 외운 뒤 東方의 氣를 한입에 마셔 배속에 들이는데 呪文을 외울때 斗訣을 한다。

● 추신부(追神符)

이 부적은 현녀비신부(玄女秘神符)에 매였다。 이른 새벽에 추신주를 외운 뒤 주사(硃砂)로 써서 불에 태운 부적재를 깨끗한 물에 타 마시면 一月만에 그 효력이 신비롭다。

● 명이주(鳴耳呪)

천지신광　지지신광　일월신광　이변개광　주개이문　주문이광　신통입이　속지이방　급급
天之神光、 地之神光。 日月神光、 耳邊開光。 呪開耳聞、 呪聞耳光。 神通入耳、 速至耳傍。 急急、
구천현녀율령섭
九天玄女律令攝。

위 주문을 七번 외우고 東方의 氣를 취하여 한번 배속가지 들여마시면서 빠르게(마음속으로) 신장구결(神將口訣)을 염(念)한다。

● 명이부(鳴耳符)

위 명이주를 七번 외운 다음 주사(硃砂)로 위 부적을 써서 태워 마시면 달사(達士)는 七日이면 효험이 있고 하사(下士—보통사람)는 먹은지 半月이면 신장(神將)의 말을 들을 수 있다。

● 개후주(開喉呪)

신정원군 태을심성 능구질고 설여전정 여약불설 영타침륜 오금교여 속통성명 급급여
神精元君、太乙尋聲。能救疾苦、說與前程。如若不說、永墮沈淪。吾今教汝、速通姓名。急急如、
구천현녀원군율령섭
九天玄女元君律令攝。

위 주문을 四十九번 외우고 東方의 氣를 큰 숨으로 배속 깊히 들여 마신다。 그리고는 아래 개후부(開喉符)를 살라 마신다。

● 선음주(宣音呪)

원시조기 보화방신 상제유칙 영아통령 삼척위상 구충망형 외청내징 구규광명 선신산음
元始祖氣、普化方神、上帝有勅、令我通靈、三尺威爽、九虫忘形、外淸內澄、九竅光明、宣神山音、
속강일성 상제칙령속출성
速降一聲、上帝勅令速出聲。

● 선음부(宣音符)

● 안신주(安神呪)

천하신병　팔괘지정　섭도신당　안좌위오신　무주속지　배사통령　무사불보　부득위령
天下神兵、八卦之精。攝到神將、安坐慰吾身。聞呪速至、百事通靈。無事不報、不得違令。
오봉구천현녀율령
吾奉九天玄女律令。

위 주문을 三번 외우고 안신부(安神符) 一장을 써서 사르면서 장차 나타날 신장(神將)을 생각하라。 그리하면 유사시(有事時)에 귀 근처에서 명백하게 보고하는 소리가 들리리니 망서리지 말고 급히 봉행할 것이며 이 뒤로 부터는 「육정육갑신주」를 외우고 또 육정육갑신부(六丁六甲神符)를 써서 불사르곤 한다。

● 안신부(安神符)

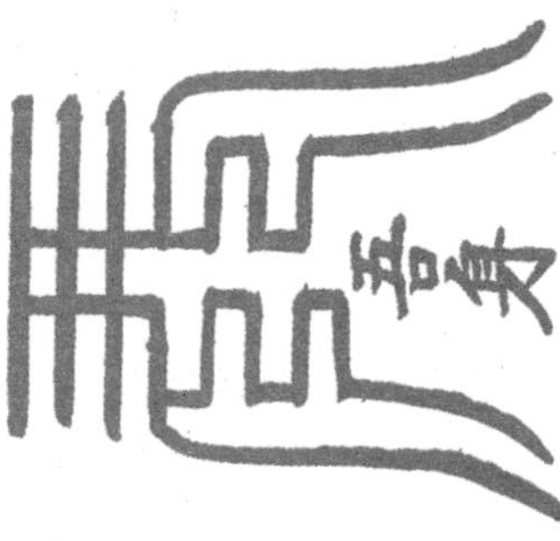

● 신장현형주(神將現形呪)

신장(神將)이 형체를 나타내라고 외우는 주문인데 도덕선생 호공(道德先生 胡公)이 친히 전해서 얻은 주문이다。 아래와 같다。

오호육유신원양갑자군 급래급속응 원군오신 괴요간외급괴매언래봉 태상노군급급여율령
吾呼六位神元陽甲子君、 急來急速應。 願君吾身、 魁魒魅魃魈魋魅魕奉。 太上老君急急如律令。

● 육갑부(六甲符)와 주문(呪文)

갑자신공림 옥녀경출도인
甲子神孔琳、 玉女卿出度人。

서수인신 장검감궁 능제수족 양명지정 해류지근 축파수랑 원불유정 급급여율령
鼠首人身、 仗劍坎宮。 能制水族、 陽明之精。 海流之根、 逐波隨浪、 原不留亭、 急急如律令。

갑술신양구 전자강출도인
甲戌神梁丘、展子江出度人

견수인신 수집궁검 장제장극 인구지정 관채여영 한금문 수음둔병 급급여율령
犬首人身、手執弓劍。仗制長戟、人狗之情。官寨女營、閑金門。守陰屯兵、急急如律令。

갑신신성릉 후녀장출도인
甲申神盛陵、 扈女長出度人

원수인신 패검회도 주행사리 후혈지정 존일도병개 선전이가이관행 급급여율령
猿首人身、 佩劍廻刀。 主行師裏、 猴血之精。 尊一刀兵個、 善戰而可以管行。 急急如律令。

갑오신태양 위상경출도인
甲午神太陽 衛上卿出度人

마수인신 장검이방 관연영사 수감지정 구부이언 만방원전 명도수성 급급여율령
馬首人身、 仗劍離方。 管烟營事、 受感之精。 驅符離焉、 萬方垣轉。 鳴刀數聲、 急急如律令。

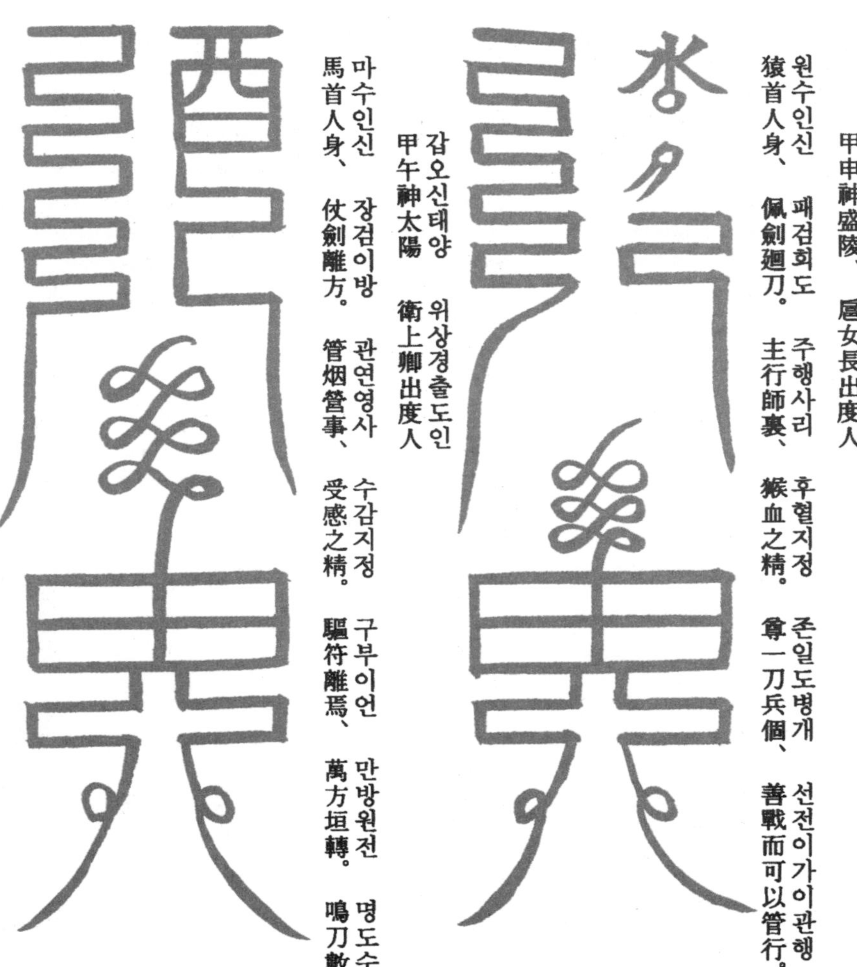

갑진신장굴　맹비경출도인
甲辰神張屈、　孟非卿出度人。

용수인신　장검진방　무도축운　능기광풍　한홀대로　범석불용　급급여율령
龍首人身、　仗劍震方。　無刀逐雲、　能起狂風。　閑忽大怒、　凡石不容、　急急如律令。

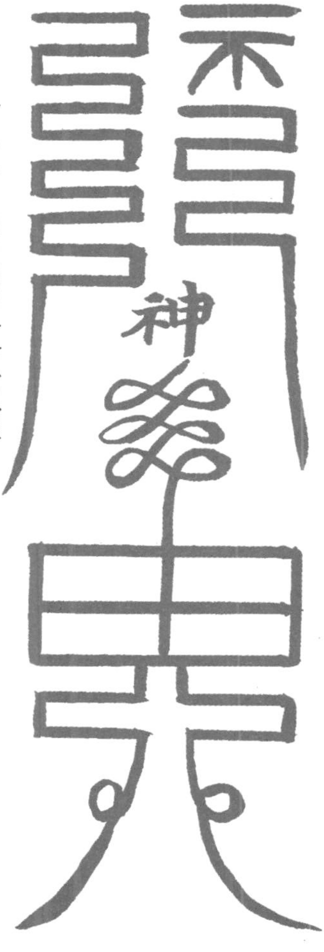

갑인신　허성지명문장출도인
甲寅神、　許成池明文章出度人

호수인신　장검간궁　전사팔기　출입경문　능흑흑도　시려통풍　급급여율령
虎首人身、　仗劍艮宮。　專司八氣、　出入景門。　能黑黑道、　是慮通風、　急急如律令。

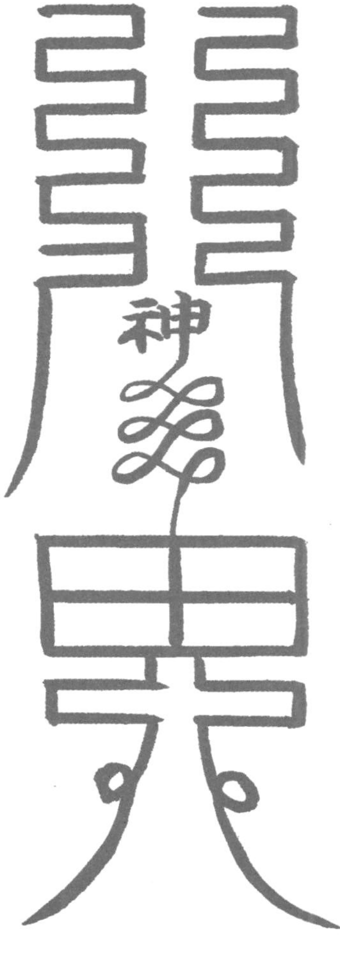

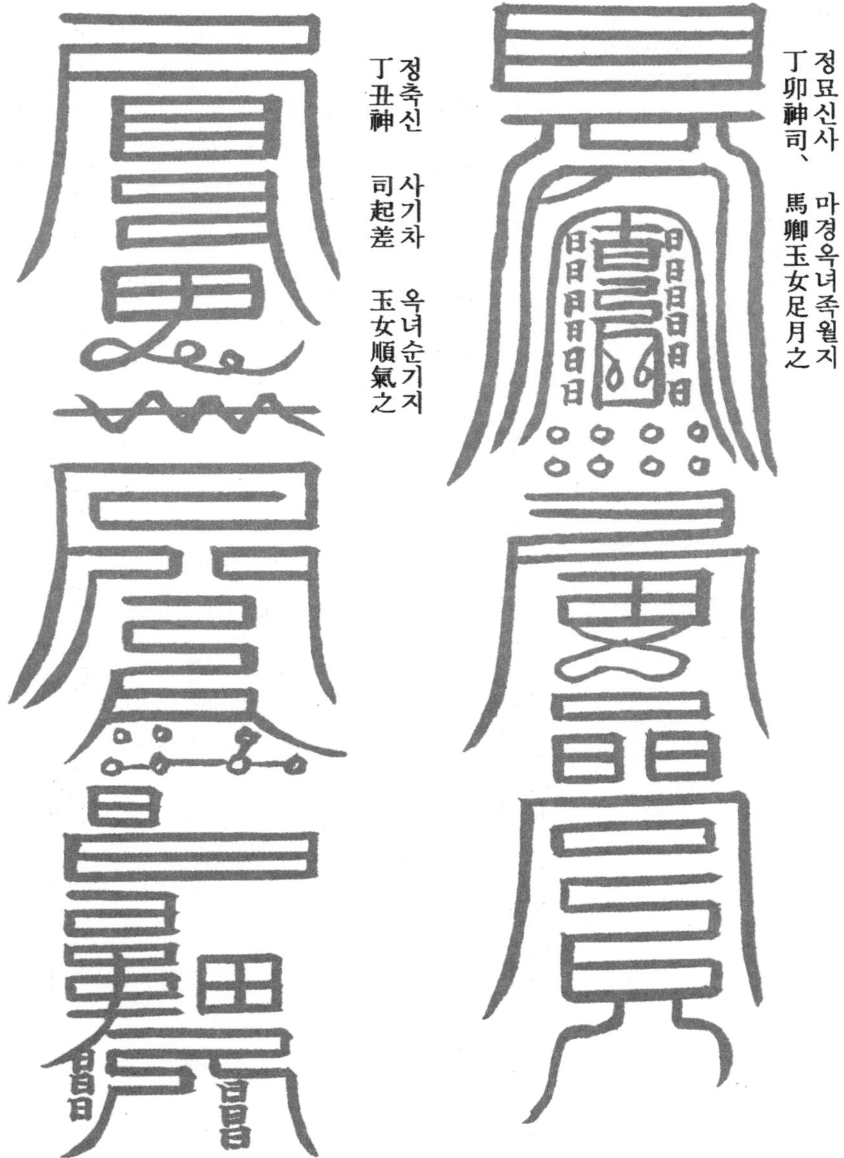

정묘신사 마경옥녀족월지
丁卯神司、馬卿玉女足月之

정축신 사기차 옥녀순기지
丁丑神 司起差 玉女順氣之

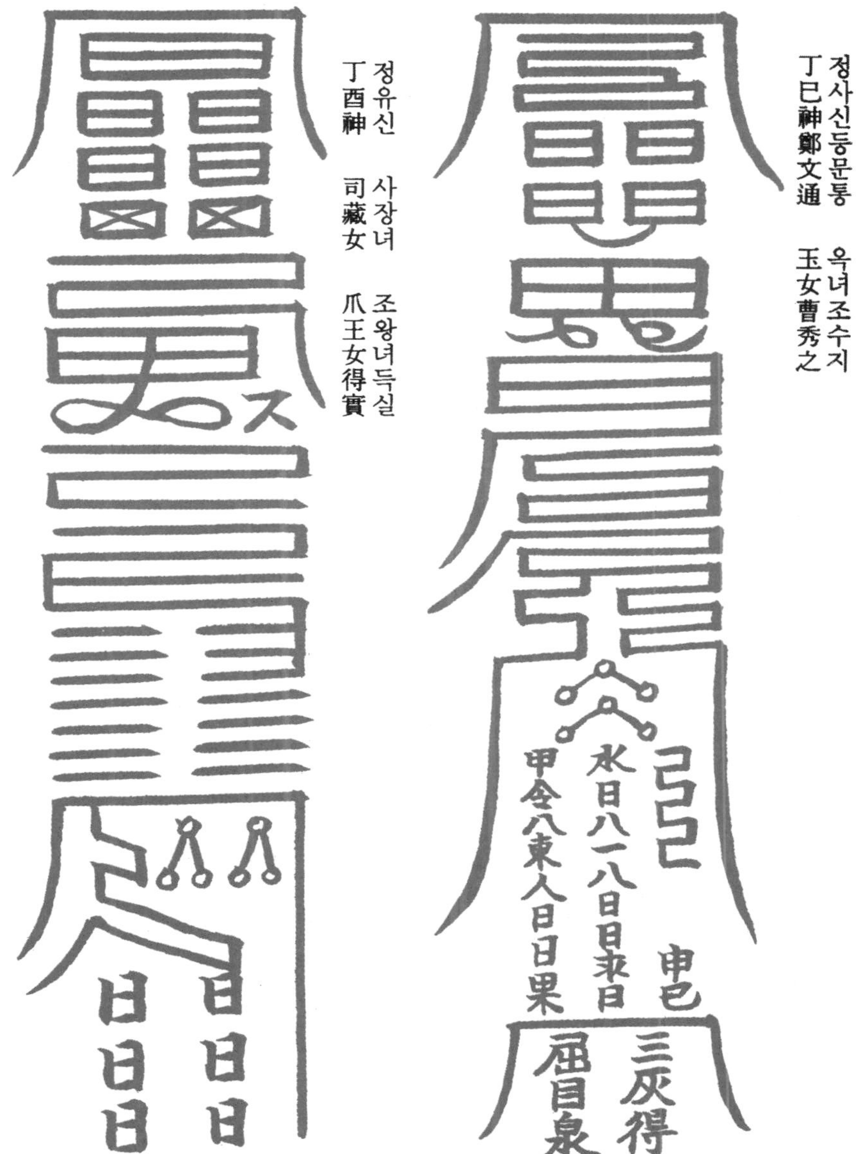

정사신등문통 옥녀조수지
丁巳神鄭文通 玉女曹秀之

정유신 사장녀 조왕녀득실
丁酉神 司藏女 爪王女得實

정미신 사석수통 옥녀기방교
丁未神 司石漱通 玉女寄方教

정해신 사장경 옥녀문심
丁亥神 司藏卿 玉女聞心

매일 맑은 새벽에 일찍 일어나 正東을 향하고 서서 주문(呪文)을 외우면 동자(童子)가 와서 귀에 대고 일체의 길흉화복에 대한 것을 말해 준다。 어느 때를 막론하고 항시 위 주문 五十번을 외우고 부적을 태워 삼기면 그 神이 부르지 않아도 올것이다。

○ 호신법(護身法)

六丁六甲은 五行의 시조(祖)라、 이 六丁六甲의 휘(諱—이름)를 아는 이는 나라를 보호하여 편안히 하고 침입하는 도적을 토벌하여 항복받을 수 있으며 전쟁터에서도 칼·창·화살(총·포)을 맞지 아니한다。 뿐아니라 길흉을 알게 되고 미래에 관한 일도 예지(豫知)한다。 그러나 요는 지극한 정성과 노력으로 수련(修煉)해야만 가능하다。

수련하는 법은 子正부터 正午가 되기 前 사이에 아무도 없는 깨끗한 방에서 단정히 앉는데 봄에는 東向、 여름에는 南向、 가을에는 西向、 겨울에는 北向하고 앉아서 이(齒)를 딱딱 三十六번 두두린 뒤에 숨을 멈추고 아래와 같은 주문(呪文)을 외운다。

● 육갑휘주(六甲諱呪)

괴작관행리보표칙 (이하는 六神諱) 상원보재휴수섭 (이상을 외우고 나서)

魁魡魋䰢魑魍魒勅 䰫魊䰦魕魖魋攝

금관송언래 여아통공규

急管送言來、 與我通空竅。 라 한다。

● 육정휘주(六丁諱呪)

표보리행관작괴 　　　　 문지천도매목섭
魒䰳䰶䰴魋魡魁 (또 六丁諱를 念한다) 　 鬾䰿䰷魅魅魅攝 (이상을 외우고)

급관송언래　여아통현규
急管送言來　與我通玄竅라 한다。

이상의 주문을 一百번 외우고 나서 침을 한번 삼키는바 모두 九百번 외우는 동안 침을 九번 삼키게 된다。

이와 같은 방법으로 수련하기를 一月동안 계속하면 꿈으로 알려주고、二月을 계속하면 이보(耳報―귀에 들려 주는것)를 통하며、三月간을 계속하면 육갑신장(六甲神將)이 나타나서 재물·보화 등을 가져다 주고 기타 원하는 일을 다 이루어 준다。

항상 수련하면 옥광(玉光)이 몸에서 발산하고 백신(百神)이 호위하여 나쁜 병에 걸리지 않고 나쁜 일을 당해도 좋은 일로 변화한다。

이상의 수련법을 다시 상세하게 설명한다。

一、수련하는 방을 따로 마련한다(사람이 드나들지 않는 깨끗한 방)。

一、향탁(香卓)을 놓되 절기에 따라 봄에는 동쪽、여름에는 남쪽、가을에는 서쪽、겨울에는 북쪽으로 향해 앉을 수 있도록 놓는다。

一、황지(黃紙)에다 六丁神과 六甲神의 諱字(이름자)를 써서 향하는 벽에 붙인다(子正에 붙인다)。

一、한 밤중 子正이 지나 분향(焚香)하고、주문(呪文)을 九百번 외우는데 百번 외우고 나서 침을 一번씩 삼킨다(九번 삼키게 된다)。

一、午前中에 같은 방법을 되풀이 한다(하루에 二차례가 된다)。

一、이와 같이 一月간이나 四十九日을 수련하면 六丁六甲神이 길흉에 관한 일을 미리 알려 준다。

一、수련이 지극한 경지에 이르면 주문을 외우면서 눈을 감고 상념(想念)하면 왼편에 동자(童子) 여섯이오、오른편에 옥녀(玉女) 여섯이 있어 좌우에 시립(侍立)한다。주문을 다 외우고 一氣를 운용하면 六丁六甲이 하나의 둥근 金光으로 보인다。코로 숨(氣)을 한번 들여 마시고 침을 三번 삼키며 이를 두두리고 나서 정좌(靜坐)한다。

● 또는 아래와 같은 주문을 외우고 부적을 이용하면 위험스러운데서 몸을 안전하게 보호해주고 일체의 질병을 막아 주며 흉화위복(凶化爲福) 된다고 한다。

조사장오신　본사변오신　선사화오신　오신불시비　내시령산시하　오서정발하　인간교롱인
祖師藏吾身、本師變吾身、仙師化吾身、吾身不是非、乃是靈山尸下、五鼠精發下、人間巧弄人、

청청령령　강결성형　순오자생　역오자분쇄미진　휘오　녹옴불음리희율륜신명심　모리협협미미
清清靈靈、罡訣成形、順吾者生、逆吾者粉碎微塵、諱吾、嚧唵咈喑囉噫嘽唅哂鳴喋、嗼哩吵叶咩咩

명시학모모동휘　교철오기　익익금광출현　발육성형　오봉작상선사　급칙여율령
鳴咘嚛毛毛洞輝、交徹五氣、溰溰金光出現、發育成形、吾奉作嘗仙師、急勅如律令。

언제든지 아침 저녁으로 念한다。

⊙ 파예부(破濊符)

⊙ 육정부(六丁符)

○ 성취법(成就法)

어떤 일의 성취(成就)를 바랄때 아래 주문을 외우고 부적을 써서 방안에 붙여 두거나 몸에 지닌다。또는 흉살(凶殺)을 제거하는데도 좋다。

● 주문(呪文)

발육군생 육정신장 위령광수 만겁발육군생 오봉칙령 양육성형 밀봉차체 오기강성
發育群生、六丁神將、慰靈廣修、萬劫發育群生、吾奉勅令、養育成形、密封遮體、五氣降成、
건성예배 불일성형 오봉작상선사 급칙여율령
虔誠禮拜、不日成形。吾封作嘗仙師、急勅如律令。

녹포(鹿脯)로 제사를 지내면서 주문을 외우고 부적을 쓴다。

○ 병란(兵亂)을 피하는 법

아래의 주문을 一百二十번 외우면 병란을 면하고, 온 가족을 안전하게 보호한다. 이 주문은 송(宋)나라때 손언인(孫彦仁)이란 사람이 꿈에서 받은 것이라 한다.

옴아다리즉사아
唵阿撻昧卽娑訶

○ 몸을 감추는 법(法)

一、검은빛 개(黑犬)의 양쪽 눈을 구해가지고 음건(陰乾—응달에 말림)하여 비단 주머니 속에 넣어 손에 쥐고 그 집을 향해 엎드려 있으면 그 집 사람들의 눈에 띄이지 않는다.

○ 인기(人氣)를 얻는 법

남이 나를 볼때 용모·말·행동이 다 좋게 보이도록 하는 방법이다.

● 춘사일(春社日—春分前後로 가장 가까운 戊日)이나 辰日(戊辰日이 春社면 더욱 효과적이다)에 사퇴(蛇退—뱀껍질)을 주어다가 의령(衣領—옷깃)속에 보이지 않도록 꼬맨 뒤 입고 다니면 이성(異性)이건 친구·윗사람·아랫사람·신분이 높은 사람을 막론하고 주인공을 좋아하고 즐겨 따르며 인기(人氣)가 대단할 것이다.

● **주문(呪文)**

뱀껍질을 구해다가 옷깃 속에 감추어 꿰메면서 아래와 같은 주문을 외운다。

용의용의 동인심의 출입구모리 관견귀아 녀여영 호아신체 급급여율령
龍衣龍衣、 動人心意、 出入求謀利、 官見貴我、、 賴汝靈、 護我身體、 急急如律令。

○ 질투(嫉妬)를 막는 법

의이인(薏莉仁—藥材) 七枚로 암컷 수컷 형상(雌雄像)을 만들어 질투하는 장본인의 머리카락으로 꿰어 본인 모르게 그의 옷깃 속에 넣어 두면 질투를 아니 한다고 한다。

○ 구자방(求子方)

아들을 낳는 방법이다

五月五日에 머리를 푼채(散髮) 머리를 북쪽으로 향하고 男女가 交合하면 반드시 아들을 낳는다고 한다

● **생자부(生子符)**

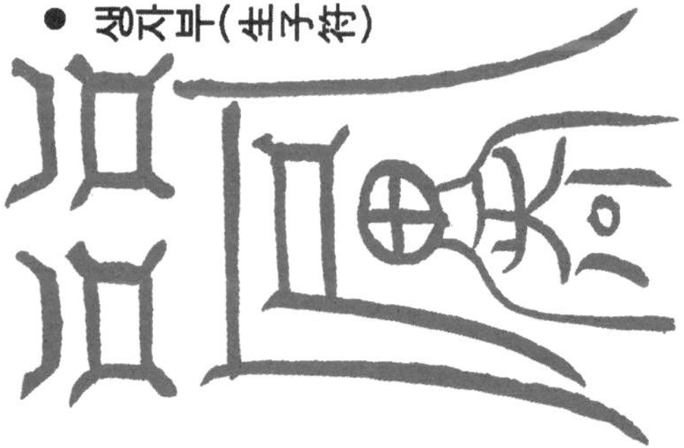

동쪽으로 뻗은 복숭아 나무로 이 부적을 새기고 주사로 「黃省大將軍」이라 써서 처마 밑에(보이지 않도록) 걸어 놓으면 아들을 낳는다。

○ 도둑 찾는 법

돈이나 금은 보화 기타 귀중한 물건을 잃었는데 누가 도둑질해 갔는지 알고자 할때(그래야만 찾을 수 있기에) 쓰는 방법이지만 사소한 물건이거든 그만 두라。 도둑에게 지나친 재앙이 있을까 두렵기 때문이다。

一、기도하거나 법(法)을 행하기 위해 단(壇)을 만들었으면 좋고、단을 만들지 않았으면 임시로 만든다。

一、戊午·戊戌·戊辰日중 날을 가려 金·銀과 지전(紙錢)을 가지고 단(壇)으로 가서 단 근처의 흙과 바꾼다(흙덩이를 사는 셈이다)。 합자대(鴿子大) 혹은 진사(辰砂) 一錢을 단 위에 놓아두고、부엌바닥의 흙을 조금 취하여 단 주변에서 지전을 주고 산 흙과 합쳐 맑은 기름과 술、식초로 개어 아궁이 가에 발라두고 아래 주문(呪文)을 三번 외우면 도둑질한 장본인이 곧 화상(火傷)을 입고、가져간 물건을 다시 갖다 놓을 것이다。 만일 갖다 놓지 않으면 그 도둑은 더 큰 재앙을 입는다。

● 주문(呪文)

가피도실거 물 부지취
○年 ○月 ○日 ○ ○ ○(성명) 家被盜失去 ○ 物(잃은 물건) 不知取

물지인 시수성명 원조군 영취물자 두당화중 액란정부
物之人、是誰姓名、願燥君、令取物者、頭撞火中、額爛頂腐。

● 부적

巳山山山帀
巳音音音正
巳山山山帀

○ 피문법(避蚊法) — 모기에게 물리지 않는 법 —

계목(桂木)가루와 고련(苦練)나무 잎과 포황(蒲黃)·황미(黃米—즉 현미)를 같은 비율로 합쳐 곱게 갈아가지고 몸에 문지르면 모기가 덤벼들지 못한다。

○ 제슬법(除虱法) — 몸에 이가 생기지 않는 법 —

포황(蒲黃)·지실(枳實)·목단피(牧丹皮)를 같은 비율로 가루내어 반죽해서 밤톨만하게 만들어 먹으면 몸에서 이가 생기지 않는다。

○ 태풍(颱風)을 자게 하는 법

고력(姑糎—검은 양)껍질을 태운 재를 바람 불어오는 방향에다 뿌리면 바람이 곧 멈춘다고 한다。

배를 타고 바다를 건느려거나 배가 바다 중심에 떴을때 태풍을 만나 풍랑(風浪)이 크게 일어나거든 즉시 왼쪽 손바닥에 임금왕자(王字)를 써서 바람이 불어오는 방향을 향해 손을 흔들면 곧 멈춘다.

또 배를 타고 항해(航海)할 때 미리 천웅(天雄)을 가루내어 배머리(船頭)에 바르면 千里를 갈지라도 풍파가 두렵지 않다.

○ 초풍법(招風法) — 바람이 불게 하는 법 —

丁酉日이나 己酉日에 구피(狗皮—개 껍질)를 태워 그 재를 사방에 뿌리면 바람이 분다(藥材를 미리 마련해 둔다 丁酉·己酉日에).

또 한가지 방법이 있다. 乙酉日에 세집 수탁털(雄鷄毛)을 태워 사방에 뿌리면 바람이 곧 일어난다.

○ 해박법(解縛法)

단단히 옹쳐맺은 끈이 풀리지 않을때 푸는 비법이다. 五月 五日에 하마(蝦蟆—맹꽁이) 다섯마리를 산체로 잡아다가 그 앞발을 끈으로 묶어 둔다. 그 가운데 스스로 묶은 것을 풀고(벗어나) 도망치려는 놈이 있으면 그 놈을 잡아다가 대문턱에 三日간 묶어둔다. 그리고는 그 놈을 죽여 빻기 좋도록 말려가지고 가루로 만들어 옹쳐진 매듭에 뿌리고 덮어 두면 자연 풀린다.

또 한가지 방법이 있다. 五月 五日이나 五月 그믐이나 七月 七日에 두꺼비 다섯마리를 잡아 앞발을 묶어 달아매둔다. 저절로 풀려난 놈이 있거든 그놈을 집 동쪽에 있는 바위나 돌 위에 올려놓고(죽여서) 말린 다음 불에 태워 옹쳐진 것에 뿌리고(가루 내어) 가래침을 뱉으면 저절로 풀린다.

또 한가지 법이 있다。 의이인(薏莉仁) 二十七枚를 구하여다가 女人의 월의(月衣—지금의 생리대)와 같이 태워 그 재를 그 中 一丸으로 막으면 묶인것이 자연 풀린다。

○ 연형법(煉形法)

역시 법(法)을 행(行)하고 수련하여 신장(神將)을 부르고、 신장에게 부탁하여 자기가 하지 못하는 일을 이루어 주도록 하고、 또는 길흉사(吉凶事) 및 미래사(未來事)를 알아 낸다。

一、六甲日이나 六丁日을 가리되 庚辰生과 戊辰·己巳·壬午·癸·庚·寅·辛·戊戌·己亥·壬子·癸丑生은 범하지 마라。

一、청룡황도(靑龍黃道)나 명당황도(明堂黃道)에 해당하는 시간에(미리 목욕재계 한다) 향(香)·다(茶)·주(酒)·과(果) 등을 깨끗한 방에 단(壇)을 마련하여 신위(神位)들 안치하고 제물(祭物—즉 향·과일 등)을 진설한다。

一、제사하고 수련하기를 四十九日간 계속하되 향을 피우고、 차를 올리고 난 뒤 육정부(六丁符)와 육갑부(六甲符)와 혼원부(混元符)를 주사(硃砂)로 종이에다 쓴다。

一、왼손으로 뇌인(雷印)을 들고、 오른손으로 검결(劍訣—칼을 들고 정신을 하나로 집중하는 것)한다。

一、정구주(淨口呪)、 정신주(淨身呪)、 파예주(破濊呪) 등을 각각 一차씩 외우고(이상의 주문은 위에서 이미 收錄한바 있다) 혼원주(混元呪)는 七번 외운다。

一、낮에는 태양을 향해 氣를 마시고 밤에는 달(太陰)을 향해 氣를 마신 뒤에 잠깐 숨을 멈추고 눈을 감고 태극(太極)을 생각한다。

一、수련하는 기간중에는 자리를 옮기지 말고 매일 단(壇) 앞에서 강(罡)과 두(斗)와 삼태(三台)와 양의(兩儀)를 밟으면서 마음속으 한가지만 생각한다。

一、이상과 같은 일을 매일 되풀이 하다 보면 어떤 神이 바로 앞에 있는듯 자기 부모처럼 공경하기도 하고、노복(奴僕)처럼 부리기도 한다。요는 신장의 위엄성이 없어보이고 나타(娜吒)처럼 포악하게 보인다 해서 업신여기거나 못마땅하게 여겨서는 안된다。만일 신장을 업신여기면 신장이 화가 나서 시키는 일을 듣지 않는다。

一、수련에 들어가기 전(이는 거의 수련이 완성단계에 이르러 신장이 나타나고 있을 때)에 미리 신장에게 請한 일을 생각해 두어야 한다。

⊙ 혼원주(混元呪)

일신지주심원군 좌유청룡간원군 우유백호폐원군 전유주작신원군 후유현무공원군 호일호악비원군
一身之主心元君、左有青龍肝元君、右有白虎肺元君、前有朱雀腎元君、後有玄武孔元君 好逸好樂脾元君
호유호방혼원군 호동호정백원군 명지우목안원군 청지우성이원군 문지우미비원군 호시호비구원군
好遊好放魂元君、好動好靜魄元君、明之于目眼元君、聽之于聲耳元君、聞之于味鼻元君、好是好非口元君、
호선호악설원군 삼십륙부능원군 산림수목발원군 구왕팔하장원군 오호사해두원군 조한노상관원군
好善好惡舌元君、三十六部陵元君、山林樹木髮元君、九汪八河腸元君、五湖四海肚元君、曹漢路上關元君、
오장환리담원군 능부능청수원군 능침능탁족원군 호화호합의원군 태극미판혼원군 부모미분기원군
五臟宦裡膽元君、能浮能清手元君、能沈能濁足元君、好和好合意元君、太極未判混元君 父母未分氣元君、
팔만사천모원군 원정원기신원군 오심소속진귀진 연기위신 접단업근 초출천외 당입허공
八萬四千毛元君、元精元氣神元君、吾心所屬盡歸眞、煉己爲神、接斷業根、超出天外、撞入虛空、
유난호 유사미성여의변 단응후내림 오봉삼산구후선생율령섭
有難護、有事未成如意變、但應候來臨、吾奉三山九侯先生律令攝。

● 혼원부(混元符)

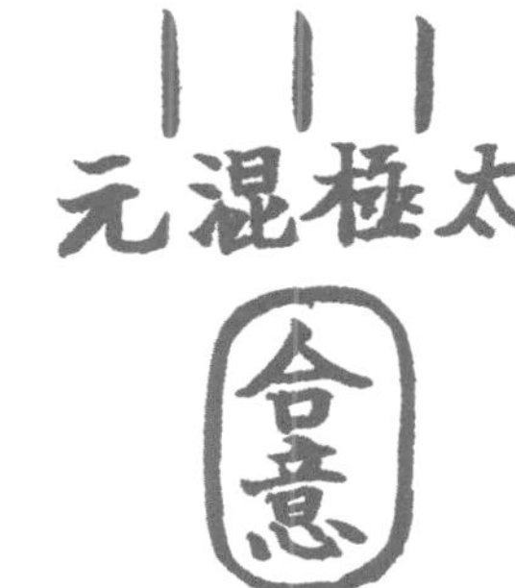

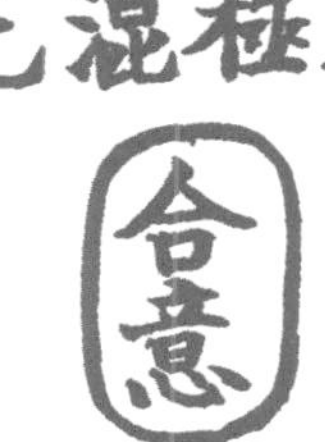

● 육정부(六丁符)

● 육갑부(六甲符) 腸 腸

○ 문필(文筆)을 통하는 법

六丁日이나 六甲日에 좋은 종이 四十九장에다 새 붓 五자루、 먹 五개、 주사(硃砂) 一兩二分 물병(硯滴) 一개를 준비해서 六甲神位牌 아래에 놓고 제사를 지낸 뒤 다음의 절차를 행한다。

一、 발로 魁·罡 二字를 밟고、 왼손으로 뇌인(雷印)을 잡고、 오른손으로 검결(劍訣)한다。

一、 동쪽을 향해 숨을 한번 크게 들여마시고는 준비해 둔 종이에 부적 五장을 써 놓고 주문(呪文—아래) 一번을 외운 뒤 부적 一장씩을 불에 사른다。

一、 이와 같이 매일 하기를 四十九日간 계속하면 글씨를 쓰건 그림을 그리건、 글을 짓거나를 막론하고 통령(通靈)하여 자유자제로 명작(名作)이 나온다。

● 주문(呪文)

일출동방 日出東方、 혁기양양 赫氣洋洋、 용필지령 用筆之靈、 용지방방 用紙方方、 용묵묵 用墨墨、 용지지광 用池池光、 용주사적 用硃砂赤、 용연연왕 用硯硯汪、 서고귀읍 書庫鬼泣、

서천우패 무도불응 무구불상 오봉 삼선구후선생율령섭
書天雨沛、無禱不應、無求不祥、吾奉 三仙九侯先生律令攝。

지부(紙符)

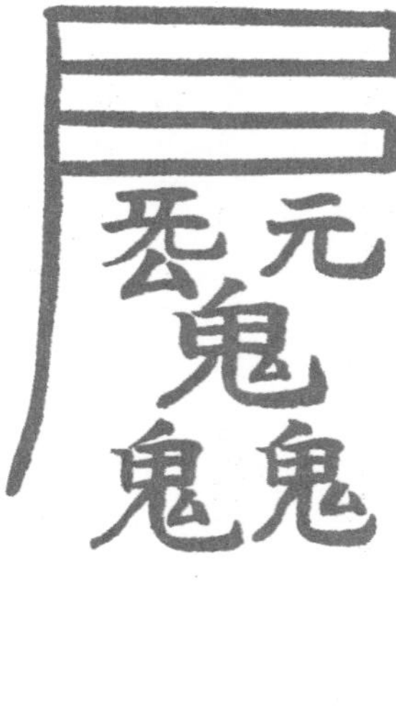

연부(硯符)

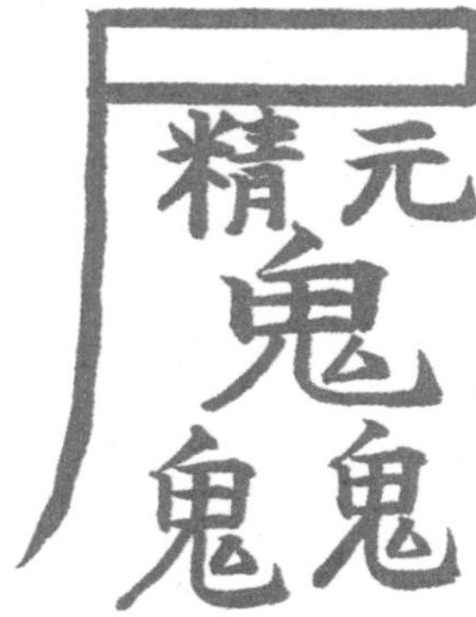

필부(筆符)

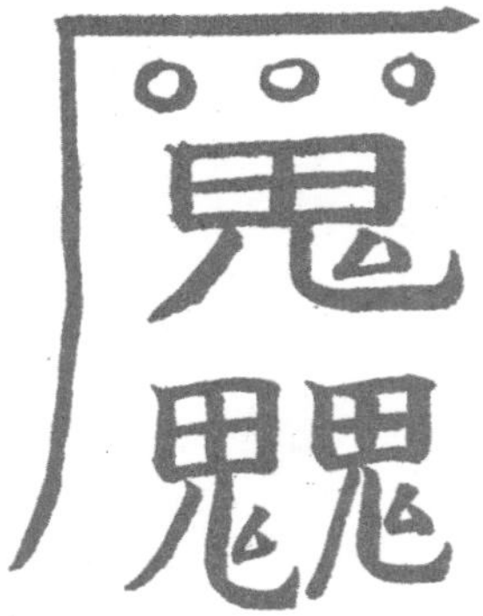

지부(池符)

묵부(墨符)

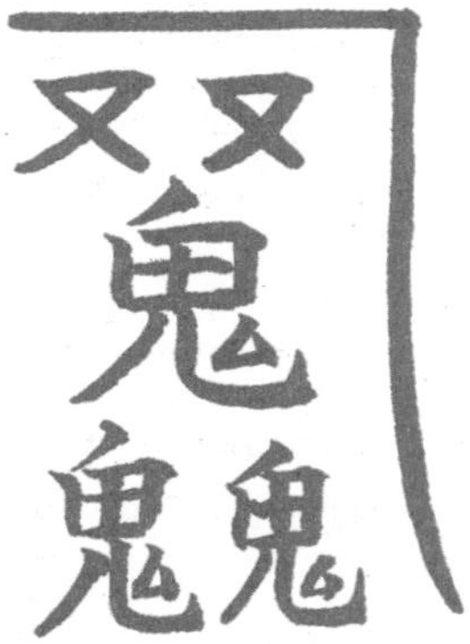

주부(硃符)

● 강(罡)을 밟고 두(斗)를 밟는 법

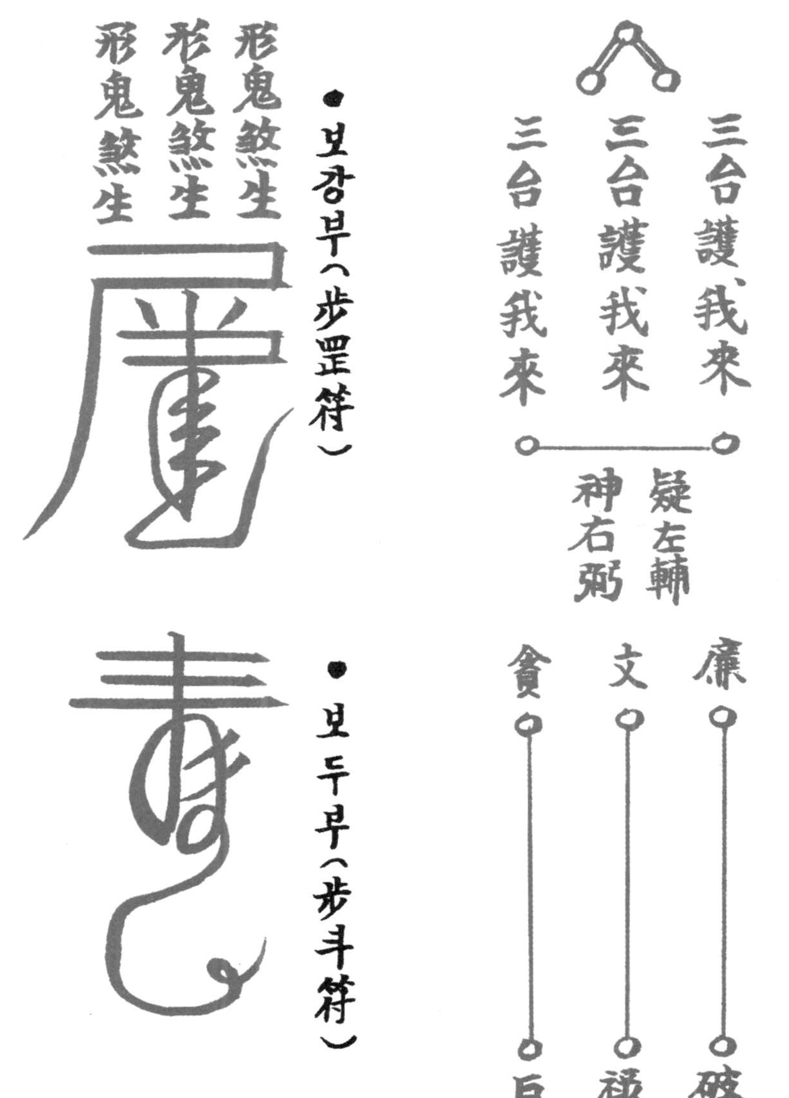

파군(破軍)이 어디에 있는가 찾아 보고、먼저 몸을 깨끗이 한다。정구주(淨口呪)·혼원주(混元呪)·강주(罡呪)를 마음 속으로 외운 뒤 강(罡)과 두(斗)를 밟는다。이때 닭·개 등 짐승과 부녀자(婦女子)가 보아서는 안되며、위엄 있고、정성스러운 자세로 행하여야지 웃거나 정성이 소홀하면 도리어 나쁜 결과를 초래한다。

〔참고〕 강(罡)을 밟는다 함은 종이나 땅에 罡과 魁字를 써 놓고 그 글자를 밟는 것이며、보두(步斗)는 북두성(北斗星)을 크게(한 발자욱 정도 떼어) 그려 놓고 차례대로 밟는 것。

진강향(眞絳香) 一校로 기자(箕子)를 만들어 그 위에다「蓬萊」라는 글씨 二字를 써서 六丁壇에 놓고、그 밑에서 魁·罡 二字를 밟는데 왼손으로 뇌인(雷印)하고 오른손으로 검결(劍訣)하면서 東方을 향해 숨을 크게 들여마신 다음 추기주(追箕呪)를 七번 외우고 추기부(追箕符)를 불사른다。

부적을 사른 뒤『弟子 아무개 삼산구후선생(三山九侯先生)의 법지(法旨)를 받들어 무슨 일을 성취코자 하나이다』하고는 분향한다。이렇게 四十九日간 계속하면 신비한 일이 있으리라。

● 추기주(追箕呪)

봉청 육정육갑신 천상지하신 봉래삼도신 직 후유혼귀신 유호즉지 유응내림 유길판길
奉請、六丁六甲神、天上地下神、蓬萊三島神、直、候有魂鬼神、有呼則至、有應來臨、有吉判吉、

유흉판흉 감유사의상 정발우구유 영무출신 오봉 삼산구후선생율령섭
有凶判凶、敢有私意上、霆發雨九幽、永無出身、吾奉、三山九侯先生律令攝。

● 추기부(追箕符)

神。怪速至

神。

神。

○ 귀신(鬼神)을 쫓는 법

모든 잡귀、마귀、사귀(邪鬼)、요괴(妖怪)、나무·꽃·물의 요정들이 장난을 쳐서 사람들을 괴롭히거나 홀리고 자신에게 해를 끼칠때 이를 물리치는 방법이다。

마음은 한몸의 주장이라 마음이 동요되지 않고 태연하면 백체(百體)가 마음 따라 동요되지 않으므로 모든 사기(邪氣)가 범치 못한다。

요괴를 물리치려면 의연하고 단정히 앉아 정신을 통일한 뒤 배속의 오장(五臟—心·肺·脾·肝·腎)에 원신(元神)을 운용 내부를 다스리고、외부를 베풀면서 주문(呪文)을 외우고、부적을 두장 써서 한장은 붙이고 한장은 불사르라 요괴와 잡귀들이 무서워 달아나리라。

● **주문(呪文)**

천청지녕 영보장생 귀신자멸 요매잠형 감유위자 압부구명 오봉 삼산구후선생율령섭
天淸地寧、永保長生、鬼神自滅、妖魅潛形、敢有違者、押赴九冥、吾奉 三山九侯先生律令攝。

법(法)을 행할 때 엄숙하고 단정히 앉아 요괴가 보더라도 위엄이 있고, 두려운 마음이 생기며, 저절로 기(氣)가 죽을것 같은 태도를 취해야 한다。이와 같은 마음을 정돈한 뒤 일어서서 왼손으로 뇌인(雷印)하고, 오른손으로 검결(劍訣)을 하며 다리로는 魁·罡 두 글자를 밟는다。

● **오관부(五官符)**

요괴·잡귀·사마(邪魔)·요정 등을 쫓는 부적이다。

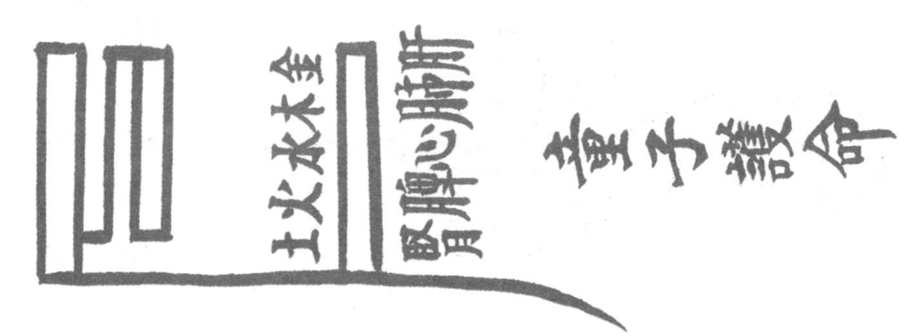

○ 비를 내리게 하는 법

오랜 가뭄이 들어 草木·五穀이 타 죽게 될 경우 비를 비는 법이다.

一、단(壇)을 만든 뒤 제물(祭物)을 차려 놓고 분향하고 북쪽 하늘을 향하여 네번 절한다(北向四拜).

一、왼손으로 뇌인(雷印)하고 오른손으로 검결(劍訣)하고、괴강(魁罡)을 밟고、보두법(步斗法)을 행한다.

一、이어서 생운주(生雲呪—구름을 부르는 주문)를 외우고 생운부(生雲符) 一장을 그려 불태운 다음 생우주(生雨呪—비를 부르는 주문)를 외우고(七번)、생우부(生雨符) 一장을 그려 불사른다.

一、동쪽을 향하여 숨을 크게 二번 들여마시되(東方氣 吸取) 바다물을 창자 속으로 들여마시는것 같이 한껏 마신다.

一、이와 같이 하고 단(壇) 아래에 꿇어 앉아 있으면 한참 뒤에 자기 몸에 우박같은 큰 비가 떨어지는 것 같은 기분이 드는데 이러한 응(應)이 있은지 얼마 지나면 비가 내린다.

一、법을 행하고 나서 반드시 자기 몸에 우박비가 쏟아지는 느낌이 있어야만 하늘이 감응한 것이 되어 비가 내리고、위와 같은 느낌이 없으면 소용이 없다. 비가 내리더라도 얼마 오지 않다가 무지개(霓)가 서며 비가 그치거든 왼손으로 뇌인(雷印)하고 오른손으로 검결(劍訣)을 한 뒤 칠성기(七星旗)를 쥐고、다리로 魁·罡을 밟고 단예주(斷霓呪—무지개 걷히는 呪)를 七번 외운 뒤 숨을 크게 두번 들여마시고는 단예부(斷霓符) 一장을 그려 불태우고、검(劍)으로 무지개를 가르치면서 원신(元神)을 운용하면 무지개가 걷히면서 비가 내린다.

● 생운주(生雲呪)

하늘에 비구름이 끼도록 하는 주문이다。

연저백운 애애내림 선미일월 후기건곤 산산생기 수수승등 오봉 삼산구후선생율령섭

演底白雲、靄靄來林、先迷日月、後基乾坤、山山生氣、水水升騰、吾奉 三山九侯先生律令攝。

● 생운부(生雲符)

● 생우주(生雨呪)

비가 내리도록 하늘에 비는 주문이다。

천상수 지하수 오호사해 강하수 승공결운 속강감우 오봉 삼산구후선생율령섭

天上水 地下水、五湖四海 江河水、升空結雲、速降甘雨、吾奉 三山九侯先生律令攝。

● 생우부(生雨符)

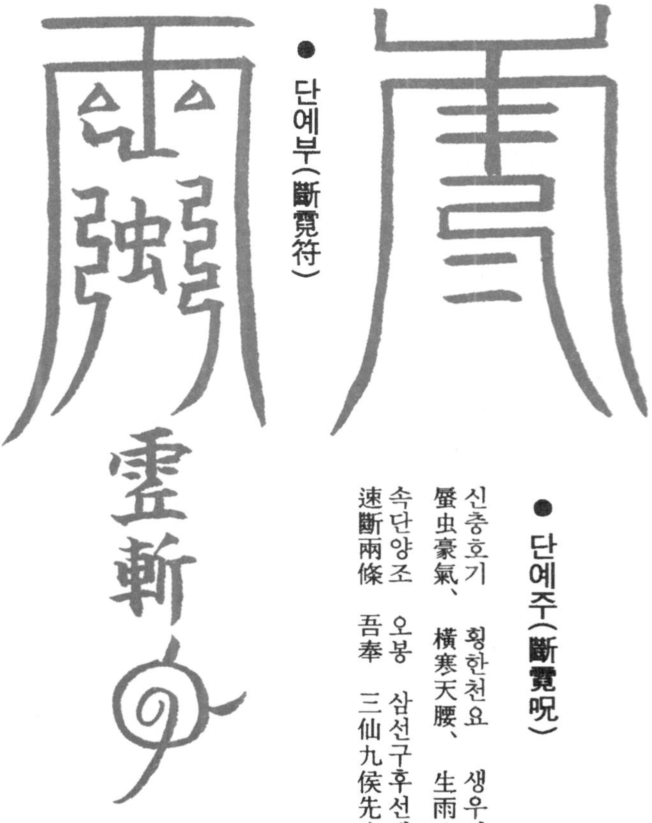

● 단예주(斷霓呪)

신충호기 횡한천요 생우지우 해저참교 수오일검
蜃虫豪氣、橫寒天腰、生雨止雨、海低斬蛟、受吾一劍
속단양조 오봉 삼선구후선생율령섭
速斷兩條 吾奉 三仙九侯先生律令攝。

● 단예부(斷霓符)

단(壇) 앞에서 비를 비는 기도를 올릴때 새 벽돌 九개、작은 동이 九개、큰 동이 九개를 준비하고、새 벽돌을 붉도록 불에 달구어 법사(法師)가 사람을 시켜 깨뜨리도록 하면 우뢰치며 비가 내린다。

○ 십장(十將)을 부리는 법

십장(十將)이란 十位의 신장으로 즉 등(鄧)·신(辛)·장(張)·도(陶)·순(筍)·필(畢)·마(馬)·조(趙)·온(

溫)·주(周)로 신외(身外)의 십장이며, 안(眼)·이(耳)·구(口)·비(鼻)·설(舌)·심(心)·간(肝)·비(脾)·폐(肺)·신(腎)은 몸안의 십장이다.

몸 밖의 장(將)을 부를 때는 단(壇) 앞에 단정하고 엄숙히 서서(건방진 생각을 하면 안됨) 왼손으로 뇌인(雷印)하고 오른손으로 검결(劍訣)하면서 동쪽을 향하여 숨을 크게 한 번 들여마신 뒤 혼원주(混元呪—위에 있음)를 한차례 외우고는 아래 십장(十將)을 불러 부릴(請託)수 있다.

第一鄧

第二辛

第三張

第四陶

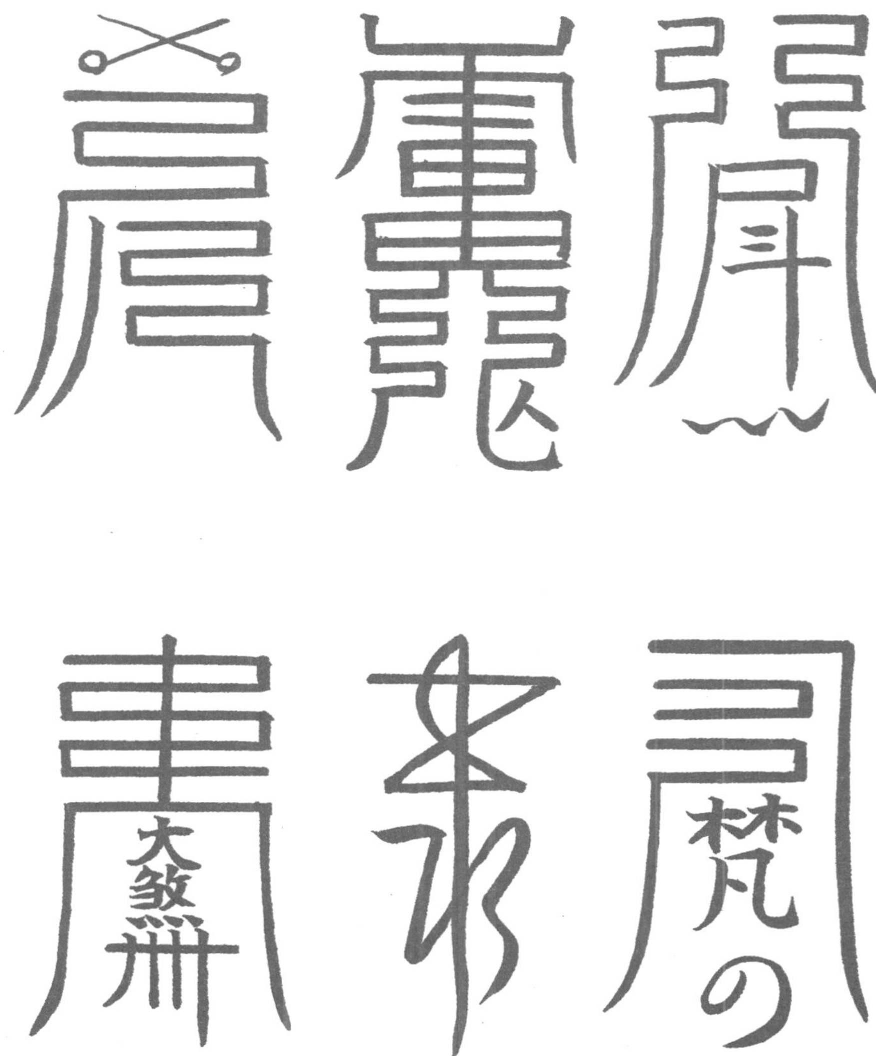
梵の

○구름을 타고 다니는 법

사람이 구름을 타고 하늘을 날아 다닌다는 것은 상식적으로 생각할 때 도저히 불가능한 일이다。 그래서 이 法에 대해서는 쓰지 않으려 하였으나 비단 구름을 타는 비법만이 아니고 위에서 설명한 모든 비법도 상식적인 판단과는 거리가 먼 술법들이므로 이왕 신비법(神祕法)에 대한 옛 문헌을 소개하는 바에 하필이 방법만이 허황되다고 빼 놀 필요는 없겠기에 이에 수록하는 바다。

전설에 의하면 사람이 이보(耳報)도 통하고 신장도 부리고、둔신둔갑(遁身遁甲)도 하고 신장(神將)도 부리고、신선(神仙)이 되어 공중으로 날아 다니기도 하고 불로장생(不老長生)하였다는 말이 있었으니 그 진부(眞否)에 대해서는 따지지 말기로 하겠다。

갑마(甲馬) 二개를 마련하여 위에 「白雲上升」이란 글씨 두 벌을 써놓고 六甲壇 아래에서 분향하고 茶올리고 절하면서 제사를 지내는데 발로 魁와 罡 二字를 밟고、왼손으로 뇌인(雷印)하고 오른손으로 검결(劍訣)하면서 東方을 향해 숨을 크게 한번 들여마신 다음 승운주(乘雲呪) 七번을 외우고、승운부(乘雲符) 二장을 써서 불사른다。

이와 같은 수련을 四十九日간 하면 도(道)가 이루어지는바(다 성취하는게 아니고 지극한 정성으로 법대로 行한이라야 그러하다) 수련을 끝마친 이가 어디 먼 곳을 갈 때 먼저 갑마(甲馬)를 끈으로 두 발에 동여 매고 위와 같은 순서를 되풀이 하면 백운(白雲)이 발 밑에서 일어나 이 구름을 타면 어느 곳이고 마음대로 떠 다닐 수 있다고 한다。 땅에 내릴 때는 甲馬에 맨 끊을 풀면 된다。

● 승운주(乘雲呪)

근청육정육갑신 백운탕우비유신 본신통령허모신 족하생운쾌사풍 가오비양등벽공중 오봉
謹請六丁六甲神、白雲碭羽飛遊神、本身通靈虛耗神、足下生雲快似風、架吾飛颺騰碧空中、吾奉
삼산구후선생율령섭
三山九侯先生律令攝。

● 승운부(乘雲符)

○ 용호(龍虎)를 항복시키는 법

一、辰時에 용골(龍骨) 一兩을 구하고、寅日에 호골 一兩을 구한다。

一、용골에는 乾이란 글자를 쓰고、호골에는 虎란 글자를 써서 六甲壇에 놓고 제(祭)를 올리는데 六丁六甲과 冲하는 날(즉 癸·庚日)을 피한다。

一、항용부(降龍符)와 복호부(伏虎符)를 써서 제단에 놓는다。

一、항룡(降龍)은 辰時、항호는 寅時를 가려 행하되 다리로 魁·罡 두 글자를 밟고、왼손으로는 뇌인(雷印)하고 오른손으로는 검결(劍訣)을 취하면서 동쪽을 향하여 숨을 크게 한번 들여마신 다음 항룡주(降龍呪—辰時에)와 복호주(伏虎呪—寅時)를 외우고、항룡부(降龍符—辰時에)와 복호부(伏虎符)를 불사른다。

이상과 같은 절차를 四十九日간 계속하면 용과 범이 스스로 복종하여 마음대로 용과 범을 부릴 수 있다고 한다。

● **항룡주(降龍呪)**

천지신룡 지지교룡 이지독룡 항자자복 구자자종 호자즉지불견형 오봉 삼산구후선생율령섭
天之神龍、地之蛟龍、人之毒龍、降者自伏、拘者自從、呼者卽至不見形、吾奉 三山九侯先生律令攝。

● **복호주(伏虎呪)**

일출동방 전삭금광 용지복수 퇴지즉장 약불의차 불시견앙 오봉 삼산구후선생율령섭
日出東方、電爍金光。用之伏首、退之卽藏。若不依此、不時見殃。吾奉 三山九侯先生律令攝。

● **항룡복호부(降龍伏虎符)**

降龍符

伏虎符

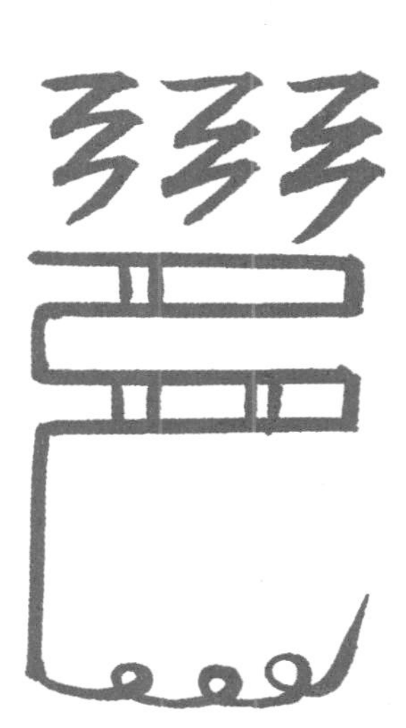

○ 금수(禽獸)를 그려 묘술(妙術)을 쓰는 법

五月 五日에 일정월화(日精月華)의 氣를 받고(낮에는 太陽을 향하여 氣를 힘껏 마시고、밤에는 太陰을 향하여 힘껏 들여 마심) 남녀의 정액(精液)과 학(鶴)의 정수리에서 피를 받고 맹꽁이(蝦蟆)의 배속에 든 물(漿)과 부인의 젖 약간과 먹 한덩이를 같이 자기병(磁瓶)에 담아 단단히 봉해서 六甲壇에 놓고 제(祭)를 올린다。

순서는 발로 通字·空字 두 글자를 밟고 서서 東方을 향해 숨을 크게 한번 들여마신 뒤 응후주(應候呪)를 일곱번 되풀이 외운 다음 부적 七장을 불에 사른다。 이와 같이 하기를 四十九日간 계속하여 끝마치고 나서 병속의 먹을 꺼내어 벼루에 갈아서 새·짐승·화초(花草)·산수(山水)의 풍경 등을 그리면 그림 속의 새、짐승이 날고、달리는 듯 보이고、나무가 흔들거리고、물이 실지로 흘러내리는 것 같이 신화(神畫)가 그려질 것이며 또는 영(靈)이 통해진다。

● 응후주(應候呪)

천정지령　응변무정　화학학비　화운운행　화금욕탁　일월휴광　오묵도차　귀종신경　오봉
天精地靈、應變無停、畫鶴鶴飛、畫雲雲行、畫禽欲啄、日月虧光、吾墨到此、鬼從神驚、吾奉
삼산구후선생율령섭
三山九侯先生律令攝。

● 응후부(應候符)

應候符

月精 月英 蓬萊

○ 염토성산법(捻土成山法)

이 술법(術法)은 법토(法土—술법에 의해 造製된 흙)를 뿌려, 위난(危難)을 방어하는 방법이다. 개일(開日—正月子、二月丑、三月寅、四月卯、五月辰、六月巳、七月午、八月未、九月申、十月酉、十一月戌、十二月亥日) 五更에 東쪽과 南쪽에 있는 산에 가서 각각 흙 약간을(각 一升가량) 취하여 山字 모양을 발라 만든 다음 六甲壇에 놓고 제(祭)한다. 먼저 검결(劍訣)하고 「太山」이란 두 글자를 써 놓고、

다리로 魁字와 罡字를 밟고、양손으로 太山印訣을 맺고 東쪽과 南쪽을 향하여 각각 숨 한번씩 크게 들여마신다。

염토성산주(稔土成山呪) 七번을 외운 뒤 부적 一장을 불에 사른다。

이와 같은 순서를 매일 행하기를 四十九日간 한 뒤 다시 東쪽과 南쪽의 흙을 一錢重을 취하고、부적 一장을 사르면서 제단(祭壇)에 올렸던 물 한종발로 부적재를 마신다。

이상의 절차가 완료되면 신력(神力)이 있어 가령 적병이 추격한다거나 누가 해치려 달려들거나 호랑이·늑대·독사 등이 쫓아올 경우 흙 한주엄을 쥐고 주문을 외운 뒤 적을 향해 뿌리면 그 흙이 太山으로 변하여 앞을 막아 준다(적의 눈에 그렇게 보일 것이다)。

● 염토성산주(捻土成山呪)

동산토 남산토 오금족하토용지 염산고장오호랑 진침도병원조 오봉 삼산구후선생율령섭

東山土、南山土、吾今足下土用之、捻山高丈五虎狼、眞侵刀兵遠阻、吾奉 三山九侯先生律令攝。

● 태산부(太山符)

○ 가호(假虎) 만드는 법

술법을 써서 가짜 호랑이를 만들면 어떠한 위험한 곳에 혼자 걸을지라도 맹수나 기타 해로운 짐승 및 요괴가 범하지 못한다。

一、寅日(범날)에 범의 털(虎毛) 한움큼을 구해 두고、또 午時에 죽은 사람의 얼굴에 씌웠던 백지 一장을 구한다。

一、백지를 오려 종이호랑이 한마리를 만들고、범의 발 양쪽에다 호랑이 털을 풀로 붙인다。나머지 털은 잘 보관해 둔다。

一、종이 호랑이를 六甲壇 아래에 놓고 제(祭)를 지낸 뒤 땅에다 寅字 午字를 쓰고 그 글자를 밟고 서서 쌍수로 호결(虎訣)하면서 東方의 氣를 한차례 힘껏 들여 마신다。

一、이어서 화호주(化虎呪) 七번을 외우고、화호부(化虎符) 一장을 불사른다。

一、이상과 같은 절차를 四十九日간 끝마치는 날 종이로 오려 만든 호랑이를 불에 살려 제사에 올렸던 물로 마신다。

一、범의 발에 바르고 남은 털 하나가 한마리 가호(假虎)로 化하는바 호결(虎訣)하고 화호주(化虎呪)를 외우면 즉시 一쌍의 맹호(猛虎)로 변한다。이 변한 호랑이를 거두려면 寅者를 써 들고 후—하고 한번 불면 스스로 털이 되어 소매속으로 들어간다。

위험한 산에 오르거나 물을 건느거나 험한 길을 걸을때 이 가호(假虎)로 방어하면 모든 흉액이 사라지고、모든 악살 등이 침해를 못한다。

● 화호주(化虎呪)

탈태환골 개화위장 수오응변 재오지방 방지위열 수지즉장 오봉 삼산구후선생율령섭
脫胎換骨、改化爲祥、隨吾應變、在吾之傍、放之威烈、收之卽藏、吾奉 三山九候先生律令攝。

● 화호부(化虎符)

化虎符

○ 가사(假蛇) 만드는 법

옷소매를 내 저으면 한마리 뱀을 만들어 적을 방어하는 술법이다。

一、五月 五日에 뱀껍질(蛇退) 一개를 주어다 음건(陰乾)해서 巳日에 가루로 작만한다。

一、청대(靑帶) 二十四根에다 뱀껍질 가루를 채워 넣고 六甲壇 아래에서 분향하고 찻잔 올리고、절하고 나서 魁·罡 글자를 밟고 서서 쌍수로 사결(蛇訣)하고 동쪽을 향하여 숨을 크게 한번 들여 마신다(東方의 生氣를 取함이다)。

一、변사주(變蛇呪)를 七번 외우고 변사부(變蛇符) 一장을 태운다。

一、이상의 절차를 四十九日간을 행한 뒤 청대(靑帶)를 옷섭에 넣고 실로 꿰멘다。 그리고는 역시 전과 같은 절차를 진행한다。

一、필요할 때 (뱀을 부리고자 할 때) 청대 一根을 옷섭에서 꺼내어 땅에 놓고 입으로 한번 「후―」하고 입김을 불어 넣은 뒤 소매를 후리면 땅에 놓았던 청대 一根이 뱀으로 변하여 명령을 기다린다。

一、뱀을 부리고 나서 「원형으로 돌아가라」하면 다시 청대로 변하는바、그것을 주어 다시 옷섭에 넣는다。

● 변사주(變蛇呪)

사사사사 곤지반선 뇌광삭화 이견이장 입산종횡 수지즉칩 오봉 삼산구후선생율령섭
蛇師蛇師、滾地盤旋、雷光爍火、易見易藏、入山縱橫、收之卽蟄。 吾奉 三山九侯先生律令攝。

● 변사부(變蛇符)

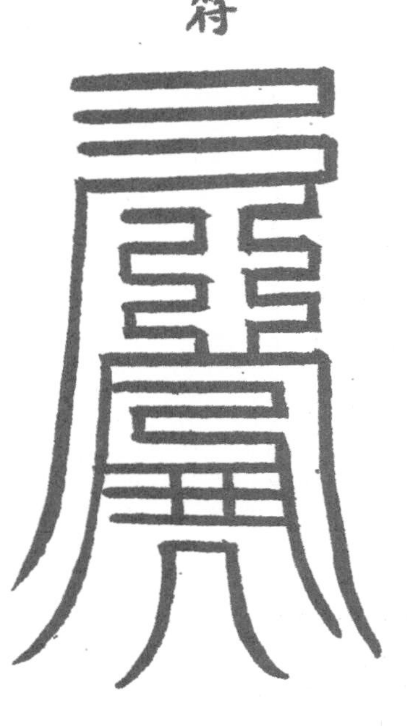

위 부적을 쓸 때 東方을 향하고 앉아서 숨을 크게 들여 마셔 배속의 배꼽 아래 一寸三分(丹田)까지 들어가게 하고, 잠깐 멈췄다가 숨을 입까지 내 올렸다가 붓을 향하여 내 뿜고 나서 그 붓으로 부적을 쓴다

○ 금수기법(金隨氣法)

一、金과 銀을 각각 一錢씩 구하여 밀가루로 반죽 金·銀을 싼다。 겉에다 「太山」이란 글자를 쓰고 이것을 쪄서 밀가루가 익으면 六甲壇에 놓고 제사를 지낸다。

一、금은수기부(金銀隨氣符)를 써서 六甲壇 아래 탁자에 올려놓고, 발로 通·神 두 글자를 밟고 서서 왼손에는 흡양문(洽陽文)을, 오른손에는 흡야문(洽夜文)을 쥐고 東方을 향해 숨을 한번 들여 마신다。

一、금은수기주(金銀隨氣呪) 七번을 외우고, 부적 一장을 그려 불사른다。

一、이와 같이 四十九日간 행하는데 먼저 밀가루에 싼 金銀은 자기가 몸에 간직하고, 법술을 행하되 빈궁한 사람을 만나거든 돌(石)을 주어 비비면서 주문을 외우고 부적을 불사르면 그 돌이 차츰 金이나 銀으로 변할것이니 그에게 주어 긴요하게 쓰도록 한다。

● 금수기입주(金隨氣入呪)

태극미판 원황정기 양전기염 오지정기 찰석위금 취지입내 도도명명 속무정체 오봉
太極未判、 元皇正氣、 兩錢旣閻、 吾之精氣、 擦石爲金、 吹之入內、 杳杳冥冥、 速無停滞、 吾奉
삼산구후선생율령섭
三山九侯先生律令攝。

● 금수기입부(金隨氣入符)

金隨氣入符

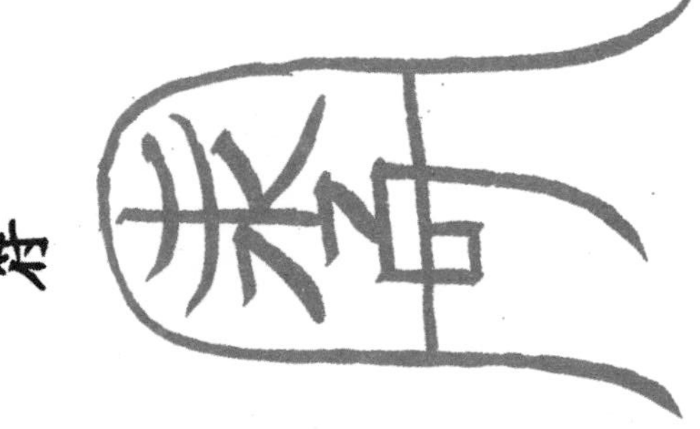

○ 격뢰법(擊雷法)

술법(術法)으로 우뢰소리를 내어 맹수·독사 ·잡귀·요마 등을 물리치는 법이다.

一、벼락맞아 죽은이의 성명(姓名)을 알아 가지고 제문(祭文)을 쓰되 「무슨 일로 인해 아무개(벼락 맞아 죽은이의 성명)을 火로 化하도록 하여 쓰겠노라」한다。그리고는 죽은이의 해골(骸骨)을 취하여 질그릇에 담고、주위에다 雷字 다섯 글자와 죽은이의 성명을 쓴다。

一、법을 행하되 발로 魁·罡 二字를 밟고 서서 왼손으로 뇌인(雷印)하고 오른손으로 劍訣하고、東方의 氣를 힘껏 한번 들여 마신다。

一、이어서 격뢰주(擊雷呪) 七번을 외우고、격뢰부(擊雷符) 一장을 불에 사른다。이와 같이 四十九日간 계속한다。

우뢰치는 날을 기다려 우뢰가 울리거든 해골을 꺼내어 깨끗한 땅에 묻는다。

一、법술을 써서 우뢰소리가 나게 하려면(진짜 우뢰를 울리는게 아니고 물리치려는 짐승·뱀·요괴 들에게만 들리도록하는 방법이다) 주문을 외우고、부작을 태운 뒤 왼손으로 뇌문(雷文)을 잡고、오른손으로 뇌개결(雷開訣)을 하고、입으로 숨을 크게 내 뿜는다。

※ 벼락 맞아 죽은 이의 해골을 구하되 땅에 묻고 잘 장사지낸 무덤을 헤친다거나 골체(骨體)가 온전한데서 떼어내서는 절대 안된다。도리어 큰 죄를 짓게 된다는 점을 알아야 할 일이다。다만 주인이 없어 벼락 맞아 죽은채 잔해(殘骸)가 들이나 山에 딩굴고 있는 것을 약간 취해야 하는바、쉬운 일이 아니다。맹수·뱀·요괴·귀신 등을 물리치려면 이 방법이 아니고도 얼마든지 타에 피해되지 않는 방법이 있으니 그 法을 취해야 할것이다。단 원문(原文)에 있으므로 글을 소개하는데 불과하다。

● 격뢰주(擊雷呪)

음양실서 극작원성 여피진자 죄지당명 수기입수 대작원성 오봉 삼산구후선생율령섭

陰陽失序、極作怨聲、汝被振者、罪之當鳴、隨氣入手、大作怨聲、吾奉 三山九侯先生律令攝。

● 격뢰부(擊雷符)

擊雷符

○ 병개선동(屛開仙洞)

一、개일(開日—위에 설명이 있음)에 고운 흙속에 묻힌 돌 가운데 납짝하고 매끈한 돌 한개를(長二尺四寸、넓이 一尺六寸쯤 되는 것) 구해다가 판판한 곳에 그림을 그리되 선궁(仙宮) 같은 것을 그리고、洞門 밖에는 四人의 선녀와 선동(仙童)이 각각 검은고、피리 등의 악기를 들고、또는 선과(仙果)와 선주(仙酒)、선다(仙茶)、선화(仙花)를 들고 서 있는 모습을 그리고、한쪽에다 「蓬萊仙洞」이란 네 글자를 쓰거나 새긴다。

一、위와 같이 그림을 그린 돌을 六甲壇 아래 탁자에 올려 놓고 제(祭)하는바 왼손에 勅字를 쓰고、오른손으로는 검결(劍訣)하고、魁와 罡 二字를 밟고 동쪽을 향해서 숨을 크게 한번 들여 마신다。

一、병개선동주(屛開仙洞呪) 七번 외우고、부적을 一장 불사른다。

一、이와 같은 순서를 四十九日간 되풀이 하되 매일 수련한다는 생각을 끊지 말고、성심 성의를 다하면 드디어 응(應)이 있을 것이다。

즉 수련을 끝낸 뒤 가령 가다가 막다른 장벽에 부딪혔을 때 주문(呪文)을 외우고 손을 한번 내 저으면 신선의 경지 같은 동부(洞符)로 변하여 선동 선녀가 나타나서는 술과 차를 내고 음악을 들려 준다 한다。

● 병개선동주(屛開仙洞呪)

진반지석 이기지영 개이성동 환지작성
秦畔之石、二氣之英、開而成洞、喚之作聲、
선동선녀 선악선음 취주주지 설석식림
仙童仙女、仙樂仙音、取酒酒至、設席食臨、

● 병개선동부(屛開仙洞符)

屛開仙洞符

용이성상 퇴이염형 감유누설 급급여율령 삼산구후선생율령섭
用而成象、 退而斂形、 敢有漏洩、 急急如律令、 三山九侯先生律令攝。

○ 축신법(縮身法)

이 술(術)은 실지로 자기 육신을 줄이는(縮骨)게 아니고、 남의 눈에 매우 작게 보이거나 희미해서 잘 보이지 않도록 하는 비법이다。

一、 곪은 달걀(어미 닭이 병아리를 깨기 위해 알을 품어 병아리 형체는 거의 이루어진채 깨지 못하고 속에서 죽은 것)을 一개 구하여 겉에다가 주사(硃砂)로 「代形」이란 글씨를 써서 六甲壇 아래 상 위에 받쳐 놓고 「여차 여차 되기를 원한다」는 제문(祭文)을 쓴다。

一、 분향하고、 차 올리고、 절한 뒤에 발로 魁·罡 글자를 밟고 서서 왼손에 뇌인(雷印)하고 오른손으로 검결(劍訣)을 한 뒤 東方의 氣를 크게 한번 들여 마신다。

一、 대형주(代形呪)를 七번 외우고 부적 一장을 사른 뒤 마음속으로 『혼돈여광대지세 가안오신야(混沌如廣大之勢 可安吾身也)』란 글귀를 생각한다。

一、 이상 같은 절차를 四十九日간 행한 뒤(마지막 날에) 그 곪은 달걀을 말려 곱게 가루를 만들어 목욕물에 타고 그 물로 목욕한다。

一、 이와 같은 수련이 끝난 경우 위급한 때를 당하여 주문을 외우고 부적을 사르면 자기 형체가 작아지고 검게 변해서 타의 눈에 발견되지 않는다고 한다。

● 대형주(代形呪)

흑흑혼돈 원황인온 산즉광대 염즉미분 광오성도 멸식요분 상존정기 응변무정 오봉
黑黑混沌、 元皇氤氳、 散則廣大、 斂則微分、 匡吾成道、 滅息妖氛、 常存正氣、 應變無停、 吾奉
삼산구후선생율령섭
三山九侯先生律令攝。

代形符

그 곱은 달걀에도 위 부적을 쓰는데 쓰기전에 마음속으로 「혼돈여、 광대지세안 오신지묘」(混沌如、 廣大之勢 吾身之妙)라 하고 급히 붓을 들어 동그란데다 그려 넣는다。

○ 도강법(渡江法)

一、 대추나무(棗木)로 길이 一尺二寸、 넓이 二寸二分이 되게 자른 뒤 소형(小型)의 배를 만든다。

一、 머리에는 飛字、 꼬리에는 浮字、 밑바닥엔 泉字、 중심에는 龍字를 쓴 뒤 六甲壇 아래 타자에 올려 놓고 제를 지낸 뒤 다음과 같은 절차를 행한다。

一、 발로 飛字 浮字(두 글자를 종이에다 큼직하게 써서 바닥에 놓고 밟는다)를 밟고 서서 왼손에는 뇌인(雷印)을 쥐고 오른손에는 검결(劍訣)한 뒤 東方을 향하여 숨을 한번 크게 들여 마신다。

一、비부주(飛浮呪) 七번을 외우고 비부부(飛浮符) 一장을 그려 불사르면서 작은 배를 타고 물을 건느는 것을 상상한다。 이와 같이 四十九日을 계속하면 수련이 끝나는 셈이다。

一、혹 강(江)이나 기타 물을 건느려는데 배가 없을 경우 주위에서 나무막대를 구하여 물에 띄우고 그 위에 올라타면 마치 큰 배를 타고 건느는것 같이 된다고 한다。

● 비부주(飛浮呪)

동양대해상 십만팔천리 오주임재처 제악진개피 오봉 삼산구후선생율령섭
東洋大海上、 十萬八千里、 吾舟任在處、 諸惡盡皆避、 吾奉 三山九侯先生律令攝。

● 비부부(飛浮符)

○ 선동(仙童) 부르는 법

정결한 종이로 선동(仙童)의 형상을 만들어 六甲壇 아래 탁자 위에 놓고 분향하고, 茶 올리고, 절한 뒤,

一, 발로 魁와 罡 두 글자를 밟고 서서 왼손에는 뇌인(雷印)하고, 오른손으로는 검결(劍訣)한 뒤 東方의 氣를 힘껏 한차례 들여 마신다.

一, 아래 주문(召仙童呪)을, 七번 외우고는 부적 一장을 그려 불에 사른다. 이와 같은 절차를 매일 되풀이 하여 四十九日간에 끝마치고 술법을 쓰면 선동이 와서 일체의 길흉화복에 대한 일을 묻는대로 대답해 주고, 또는 묻지 않아도 자신의 앞 일을 예고해 준다.

● 소선동주(召仙童呪)

칙소만신부단정 존망화복준보분명 오봉 삼산구후선생율령섭
勅召萬神赴壇庭, 存亡禍福准報分明。 吾奉 三山九侯先生律令攝。

● 소선동부(召仙童符)

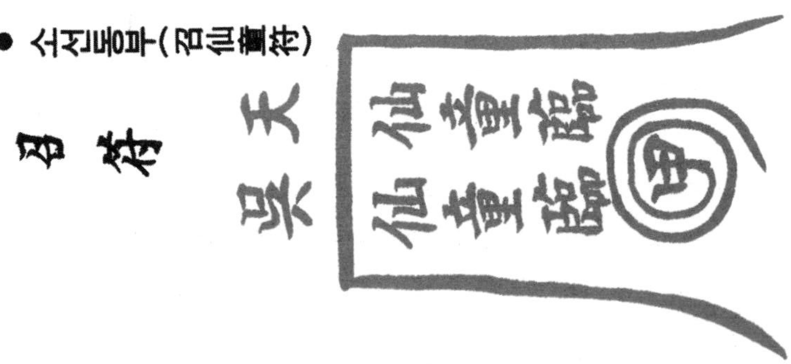

또 한가지 주문과 부적법이 있으니 아래와 같다。

천황 왈 칙연법군진 구천지상 오색상운 금광교결 조요건곤 원시부명 칙소만신
天皇이 曰、勅演法群眞、九天之上、五色祥雲、金光皎潔、照耀乾坤、元始符命、勅召萬神、
반룡초결 구강단정 부득용은 금마역정 진령감응 보조무궁 삼황오제 열부상청 오봉
盤龍超結、俱降壇庭、不得容隱、金馬驛呈、眞靈感應、普造無窮、三皇五帝、列赴上淸、吾奉、
호천상제 원강광섭
昊天上帝、元降光攝。

이상의 천황주(天皇呪)를 외우고 나서 술잔에 입김을 한번 불어 넣고、왼손으로 三山訣하고 오른손으로 劍訣한 뒤 秘字를 허서(虛書—먹을 묻히지 않고 字劃만 긋는 것)한다。

천황선 월중삼선우 진문덕 계문영 정문의 속호의체 적혼부 지하서
天皇仙、月中三仙宇、陳文德、桂文英、鄭文宜、速護意體、摘魂符、地下書。

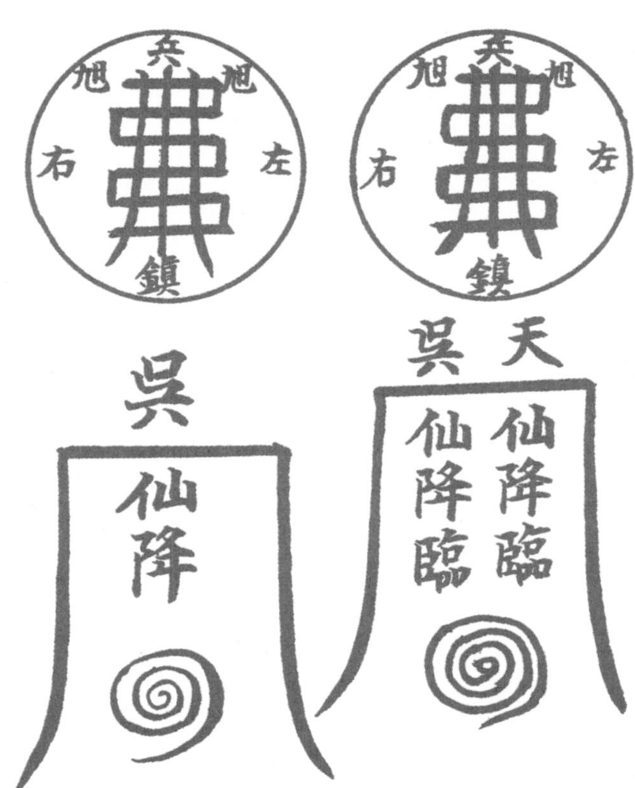

○ 동자이보법(童子耳報法)

一、생시에 무척 총명했던 소년이 나이 七·八歲에 갑자기 병들어 죽은 경우가 있으면「이러 이러한 일로 그대를 쓰려 하니 허물치 말라」고한 뒤 그 해골(骸骨)을 취하여 비단 자루에 넣어 그 죽은 어린이의 성명과 생년 월일 시를 쓴다。

一、東南方으로 뻗은(새로 돋은) 복숭아나무 가지(桃枝)를 길이 二尺四寸이 되게 잘라서 붉은 세포(細布)에 매여 동자(죽은 소년의 해골이 든 자루(左右에 세워 둔다(물론 六甲壇 아래에 노아둔다)。

一、六甲壇 밑에서 제(祭)하는바 분향하고、茶 올리고 절한 뒤에 다리로 通·仙 두 글자를 밟은채 왼손 가운데 손가락으로 양문옥결(陽文玉訣)을 하고、오른손으로는 검결(劍訣)을 한다。

一、東方의 氣를 한차례 크게 들여 마시고 통선주(通仙呪)를 七번 외우고는 부적 一장을 그려 불에 사른다。

一、매일 이렇게 하기를 계속하여 四十九日째가 되거든 六甲壇에 세워 두었던 복숭아나무 가지로 동자를 四十九번 매질한다。그러느라면 그 동자가 그만 때리라 애걸하는 소리가 들린다。

一、동자의 애원하는 소리가 들리거든 명이부(鳴耳符) 一장을 불사르고、명이주(鳴耳呪) 七번을 외우면 귓가에서 무슨 소리인가 들릴 것이다。

一、이렇게(귓가에서 소리가 나는 것)되면 성공인데 만일 아무 소리도 들리지 않거든 복숭아나무 막대기로 다시 동자를 때린다。그러면 귓가에서 벌이 윙윙거리는 소리 같은 것이 들릴 것이다。

一、벌소리 같은 소리가 들리거든 곧 개후부(開喉符)를 불사르고 개후주(開喉呪)를 七번 외운다。그러면 이번에는 알아 듣지 못할 말이지만 어린이의 말소리가 들린다。

一、한참 있다가 선음부(宣音符) 一장을 불사르고 선음주(宣音呪)를 七번 외우라。그리하면 이번에는 귓가에서 어린이의 말소리가 분명하게 들릴 것이다。

一、다음에는 동자와 六甲壇 아래에서 맹세 한다(즉 약속 시키는 것)。걸음마다 따라 다니고 일마다 보고하여 과거·현재·미래를 막론 길흉화복과 성패에 관한 것을 알려주도록 한다。

● 통선주(通仙呪)

동령동령 소사통명 사도즉보 무사막성 혹길혹흉 기하정령 실자유공 망자벌형 오봉

童靈童靈、 所事通明、 事到卽報、 無事莫聲、 或吉或凶、 其下叮嚀、 實者有功、 妄者罰刑、 吾奉

삼산구후선생율령섭

三山九侯先生律令攝。

● 통선부(通仙符)

運通仙道

● 명이주(鳴耳呪)

영동영동 연소총명 요지선자 영자강림 이변밀밀 구구소진 오봉 삼산구후선생율령섭

靈童靈童、 年少聰明、 瑤池仙子、 令者降臨、 耳邊密密、 句句訴眞、 吾奉 三山九侯先生律令攝。

● 명이부(鳴耳符)

鳴耳符

鳴口鬼

● 개후주(開喉呪)

혼혼돈돈 대이개후 정기불금 무기불상 구공설리 세설내유 오봉 삼산구후선생율령섭

混混沌沌、代爾開喉、正氣不禁、無氣不喪、口功舌利、細說來由、吾奉 三山九侯先生律令攝。

● 개후부(開喉符)

開喉符

● 선음주(宣音呪)

후개이명 선설내음 선통천맥 이통지진 인간유사 무소불문 오봉 삼산구후선생율령섭

喉開耳鳴、宣說來音、先通天脈、二通地津、人間有事、無所不聞、吾奉 三山九侯先生律令攝。

● 선음부(宣音符)

宣音符

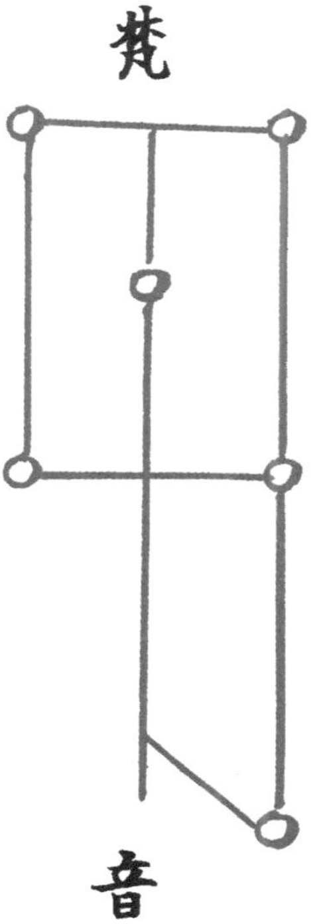

梵

音

○ 축지법(縮地法)

一、一里와 百里 거리의 흙을 각각 一升씩 가져다가 六甲壇 아래에 편 뒤 「千里一步」라는 글자를 펴논 흙에다 쓴다。

一、왼발로는 道頭 二字를 밟고、오른발로는 「萬里」라 쓴 二字를 밟고 서서 왼손으로 뇌인(雷印)을 잡고、오른손으로는 검결(劍訣)한다。

一、東쪽을 향하여 東方의 氣를 심호흡으로 한차례 흠뻑 들여 마시고는 축지주(縮地呪)를 七번 외우고 나서 축지부(縮地符) 한장을 그려 불에 사른다。

一、이상과 같은 절차를 매일 행하여 四十九日이 되는 날(절차를 거치고) 六甲壇 밑에 펴 놓았던 흙을 모아가지고 강물이나 냇물에 흘려 보낸다。

一、먼 길을 떠날 때 위 절차를 행한 뒤 길을 가면 비록 千里나 되는 먼 길이라도 一時에 도달하게 된다고 한다。

● 축지주(縮地呪)

일보백보　기지자축　봉산산평　봉수수학　봉수수절　봉화화멸　봉지지축　오봉
一步百步、其地自縮、逢山山平、逢水水涸、逢樹樹折、逢火火滅、逢地地縮、吾奉
삼산구후선생율령섭
三山九侯先生律令攝。

● 축지부(縮地符)

縮地符

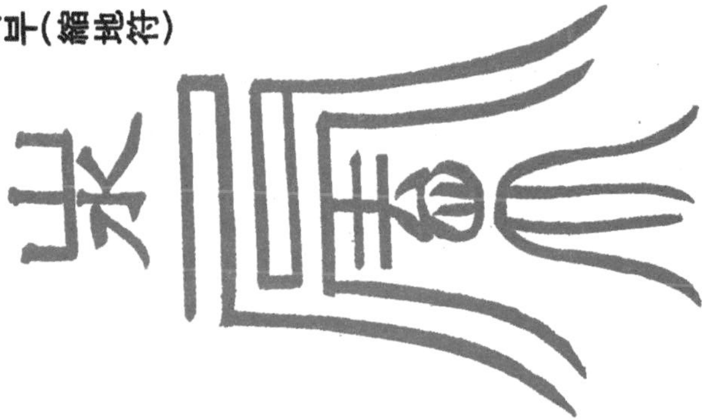

○ 여인과 인연을 맺는 법

一、쌍생여아(雙生女兒)의 옷 조각을(다소 불구) 비단 띠에 넣고、또는 여인(女人)의 속것 하나를 구해 비단띠와 같이 六甲壇 아래에 놓고、분향하고、茶 올려 제(祭)를 지낸 뒤 발로 風帶 두 글자를 밟고 서서 왼손에 뇌인(雷印)을 쥐고 오른손에 검결(劍訣)한다。

一、동쪽을 향하여 숨을 크게 한번 배속까지 들여 마시고는 해대주(解帶呪)를 七번 외우고 해대부(解帶符) 一장을 써서 불에 사른다。

一、四十九日까지 매일 이런 식으로 끝마친 뒤 六甲壇에 놓아둔 女人의 속것을 四十九段으로 잘라 두었다가 평소 인연 맺기를 소원하던 女人과 조용한 달빛이나 불빛 아래서 있게 되면 그 옷조각을 女人의 그림자에 놓고 밟고 서서 해대주(解帶呪)를 속으로 외우면 그녀는 스스로 옷띠를 풀고 몸을 허락한다 하였다。

● 해대주(解帶呪)

삼광지하 형영의연 가인학보 왕반유혼 오금유여 무계가구 취기일구 나체출수 오봉
三光之下、形影依然、佳人學步、往返遊魂、吾今由汝、無計可求、吹氣一口、裸體出羞、吾奉
삼산구후선생율령섭
三山九侯先生律令攝。

● 해대부(解帶符)

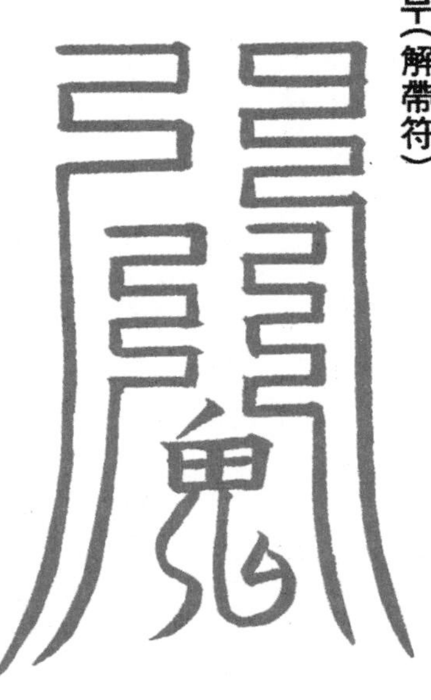

解帶符

○ 춘심(春心)을 일으키는 법

또 한가지 女人으로 하여금 춘심(春心)이 동(動)하도록 하는 방법이 있으니 다음과 같다。

一、신다(新茶—묵지 않은 차) 一兩과 부인의 젖 一兩을 합쳐 잘 반죽해서 종이에 싼다。싼 포장한 겉에다 「春心和蕩」이란 글씨를 써서 六甲壇 밑 탁자 위에 올려 놓고 제(祭)를 행한다。

一、먼저 六甲神位에 분향하고、茶 올리고 절한 다음 발로 「魁·罡」두 글자를 밟고 서서 왼손에 뇌인(雷印)을 잡고、오른손으로는 검결(劍訣—劍을 잡고 정신을 集中하는 것)한 다음 東方의 氣를 힘껏 한차례 들여 마신다。

一、이어서 춘심주(春心呪)를 七번 외우고 춘심부(春心符) 一장을 써서 불에 붙여 다 태운다。

이상과 같이 매일 실시하되 四十九日간을 마치고 茶를 가지고 법술(法術)을 쓰는바 같이 앉아 茶를 마시면 서로 뜻이 통하여 순조롭게 정사(情事)가 이루어진다 한다。

● **춘심주(春心呪)**

일출태양 선다내조 조아아다 영여식 여심귀순아 오봉 삼산구후선생율령섭

日出太陽、仙茶來照、助我我茶、令汝食、汝心歸順我。吾奉 三山九侯先生律令攝。

● **춘심부(春心符)**

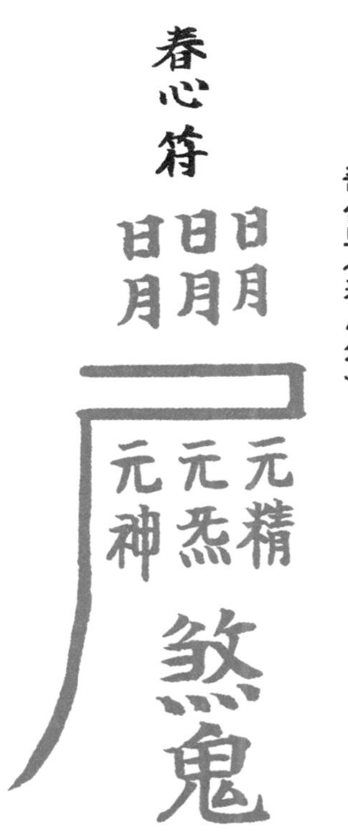

○ 연인(戀人)이 스스로 오도록 하는 법

一、그 여인이 방뇨(放尿—小便보는 것)로 인해 축축하게 젖은 흙 한주먹을 취하는바 이 흙을 교복토(交福土)라 한다。

一、그 흙을 그릇에 담아 그릇 표면에 좋아하는 女人의 성명을 써서 六甲壇 아래에 놓고 제(祭)한다。

一、발로 魁罡이라 쓴 글자를 밟고 서서 왼손으로 뇌인(雷印)을 잡고 오른손으로는 검결(劍訣)한다。 東方을 향하여 숨을 크게 한번 들여 마신 뒤 자래주(自來呪)를 七번 외우고 자래부(自來符) 一장을 써서 불사른다。 그런 다음 좋아하는 여인의 성명을 부르는데 자기 앞에 있는 것 같이 생각해야 한다。

一、四十九日간을 매일 행하고 나서(四十九日의 절차를 끝마친 뒤) 그 흙(交福土)에 물을 붓고 다린 뒤 그 물로 목욕하라。 그리하면 그 女人이 자기를 그리워해서 스스로 찾아온다。

● 자래주(自來呪)

음병양지기 양수음지정 이지교복토 여오결도인 즉희천묘천묘 여어사수 오봉 삼산구후선생
陰秉陽之氣、 陽受陰之精、 爾之交福土、 與吾結塗姻、 卽喜天淼天淼、 如魚似水、 吾奉 三山九侯先生

급급여율령
急急如律令。

● 자래부(自來符)

또 한가지 연인(戀人)이나 배우자(配偶者)가 스스로 찾아오도록 하는 술법이 있다。

一、성(性) 경험이 없이 결백하고 건강한 어떤 처녀의 生年月日을 알아 둔 뒤 종이로 그 처녀의 형상을 만들어 그녀의 성명과 생년월일을 쓴다。 또는 남자 형상을 만들어(종이로) 자기 성명과 생년월일을 기록한다。

一、복숭아 나무(桃木)를 四方 五寸二分이 되도록 만들어 부적(아래 桃印) 도장을 두 종이 인형에 각각 찍은 뒤에 서로 맞붙도록 합쳐 비단 헝겊으로 동여맨다。

이 합친 종이 인형을 六甲壇 밑에 놓고 제(祭)를 올린 뒤 발로 「姻緣和合」이란 글씨 넉자를 밟고 서서 왼손에는 뇌인(雷印)을 쥐고 오른손으로 화합검결(和合劍訣)을 취한 뒤 東方의 氣를 한껏 한번 들여 마신다。

一、화합주(和合呪)를 七번 외우고 화합부(和合符) 一장을 써서 불에 사르면 절차는 끝나는데 이와 같은 요령을 四十九日간 하고 나서 남녀를 합친 종이 인형을 불사르면 연인이 스스로 오고、일생 배필감을 자연 상봉한다。

● 화합주(和合呪)

건남곤녀　전세인연　월노배우　백세미전　오봉 삼산구후선생율령섭
乾男坤女、前世姻緣、月老配偶、百世美全、吾奉 三山九侯先生律令攝。

⊙ 화합부(和合符)

和合符

印式

○ 부부(夫婦)의 애정을 두텁게 하는 법

一、좋아하는 女人 혹은 부인(婦人)의 머리카락 五개 혹은 五錢과 유즙(乳汁—젖) 一兩을 혼합해서 丸을 만들되 四十九丸을 만들어 사기그릇에 담아 六甲壇 아래 탁자 위에 놓고 분향하고 茶 올리며 제(祭)를 지낸다。

一、발로 「魁罡」이란 두 글자를 밟고 서서 왼손에 뇌인(雷印)을 쥐고 오른손으로 검결(劍訣)한다。

一、동쪽을 향해 東方의 氣를 한번 크게 들여 마신 뒤 상사주(相思呪)를 七번 외우고 상사부(相思符)를 사르고 나서 그 丸을 먹는 것으로 절차는 끝난다。

이와 같이 하면 연인은 변심(變心)을 아니하고 부부간에는 늙도록 신혼부부처럼 애정이 새롭고 두터워 일생 사랑으로 해로한다。

⊙ 상사주(相思呪)

정병태양 기병태음 여수일입 괘의계심 오봉 삼산구후선생율령섭

精秉太陽、氣秉太陰、汝受一粒、掛意繫心。吾封 三山九侯先生律令攝。

⊙ 상사부(相思符)

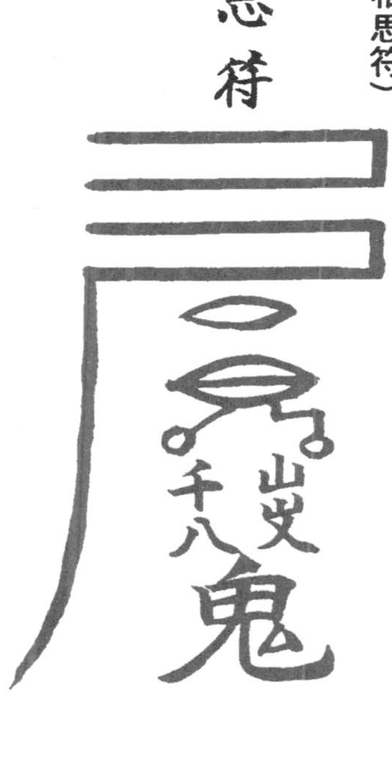

○ 악몽(惡夢)의 흉조(凶兆)를 막는 법

一、산부(產婦)가 해산(解產)하려면 짚을 깔고 그 위에 해산한다。해산하고 나면 자연 그 짚자리는 태(胎)에서 나온 여러가지 찌꺼기로 인해 피도 묻고、하여 더러워지는데 그 더러워진 짚 七根을 취하여 한 묶음으로 묶고、또 길이 二尺四寸 되는 칼(쇠로 만든것) 一자루를 구하여 묶은 짚과 칼을 각각 종이로 싸서 한곳에 같이 걸어 두고 그 위에 혼원신검(混元神劍)이란 네 글자를 써 둔다。

一、六甲壇 밑에서 분향하고 제(祭)를 올린 뒤 발로 魁罡 두 글씨를 밟고 서서 왼손에 뇌인(雷印)을 쥐고、오른손으로는 검결(劍訣)한다。

一、東方을 향하여 東方의 氣를 크게 한번 들여 마신 뒤 해양주(解禳呪) 七번을 외우고는 해양부(解禳符) 一장을 써서 불에 사른다。

一、그런 다음 한곳에 같이 걸어두었던 칼과 짚묶음을 갖고 동쪽으로 가서 짚으로 칼을 문지른 다음 칼과 짚을 동남방을 향해 四十九보 걸어가서 그곳에다 땅을 파고 묻는다。이렇게 하면 악몽의 흉조를 물리치게된다。

一、또는 악몽을 꾸고 나서 심히 불안하거든 잠을 깬 후 누운채 집안 사람에게 꿈 이야기를 하고 해가 뜨기를 기다려 일어서지 말고(물론 머리도 빗지 말고 세수도 하지 않는다) 그냥 앉은채로 물 한그릇을 떠오라 하여 앞에 놓고 왼손으로 삼산결(三山訣)을 한 뒤 오른손으로 칼을 짚고 일어나 걸으면서 『삼태생아래 삼태양아래 삼태호아래(三台生我來 三台養我來、三台護我來)』라 念한다。

一、왼발로 鬼門을 밟고 오른발로는 門 안에 서서 東方의 氣를 한번 들여 마신 뒤 주문 一번을 외우고 金水를 門 안에서 뱉는다。안으로 劍을 쓰고 물을 뱉은 곳에다 칼로 한번 가로질러 그으면(악몽을 벤다는 생각으로) 악몽으로 인한 불상사가 생기지 않고 도리어 吉祥이 이를 것이다。또 이 劍은 요사(妖邪)를 참주(斬誅)하는 신통력이 있으므로 요괴를 물리치고 질병도 물리칠 수 있다。

⊙ 해양주(解禳呪)

일출동방 야몽불상 천하역사 재오신방 도화선녀 주공문왕 삼태호아 백사길창 신검일하
日出東方、夜夢不祥、天下力士、在吾身傍、桃花仙女、周公文王、三台護我、百事吉昌、神劍一下、

만괴소망 오봉 삼산구후선생율령섭
萬怪消亡。吾奉 三山九候先生律令攝。

● 해악몽부(解惡夢符)

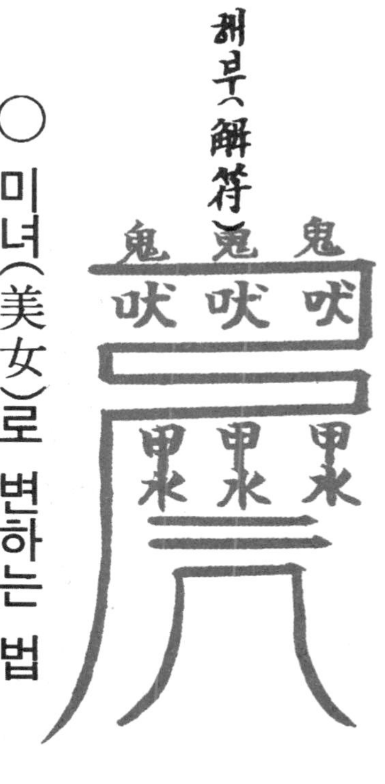

해부(解符)

○ 미녀(美女)로 변하는 법

이는 女人이 美人으로 변하는게 아니고、男子로서 술법을 써서 남의 눈에 예쁜 처녀로 보이도록 하는 방법이다。

一、사내아이의 태(胎)와 계집아이의 태(胎) 一벌씩을 구하여 불에 말린다。

一、황토(黃土)를 질게 개여 사내 태는 속에 싸고、계집애 태는 겉으로 가게 어린이 형상(人型)을 二개 만들어 위에는 주사(硃砂)로 「形變閨女」라고 글씨를 써 붙이고는 인형에다 분을 바르고 연지도 찍고、五色으로 옷을 입혀 六甲壇 아래에 놓고 제(祭)한다。

一、발로는 「魁罡」이란 두 글씨를 밟고 서서 왼손에 뇌인(雷印)을 쥐고 오른손으로는 검결(劍訣)한다。

一、東方을 향해 숨을 한번 크게 들이 쉬고는 변녀주(變女呪)를 七번 외우고 변녀부(變女符) 一장을 그려 불에 사른다。

一、이상의 순서를 四十九日간 행하고 마지막 날인 四十九日에는 흙을 비져 만든 人型(女兒像)을 六甲壇 아래에서 祭하고、나서 물에 잠겨 부적 一장을 쓰고 한참동안 美女로 변하고 싶다는 생각을 지닌다。

이와 같이 하여 술법이 완성되면 이후 부터는 美女로 보이겠다 마음만 먹으면 어느때 어느곳을 막론하고 美女로 변해 보인다。

● 변녀주(變女呪)

일출동방일점홍　삼획건부변육곤　차형일변속화여형　오봉　삼산구후선생율령섭
日出東方一點紅、三畫乾父變六坤、借形一變速化女形。吾奉　三山九侯先生律令攝。

● 변녀부(變女符)

速化是手
男三
女三
口
變
形
速

위 부적을 쓸때 다음과 같은 주문(呪文)을 외운다。

건원형이정일월명　오동신사기진화　백사자연성월법　좌수승자일관사　좌수천자우풍　좌수임계살질
乾元亨利貞日月明、吾同神思記眞火、百事自然成越法、左手勝字一官司、左手天字遇風、左手壬癸殺疾、
우수첨결
右手僉訣。

○ 흑장정신법(黑張定身法)

이 술(術)은 추격해 오는 적(敵—나를 해치려는 모든 것)이나 도망치는 악인(惡人)、도둑 등을 꼼짝 못하도록 하는 비법이다。

一、부인이 임신 七個月만에 낙태(落胎)한 사태(死胎—죽은 胎兒) 一벌을 마련하고、녹슬지 않은 새 못(新釘) 七개、바람에 날려 모인 흙가루 一兩、솥 밑에 시커멓게 붙은 검정(鍋底灰) 一兩을 같이 솥에 넣고 물을 붓는다、그리고는 은사발(銀碗)에 물을 부어 솥안에 안치고、소경(盲人)이 세수한 물 한사발을 솥에 붓고 달이는데 그 물로 흙을 반죽해서 사내 형상 하나를 만들되 인형의 두 눈에는 못으로 찔러 얕은 구멍을 내 논다。胎 위에는 「昏迷大陣」이라 쓰고 등에는 「斷大水匿」라는 글씨를 쓰며 왼편에는 龍字、오른편에는 虎字를 쓴뒤 六甲壇 아래에 놓고 절차를 행한다。

一、발로 魁罡 두 글자를 밟고 서서 왼손에 뇌인(雷印)을 쥐고 오른손에는 검결(劍訣)한 다음 東方의 氣를 힘껏 한번 들여 마신다。그런 다음 정신주(定身呪)를 七번 외우고 부적 一장을 써서 불에 태운다。

一、같은 방법으로 四十九日간 수련한 뒤 흙을 비져 만든 사람을 十字形의 거리(四거리) 발자욱 흔적을 찾아 그곳에 묻는다。

이와 같이 하면 술법의 수련이 끝나는바 필요할 때 급히 뇌인(雷印)·검결(劍訣)하고 주문을 외우고 부적을 사르면(부적은 미리 써 둔다) 추격해 오던 적(敵)이나 도망치는 도둑、범인、惡人 등이 우물 가운데 갇힌 듯이 꼼짝을 못하는데 이를 풀어주려면 마음속으로 풀겠다는 마음을 갖고 소매를 한 번 내두르며 「후우」하고 숨을 내 뿜으면 그가 풀려난다고 한다。

● 정신주(定身呪)

일출동방 흑기등등 천인만인 안흑혼혼 전면산당 후면수옹 좌변용반 우변호문 오봉
日出東方、黑氣騰騰、天人萬人、眼黑昏昏、前面山當 後面水擁、左邊龍蟠、右邊虎文、吾奉
삼산구후선생율령섭
三山九侯先生律令攝。

● 정신부(定身符)

정신부(定身符)

○ 금선탈각법(金蟬脫殼法)

一、남의 눈에 자기를 죽어 장사지내는것 처럼 보이도록 하는 술법이다。

一、巳時에 뱀허물(蛇退) 一개를 주어다가 놓고 그 위에다 종이에 「偸生盜死」란 글씨를 써 붙인다。

一、또는 부인(婦人)의 경혈(經血)을 약간 취하여 그릇에 담아 놓고 六甲壇 아래에서 분향하고、茶 올리고、절하면서 祭를 지낸다。

一、祭 의식이 끝나면 발로 魁罡 二字를 밟고 서서 왼손에 뇌인(雷印)을 찍고 오른손으로는 검결(劍訣)한다。

一곧 이어서 東을 향하여 東方의 氣를 크게 한번 배속 깊숙히 들여 마시고 나서 탈각주(脫殼呪)를 七번 외우고、탈각부(脫殼符) 一장을 서 놓았다가 불에 사른다(주문을 외우고 부적을 태우면서 마음으로 수련하는 목적을 생각한다)。

一、祭에서 부적을 태우는 일까지 매일 실시하여 四十九日을 채운 다음 뱀허물(껍질)을 청대자(青帶子)에 넣어 정결한 땅에 묻는다。

一、피할 수 없는 궁지에 처했을 때 죽은것 같이 보이도록 하는바 술법을 쓰려면 역시 뇌인(雷印)하고 검결(劍訣)하고、주문을 외우고 부적을 태우면서 거짓 죽기를 원한다。이렇게 하면 적(敵)의 눈에는 자기가 죽어 관(棺)속에 넣는 것처럼 보여 원한이 자연 풀릴 것이다。

● 금선탈각주(金蟬脫殼呪)

오시입관 간견안활 국자수락 중안혼미 용신일변 여사퇴각 오봉 삼산구후선생율령섭
吾尸入棺、看見眼濶、國者手落、衆眼昏迷、用身一變、如蛇退殼、吾奉 三山九侯先生律令攝。

● 탈각부(脫殼符)

○ 추위를 물리치는 법

● 주문(呪文)과 부적

화제법지　화제염염　보조구환　열도수체　한기퇴장일잠지내　풍우난첨요신팔척조오수단　오봉
火帝法地、火帝炎火、普照九環、烈滔隨體、寒氣退潛一丈之內、風雨難沾繞身八尺助吾修丹、吾奉
남방화제진군급급여율령
南方火帝眞君急急如律令。

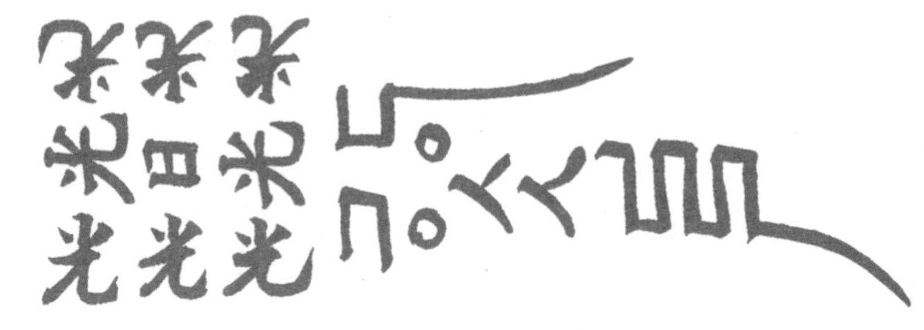

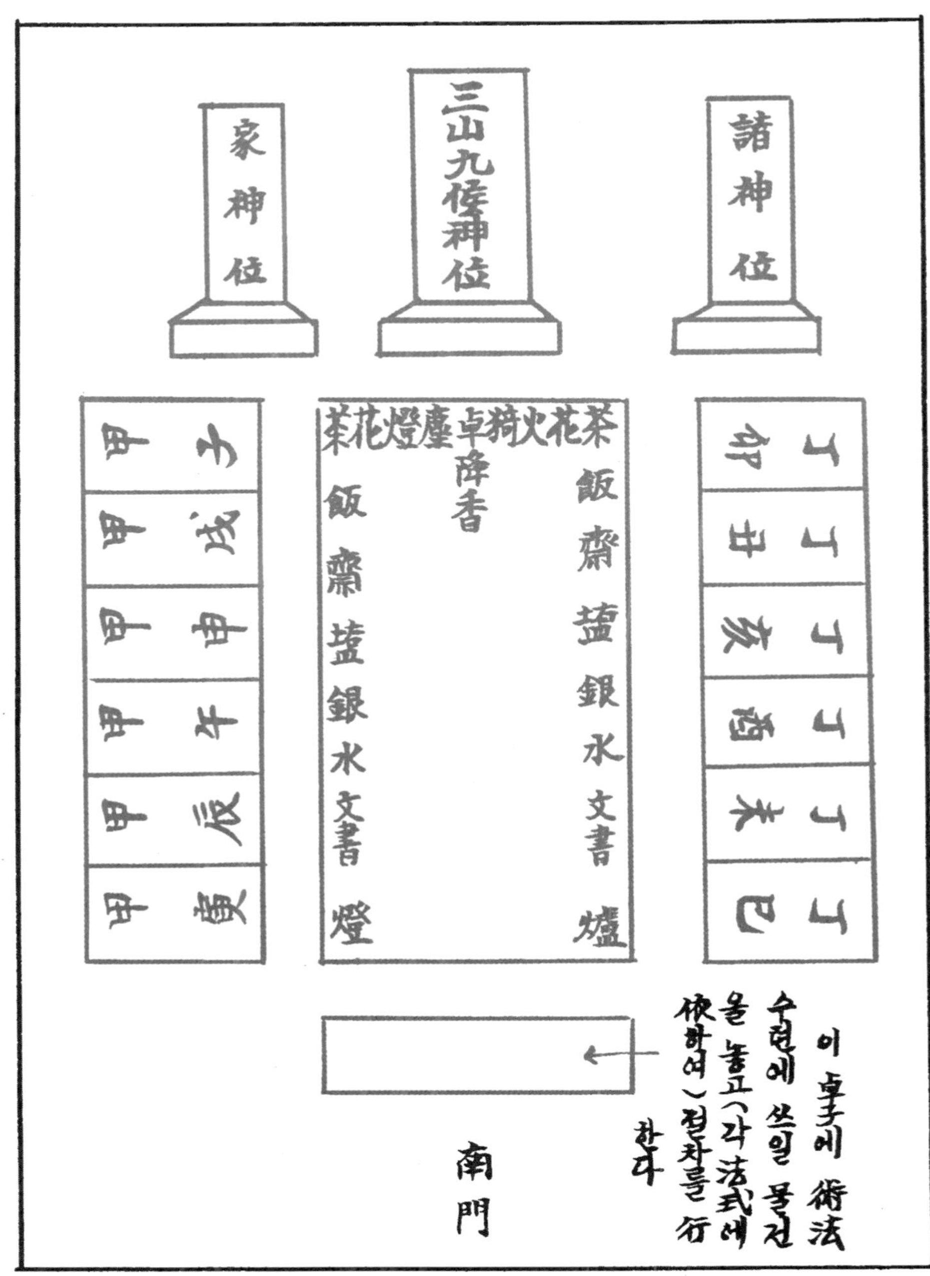

家神位
三山九侯神位
諸神位
茶花燈塵卓椅火花茶
降香
飯
齋
塩
銀
水
文書
燈
飯
齋
塩
銀
水
文書
爐
子 甲
戌 甲
申 甲
午 甲
辰 甲
寅 甲
丁 卯
丁 丑
丁 亥
丁 酉
丁 未
丁 巳
이 卓子에 術法 수련에 쓰일 물건을 놓고(각 法式에 依하여) 절차를 行한다
南門

第二部 生活靈符

生活靈符 目次

三. 一身의 安全을 위한 부적……二一九

— 이런 일이 이루어 진다 —

○ 어떤 소원을 이루고 싶을 때 — 소원성취부(二四五) 여의부(二四六)참고。

○ 집안에 우환이 생겼을 때 — 우환소멸부(二一八)참고。

○ 가정불화가 있을 때 — 二二四面 참고。

○ 어떤 사업을 처음 시작할 때 — 二五三面 이하 참고。

○ 재수가 없다고 생각할 때—三五三面 이하 참고。
○ 연애하고 싶을 때—二五八面 참고。
○ 결혼 상대자를 빨리 만나고 싶을 때—二六○面 참고。
○ 부부가 불화할 때—二六二面 참고。
○ 싫은 사람과 헤어지고 싶을 때—二六一面 참고
○ 애정을 독차지하고 싶을 때—二六一面 참고。
○ 사랑을 받고 싶을 때—二六一面 참고。
○ 자녀를 두고 싶을 때—二六七面 참고。
○ 가족중 누가 자주 가출하면—二二八面 참고。
○ 딸만 줄줄이 낳거든—二七○面 참고。
○ 남편의 첩을 떼려면—二六四面 참고。
○ 누가 마음을 잡지 못할 때—三一○面 참고。
○ 공부를 잘 하려면—二四六面 참고。
○ 남편의 바람을 막으려면—二六六面 참고。
○ 아내의 바람기를 막으려면—二六六面 참고。
○ 좋은 직장에 취직하려면—二四四·二五十面 참고。
○ 소송에 걸렸을 때—二三四~二三六面 참고。
○ 질병에 걸렸을 때—二○八面 이하 참고。
○ 항시 차를 몰고 다니는 사람—二四○面 참고。

○ 먼 길을 여행할 때—二四一面 참고。

○ 위험한 곳에 갈 때—二四二面 참고。

○ 배를 타고 항해할 때—二四二面 참고。

○ 꿈자리가 사나울 때—三〇七面 참고。

○ 집안에 요괴가 장난 칠 때—二九二面 이하 참고。

○ 집이 안팔릴 때—집 팔리는 부적(三一四面)을 참고하라。

○ 이사할 때—이사에 관한 부적(二八七面)을 참고하라。

○ 동투가 났을 때—二七九面 이하 참고。

○ 집을 짓거나 수리할 때—二七五·二七六面 참고。

一、만사대길(萬事大吉)

⊙ 적갑부(赤甲符)

이 적갑부(赤甲符)는 그리기는 어렵지만 주사(硃砂)로 五色종이나 황지(黃紙)에 그려 내실에 붙이기도 하고、몸에도 지니면 가정적으로는 가내의 우환을 막아 주고 길상(吉祥)이 이르며 出行하여 一身의 안전하고、사람들이 잘 대해주며 재물이 따른다。

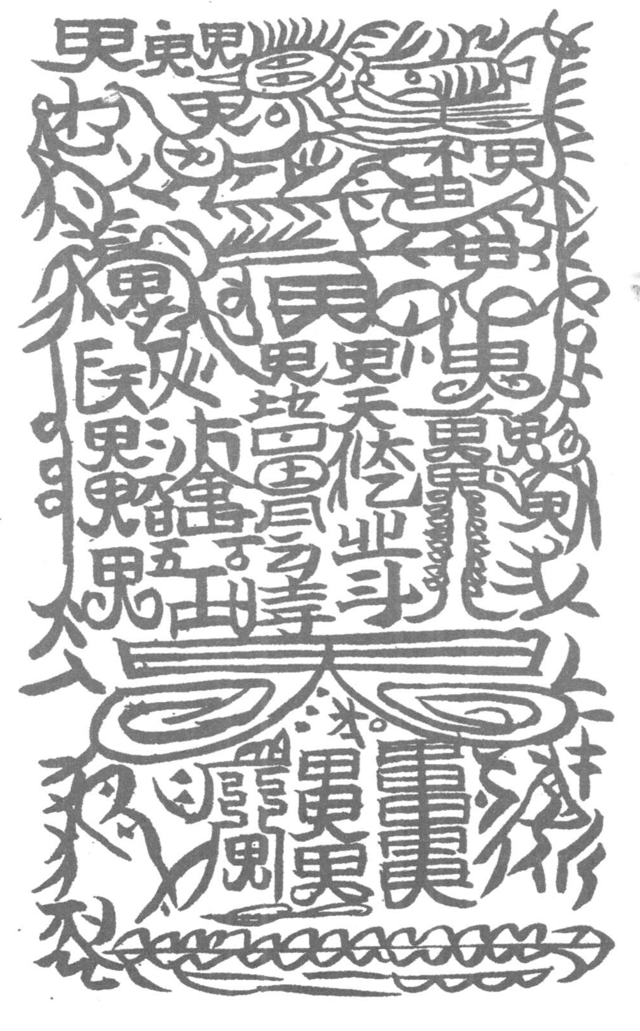

⊙ 만사대길부(萬事大吉符)

이 부적을 입춘(立春)날에 두장을 써서 한장은 내실 문 위에 붙이고 한장은 몸에 지닌다。 가족이 많으면 여러장을 써서 각각 몸에 지니도록 하라。 一年동안 우환과 재앙이 없고 집안이 번영하며、 위험한 곳에서도 아무 탈 없이 안전하고、 재수도 길하다고 한다。

二、가정에 관한 부적

⊙ 안택부(安宅符)

안택이란 온 가정에 우환·질고·횡액 등의 재난이 없이 무사하기를 비는 수단이다。 우리나라 민속(民俗)을 보면 대개 正月이나 十月에 안택고사를 드리는 예가 많다。 길일(吉日)을 가려 정성된 마음으로 시루를 해 놓고 신명(神明)께 고사(告祀)하는바 안택부(安宅符)를 봉안(奉安)하고 정성을 드린 뒤 내실 적당한 곳에 붙여 두면 재앙이 이르지 않고 길복을 부른다。

⊙ 안택부(安宅符)

⊙ 안택부(安宅符)

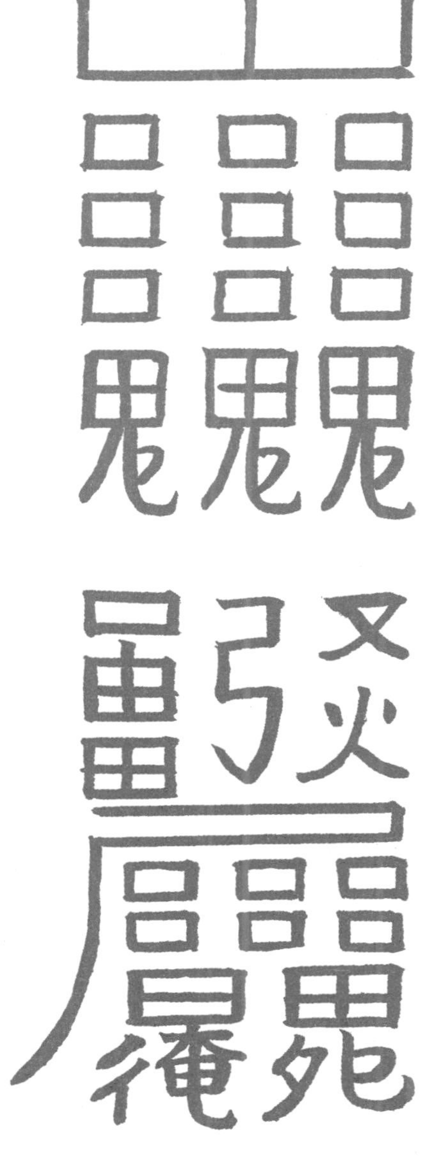

⊙ 안택부(安宅符)

민속(民俗)을 따르는 가정에서는 새해를 맞는 正月 초순이나 상달인 十月이면 안택고사를 지낸다. 이 부적을 봉안하고 고사를 지내면 더욱 효험이 있어 일년간 가정의 액운이 이르지 않는다.

⊙ 가택편안부(家宅便安符)

가족끼리 화목하고, 우환·질고·사고 등이 발생하지 말고 온 가정이 편안해지기를 비는 부적이다.

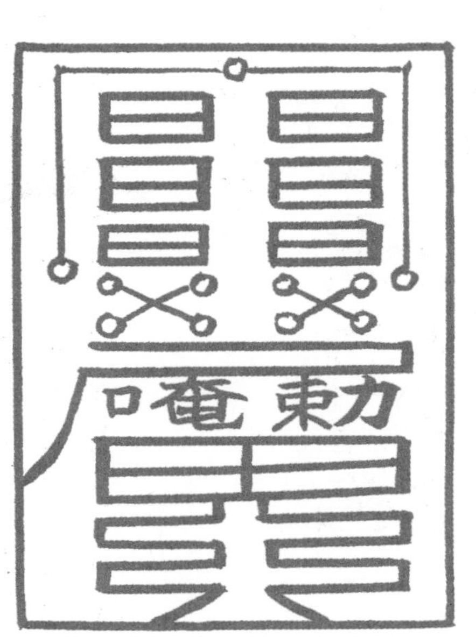

⊙ 압살부(押殺符)

요괴나 악살(惡殺)의 장난은 사람의 눈에 띄거나 느낄 수가 없다。 그래서 집안에 살귀(殺鬼)가 있는지 없는지 모르게 되는데 까닭없이 이상한 일이 생기거나 재앙이 속출(질병·손재·구설·변고·사고 등)하면 살귀의 장난으로 보아도 좋다。 아래 부적은 흉살이 침입 못하도록 방어도 하고、 이미 침입한 흉살을 몰아내기도 하는 효과가 있다고 하니 주사로 써서(이때 주문을 외운다) 군데 군데 붙여 두라。

주문＝영입백살잠장 강옥내급주복장(靈入百殺潛藏 罡獄內急走伏藏)

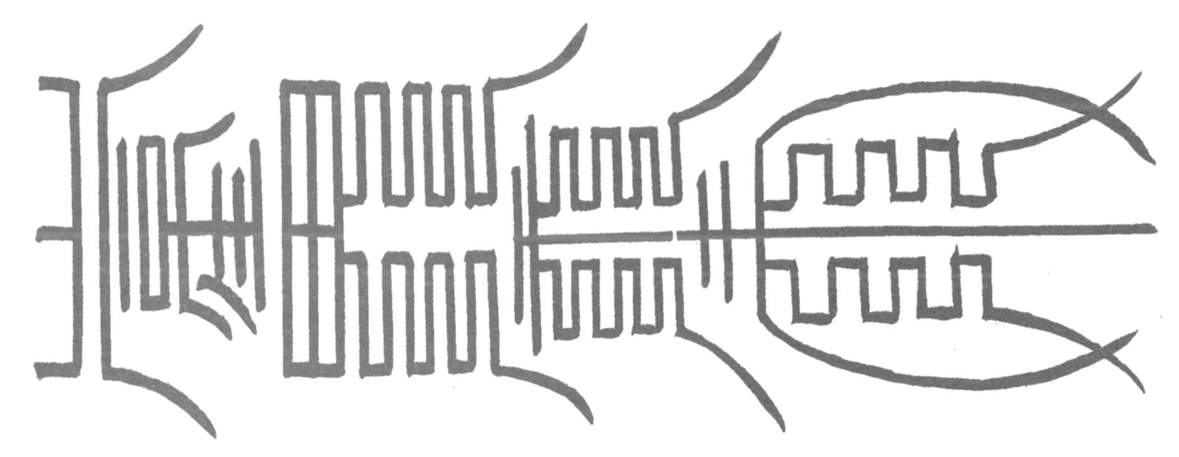

⊙ 가액예방부(家厄豫防符)

가정에 있을지도 모를 모든 액을 미리 방지하는 부적이다。 이 부적을 봉안하고 정성을 드린 뒤 내실 적당한 곳에 붙여 두라

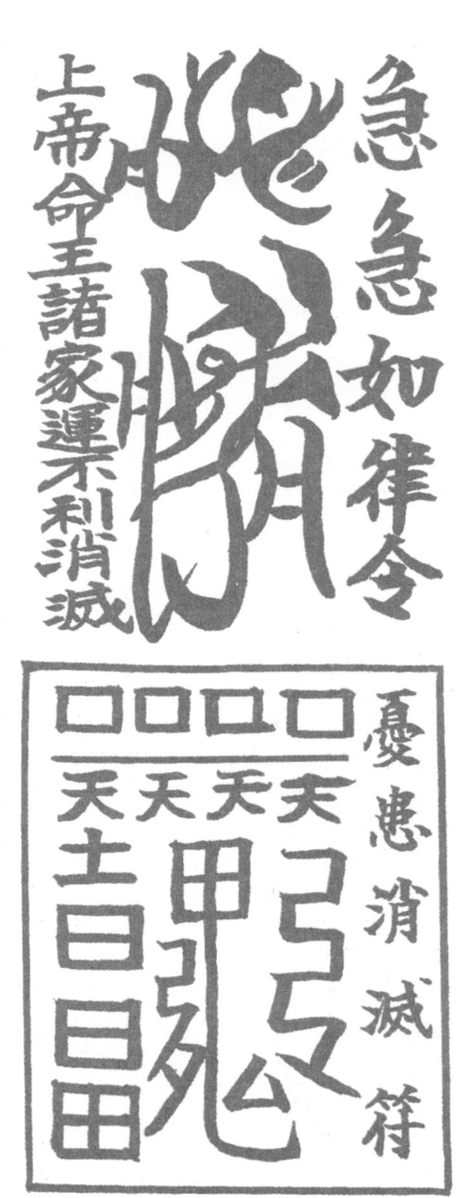

⊙ 우환소멸부(憂患消滅符)

가정의 우환을 미리 방지하려는데도 쓰이고、 이미 닥친 우환을 물러가도록 하는데도 사용하면 좋다。 주사로 써서 내실 문 위에 붙여 두라。

⊙ 진택편안부(鎭宅便安符)

가정의 우환과 재앙은 잡귀(雜鬼)와 흉살(凶殺)이 침입하여 장난을 치거나 방해하고 인간을 괴롭히기 때문이라 한다。 고로 이러한 잡귀·흉살을 물리치면 가정은 자연 편안해진다。 아래 부적을 주사로 써서 출입문(안방) 위에 붙여 두라。 길하리라。

⊙ 도적불침부(盜賊不侵符)

아래 두 부적은 도둑이 들지 못하는 부적이다。 임의로 선택해서 사용하되 주사로 써서 대문(大門)이나 출입문(현관문) 등에 붙여 두면 도둑이 들지 않는다고 한다。 단 이 부적은 너무 오래 붙여두지 말고 一개월에 한번씩 갈아 붙이는게 효과적이다。

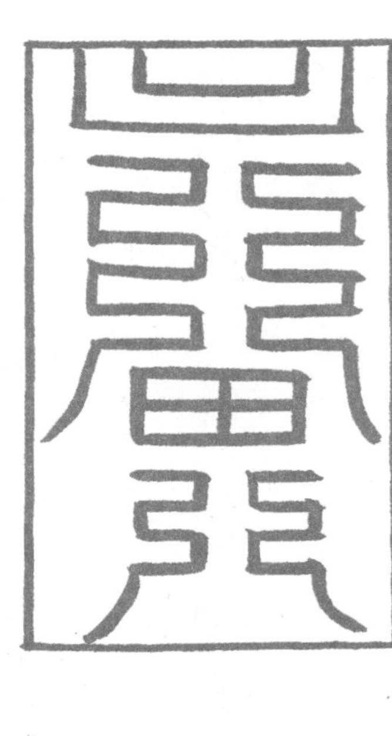

四時無災
奉伏魔大帝勅令避邪將軍到此急急如律令
八節有慶

⊙ 관송시비방지부(官訟是非防止符)

관재(官災)·구설(口舌)·시비(是非)·송사(訟事) 등 시끄럽고 골치 아픈 일을 방지하는 부적이다。주사로 써서 내실 벽에 붙여 두라。

⊙ 화재예방부(火災豫防符)

검정색 종이(黑紙)에다 白色이나 붉은 물감으로 아래 부적을 그려 출입문 위에 붙여 두면 화재의 위험성이 없다。화재수가 있거나 위험성이 있다고 생각되면 이 符를 사용하라。

⊙ 화재방지부(火災防止符)

화재(火災)의 우려는 누구나 다 있다。 특히 화재발생의 요인이 많다고 생각되는 건물 및 사업장에 이 부적을 써서 적당한 곳에 붙여 두면 화재를 예방할 수 있다。

⊙ 화재예방부(火災豫防符)

이 부적도 화재를 미연에 방지하는 부적이다。 주사(硃砂)로 써서 건물 사방에 붙여 두면 화재가 발생하지 않는다。

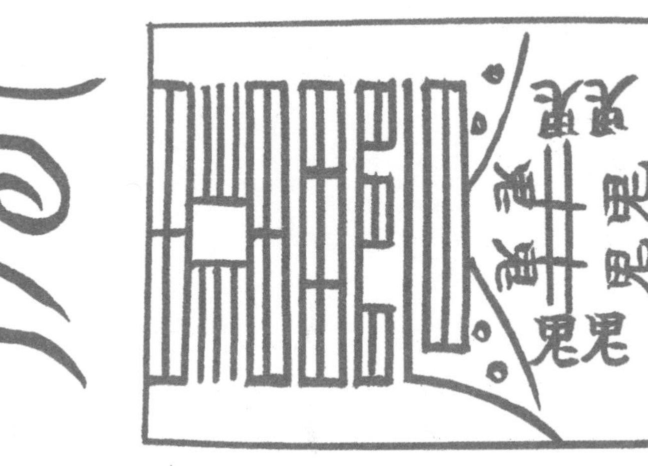

⊙ 진구설부(鎭口舌符)

집안에 까닭 없는 구설(口舌)이 이르거나, 명예롭지 못한 헛소문이 퍼지거나, 대수롭지 않은 일이 구설을 동반하면 상서롭지 못한 일이니 이 부적을 출입문 위(방 안쪽)에 붙여 놓으면 구설수를 예방하고, 있던 구설이 스스로 잠을 잔다.

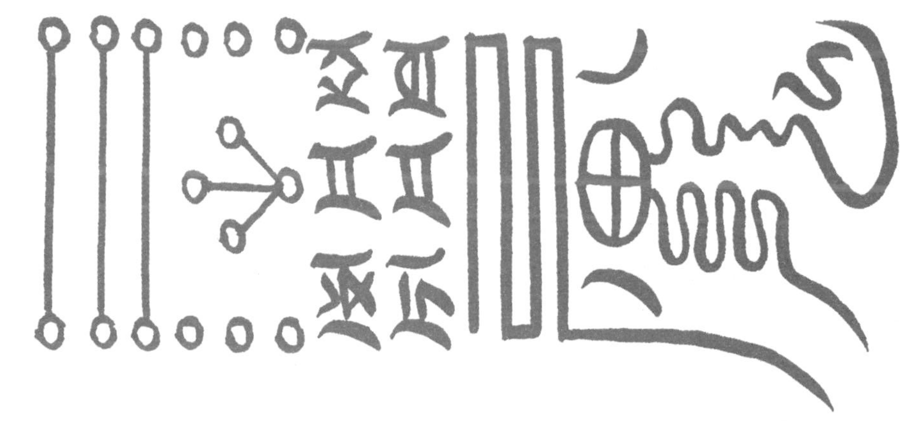

⊙ 가내화합부(家內和合符)

가화만사성(家和萬事成)이라 집안이 잘 되려면 첫째 가족끼리 화목하여 단합되어야 한다。 이 부적을 써서 붙여 두면 길하리라。

⊙ 부부자손화합 장수부

부부와 자손은 한 가정을 이루는데 절대적인 가족관계다。 그러므로 부부화목、 부모자손의 화목은 가정의 행복과 직결 된다。 가주가 지니거나 벽에 붙여 두라。

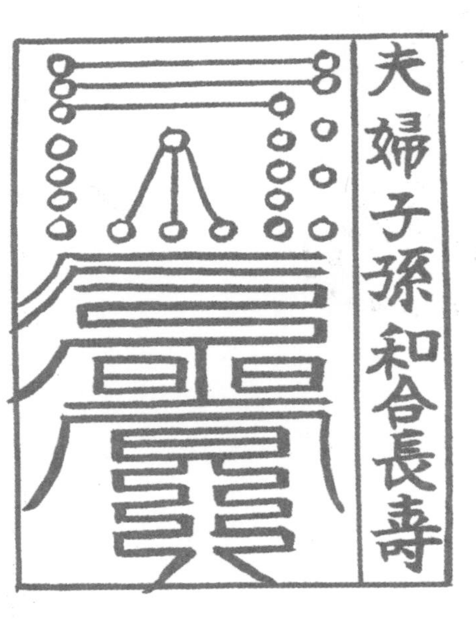

⊙가정불화 방지부

가족끼리의 불화(不和)가 생길 우려가 있거나 현재 가정불화가 야기되고 있으면 화합부(和合符) 가운데 적당한 것을 가려 이 符와 같이 불에 사르거나 집안 적당한 곳에 붙여 두면 효험이 있다。

⊙ 부자화목부(父子和睦符)

부모와 자식간의 불화는 인륜(人倫)에 어긋나는 일이니 가장 상서롭지 못한 일이다。 이 부적을 써서 부모와 자식이 각각 지니거나 출입문 위에 붙여 두면 자연 화목하게 되리라。

⊙ 번영부(繁榮符)

이 부적을 써서 방안 적당한 곳에 붙이면 人丁과 재물이 왕성한다。

天天
來人來急急如律令

⊙ 복운부(福運符)

아래 부적을 써서 동남쪽 벽에 붙여 두면 재앙이 이르지 않고 경사스러운 일만 날로 이른다。

[illegible]女王急急如律令

⊙ 가택흥왕부(家宅興旺符)

아래 부적을 백지나 황지에다 주사로 써서 안방 문 위에 붙여 두면 우환·질고·손재 등의 액이 이르지 않고 자녀의 양육이 순조로우며 재물이 생기고 사업이 번창한다。

⊙ 가업번영부(家業繁榮符)

이 부적 二장을 주사로 써서 一장은 집안 적당한 곳에 붙여 두고 一장은 몸에 지니면 가정이 창성하고 경영하는 사업은 발달한다。특히 상업인은 이익을 많이 얻는다。

⊙ 방탕(放蕩)을 막는 법

남편의 방탕、자녀의 방탕은 가정의 평화를 유지하는데 몹시 불행한 일이다。 마땅히 이를 방지하거나 못하도록 해야 한다。 아래 부적을 써서 방탕을 부리는 자의 벼개나 옷속에 모르게 끼워 두라。 길하리라

⊙ 가출방지부(家出防止符)

가족 가운데 까닭없이 걸핏하면 집을 나가 방황하거나 현재 누가 가출중에 있으면 이 부적을 써서 출입문 위에 붙여 두라。 이미 나간 사람은 돌아 오고、 나갈 우려가 있는 사람은 이후부터 나가지 않으리라。

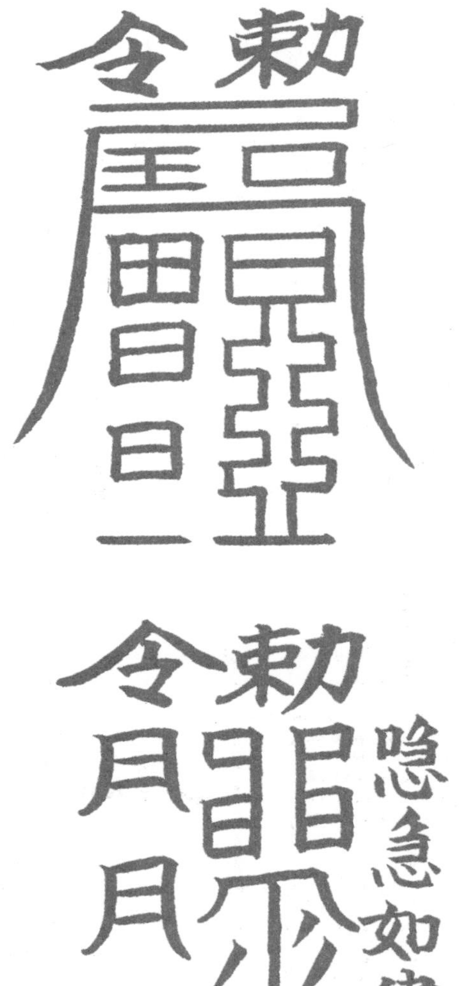

三. 일신(一身)의 안전(安全)을 위한 부적

복잡한 생활 환경속세서 경제활동 및 공무(公務)나 사무(私務)를 막론하고 임무를 띠고 활동하려면 비행기도 타고、배도 타며、기차、자동차 등을 타고 먼 길을 왕래하게 되고、또는 위험성이 있는 작업장에서 일도 해야 한다。문명의 이기(利器)가 우리네 생활을 편리하게 이바지 하는가 하면 때로는 소중한 육체를 상하게 하고 심지어는 생명까지 빼어 간다。하루 앞을 알지 못하고 사는게 우리 인생인지라 항시 마음 놓고 살아갈 수 없는 것이 현실이다。그러므로 누구든 액운이 이르지 않기를 원하는 것은 다 마찬가지다。아무래도 인간에게는 보이지 않는 神의 가호를 바라는 마음 간절하리라 믿는다。

◉ 보신부(保身符)

이 부적을 몸에 지니면 항시 神의 가호가 있다。

⊙ 보신부(保身符)

이 부적을 써서 주머니에 넣어 지니고 다니면 神의 가호가 있어 어떠한 위태로움에 처해도 안전하다.

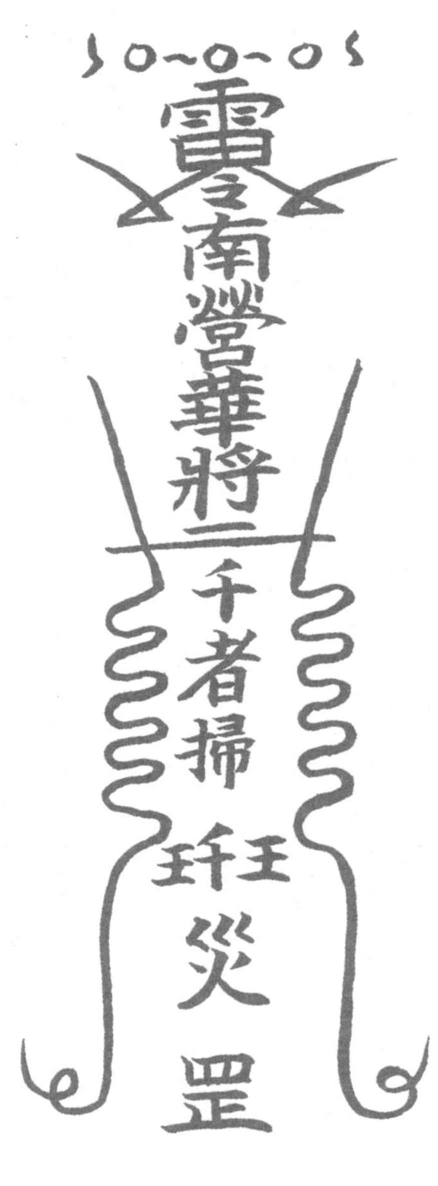

⊙ 신액(身厄)을 예방하는 부적

아래 부적은 태세부(太歲符)라 하는데 신수가 나쁘다고 판단된 사람은 신액을 예방하는데 가장 효험있는 부적이다。 그림 가운데 太歲 밑에 太歲(가령 辛未年이면 「辛未」라 쓰고、壬申年이면 「壬申」이라 쓴다)를 써 넣고 正月 初旬에 吉日을 가려 분향하고、술을 올린 뒤(三色果를 차려 놓는다) 축원한 뒤 신수 불길한 주인공이 거처하는 방 적당한 곳에 奉安하였다가 그 해가 다 지나거든 떼어 불사르라。

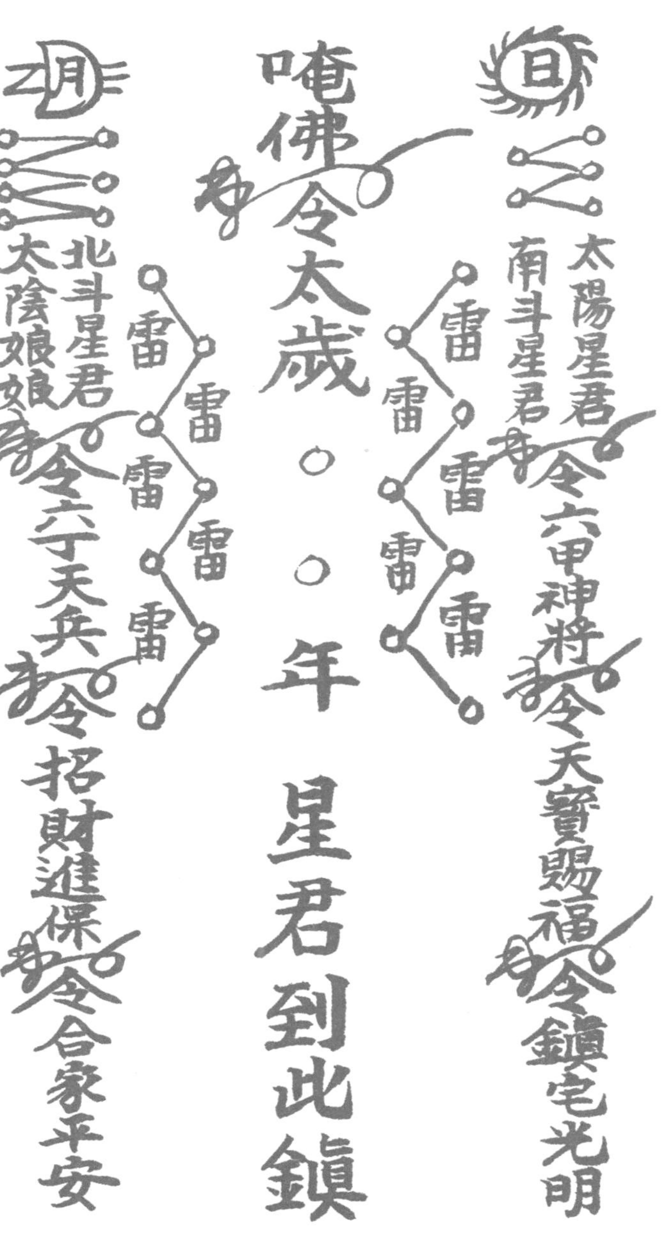

⊙ 삼재부(三災符)

삼재년(三災年)은 포태법(胞胎法)으로 병(病)·사(死)·장(葬)에 해당하는 해다。즉 병들어(病)、죽어(死)、장사지낸다(葬)는 의미가 있는 해로 이에 해당하는 三年 동안에는 그만큼 나쁜 운이 작용한다 해서 세속(世俗)에서는 이 삼재를 매우 두려워 한다。우선 三災가 어떤 해에 드는 가를 알아 보아 이에 해당하거든 아래 부적 가운데 임의로 하나를 선택해서 법대로 사용하라。

申子辰生—寅卯辰年(寅年에 들어 辰年에 나간다)
巳酉丑生—亥子丑年(亥年에 들어 丑年에 나간다)
寅午戌生—申酉戌年(申年에 들어 戌年에 나간다)
亥卯未生—巳午未年(巳年에 들어 未年에 나간다)

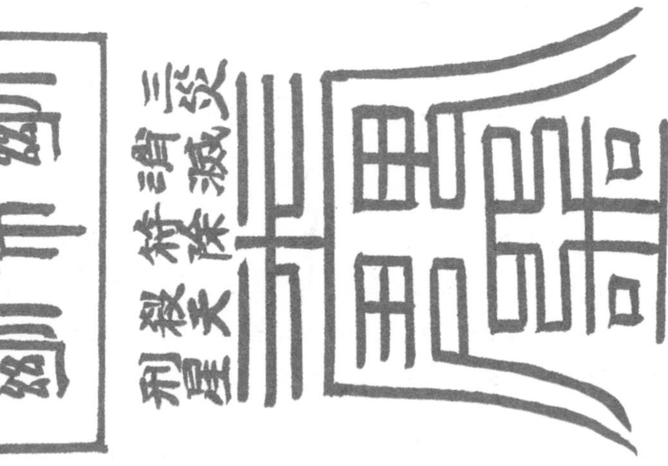

● 이 부적은 삼두일족응(三頭一足鷹)이란 삼재퇴치부다. 즉 한 몸둥이에 머리 셋이 돋힌 매 그림인데 산은 범、물은 용、하늘은 매로 우두머리를 삼는 의미를 취용함이다. 세개의 부리로 각각 三災를 쪼아 없앤다는 의미인바 그려서 출입문(방)밖 문 위에 붙여 두면 삼재살신(三災殺神)이 범하지 못한다고 한다

三頭一足鷹
啄盡三災鬼

● 아래 부적은 옥추경(玉樞經)에서 나온 삼재소멸부(三災消滅符)다. 경문을 외우고 이 부적을 지니면 삼재 드는 해 뿐 아니라 항시 삼재팔난의 액겁을 당하지 않는다고 한다.

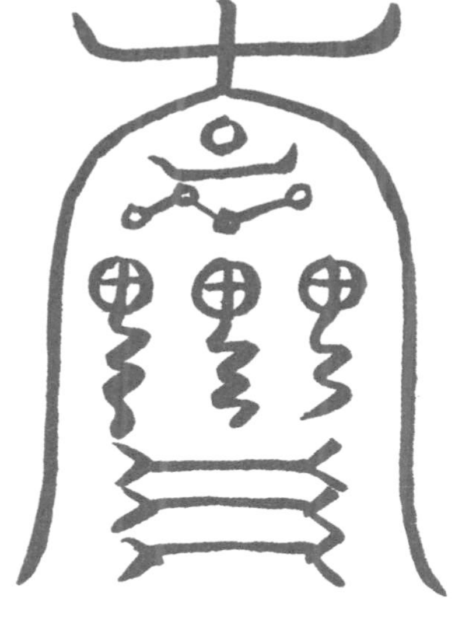

⊙ 관재 예방부(官災 豫防符)

사주학적으로 관재(官災)가 있다고 판단되거나 그 해 신수를 보아 관재수가 있다고 판단되었을 경우 이 부적을 써서 주인공의 벼개속에 넣어 베고 자거나 몸에 지니면 관재를 예방할 수 있고, 혹 당하더라도 훨씬 가볍게 치른다고 한다。

⊙ 관재소멸부(官災消滅符)

이 부적은 관재를 예방도 하고, 현재 관재에 걸렸을 때 사용하면(붙이기도 하고 몸에도 지님) 관액을 물리친다고 한다。

⊙ 관재퇴치부(官災退治符)

이는 옥추경 가운데 신주령부(神呪靈符)라는 부적인데 관재를 물리치는 부적이다。 두 장을 그려 한장은 방에 붙이고 한장은 관재에 걸린 주인공이 지니면 대길하다。

⊙ 송사(訟詞)을 막는 부적

송사(訟詞)중이거나 송사에 걸릴 우려가 있을 때 이 부적을 써서 내실에나 기타 적당한 곳에 붙여 두면 자연 순조롭게 일이 해결 된다。

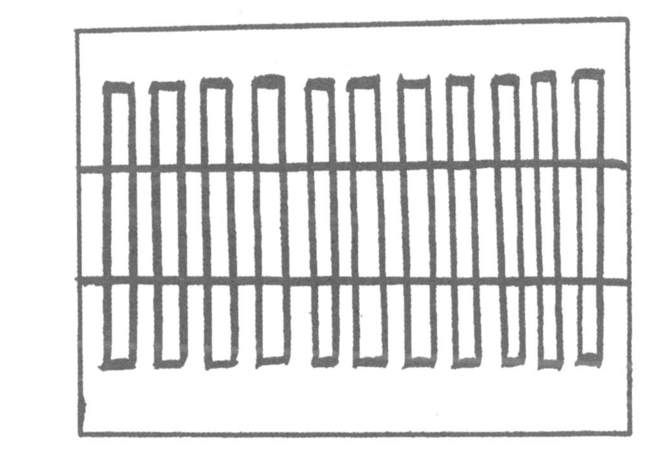

⊙ 죄형면제부(罪刑免除符)

억울하게 죄명(罪名)을 쓰고, 형벌을 받게 되었거나, 또는 죄를 범하여 형벌을 받게 될 경우 아래 부적을 白紙에다 먹으로 써서 주인공의 몸에 지니면 누명이 벗겨지고, 죄인은 형이 면제되거나 가벼워진다고 한다.

⊙ 관재구설 소멸부

신수에 관재구설이 있다 판단되거나 현재 관재에 걸렸거나 구설중에 있으면 이 부적을 써서 불에 태우고 한장은 몸에 지니라. 예방도 되고, 현재 관재 구설중이면 자연 소멸된다.

⊙ 구설(口舌) 소멸부

자신의 실수건 아니건 구설수에 오르면 좋은 일이 아니다。 대개는 무고한 일에 구설 듣는 것을 원칙으로 하는바 이 부적을 써서 몸에 지니면 예방도 되고、있는 구설은 자연 소멸되고 만다。

⊙ 시비소멸부(是非消滅符)

혹 실수를 하여 시비(是非)가 생겼거나、잘못이 없는데도 상대방에서 공연히 트집을 잡는 경우가 있다。 사람에 따라서는 무고산 시비가 따르는 이가 있는데 부적 二장을 써서 한장은 태워 마시고 一장은 몸에 지니라 효험이 있으리라。

⊙ 선신수호부(善神守護符)

선신(善神)은 항시 인간의 흉액과 생명을 보호해 준다。 이 부적은 선신이 보호해주기를 원하는 부적으로 몸에 지니면 일신이 액에서 탈피되고 사고 없이 안전하다。

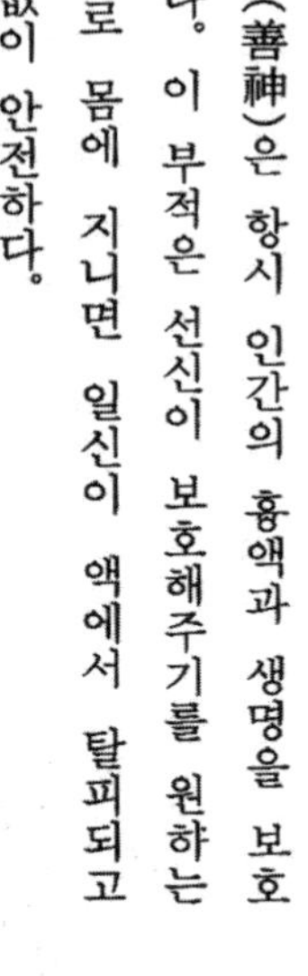

⊙ 금강부(金剛符)

이는 부처님과 관세음보살에게 몸을 보호해 달라는 부적이다。 고로 몸에 지니고 있으면 요괴나 잡귀가 얼씬 못하여 건강과 장수를 누리면 어디를 가나 몸이 편안하고、 좋은 일만 생긴다고 한다。

⊙ 원행부(遠行符)

큰 바다를 건너 항해(航海)하거나 비행기를 타고 외국에 여행하거나 기타 국내외를 막론 하고 여행길에 나설때 분향하고 이 부적을 써서 몸에 지니고 떠나면 영행길이 순조롭고、 여행중 질병、 사고의 우려가 없다고 한다。

⊙ 호신부(護身符)

이는 옴마니발묘부(唵摩尼發妙符)란 불경에 있는 부적으로 주사로 써서 몸에 지니고 다니면 사귀(邪鬼)와 요마(妖魔)가 침범을 못한다。 즉 선신(善神)의 보호를 받아 일신상의 안전을 보장된다。

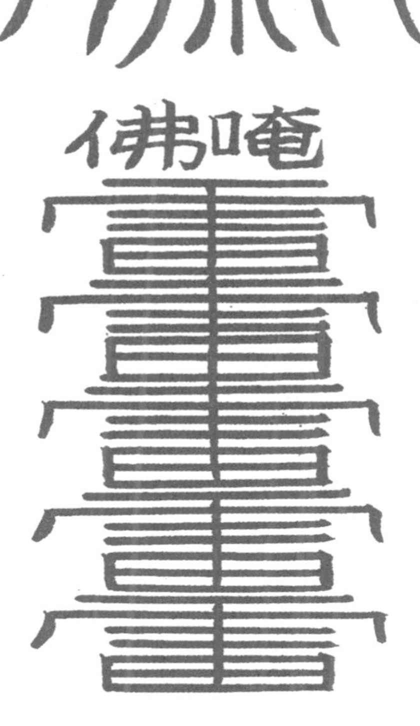

⊙ 차량사고 예방부

이 부적은 항시 車를 운전하고 다니는 사람에게 사용되는바 二장을 그려 一장은 車에 붙이고 一장은 몸에 지니면 事故를 미연에 방지하고, 혹 부주의로 사고를 낼지라도 가벼운 사고에 그치고 만다。

⊙ 강도(強盜) 예방부

이 부적을 주사로 써서 호신부(護身符)와 같이 몸에 지니면 어디를 가도 강도에게 해를 입을 우려가 없다。

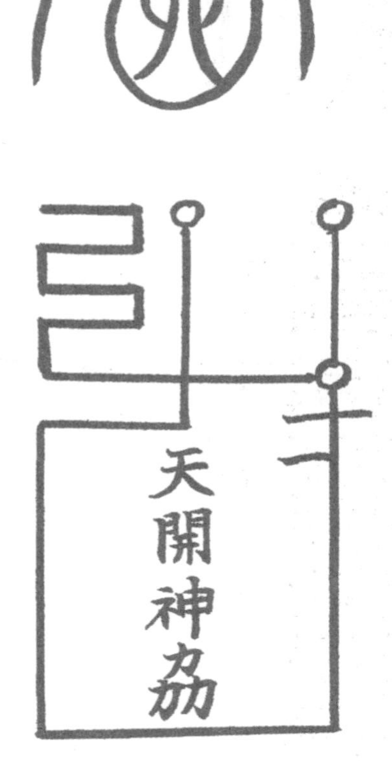

⊙ 여행할 때

이 부적을 써서 몸에 지니고 길을 떠나면 여행 중、 질병·사고·도난 등을 만나지 않을 뿐 아니라 가는곳마다 사람들이 반겨 맞이하고、 출장이나 여행한 목적을 순조롭게 이룬다。

⊙ 천재지변(天災地變) 예방

이 부적을 써서(분향하고 기도하면서 정성을 드린다) 몸에 지니고 다니면 천재지변의 횡액을 당하지 않는다。 즉 호신부(護身符)다。

⊙ 배를 탈 때

이 부적을 주사로 써서 몸에 지니고 배를 타면 항해하는 도중에 뱃멀미가 나지 않고, 폭풍우를 만나지 않으며 건강하게 목적지를 왕래할 수 있다. 즉 안전한 항해를 마치고 돌아온다.

⊙ 탄광에 들어갈 때

금광(金鑛)·탄광(炭鑛)등 위험한 곳에서 작업하거나 그 곳에 들어갈 일이 있으면 이 부적을 지니고 들어가라. 아무런 사고가 발생치 않고 안전할 것이다.

⊙ 뇌전예방부(雷電豫防符)

사주신살(四柱神殺)에 뇌공살(雷公殺)이 있거나 전기(電氣)의 감전 위험이 있는 직업에 종사하는 사람은 이 부적을 주사로 써서 항시 몸에 지니라 선신(善神)의 가호를 받아 벼락·감전의 액이 방지될 것이다。

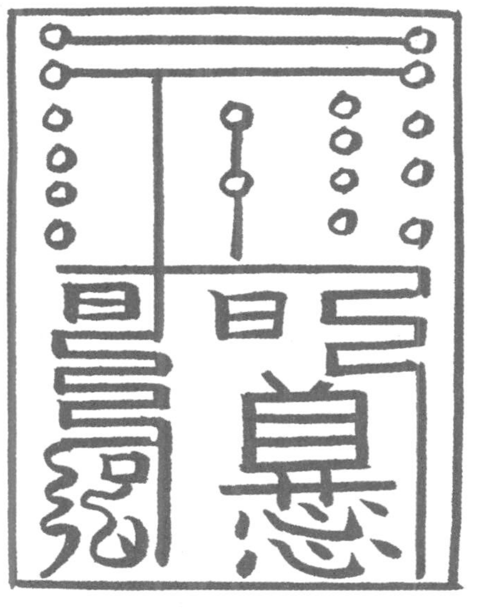

四. 소원성취

사람마다 소원(所願)이 있다. 소원이란 절실히 바라는 것으로 욕망(慾望)과는 성격이 다르다. 욕망은 정도에 지나친 것, 분수에 맞지 않는것, 등으로 가능성이 희박한 것이지만 소원은 자기도 이룰 수 잇다고 생각되는 것을 이루지 못하여 간절히 바라는 것이다. 어떤이는 연애가 소원이고, 어떤이는 좋은 배필감을 만나는게 소원일 수 있고, 어떤이는 좋은 직장이 손원일 수 있고, 어떤이는 돈을 잘 버는것이 소원일 수 있다. 뿐 아니라 그림을 잘 그리고 싶다던가, 여행을 하고 싶다던가, 갖고 싶은 물건을 사고 싶다던가, 누구를 만나고 싶다던가, 공부를 잘 하고 싶다던가, 운동선수가 되고 싶다던가 부자가 되고 싶다는 등등이 다 소원이지만 이에 대한 부적이 빠짐없이 있는것이 아니므로 각 조목으로 수록하지 못하는 바이나 무엇이 소원이건 소원성취부(所願成就符)나 여의부(如意符)로 통용하는게 좋으리라 생각한다. 편리를 도모하기 위해 몇가지만 符法에 있는대로 수록하겠으며 각 항목을 찾아 사용하면 편리하리라 믿는다.

所願成就急急如律令

⊙ 소망성취부(所望成就符)

이 부적은 白紙에다 주사로 정성스럽게 써서 비단 주머니에 넣어 몸에 지니면 평소에 소망하던 일이 이루어진다고 한다。어떤 符를 사용하건 이 소망성취부와 아래 소원성취부를 함께 쓰면 더욱 효과적이다。

⊙ 소원성취부(所願成就符)

이 부적은 어떤 소원을 이루는데 방해하는 요마나 잡귀의 방해로 그일이 지연되거나 실패한다는 것인데 이 방해하는 요귀 잡귀를 물리치므로서 소원을 이루는 부적이다。주사로 써서 몸에 항시 지니면 길하리라。

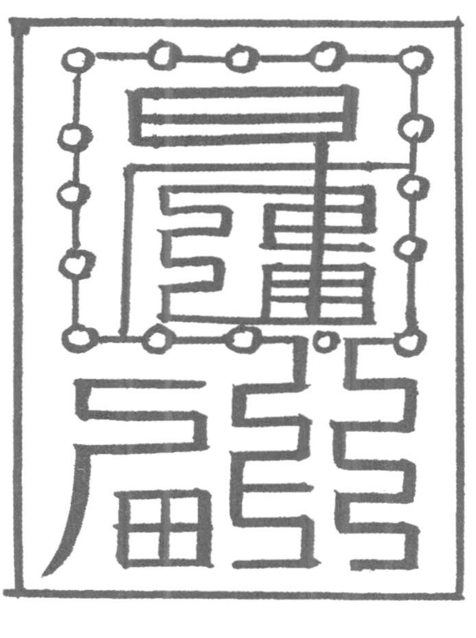

⊙ 소원성취부(所願成就符)

옥추경(玉樞經)에 있는 초구령 삼정부(招九靈三精符)다. 이 부적을 봉안하고 옥추경 가운데 해당되는 경을 외우면 건강장수 하고 소원을 성취한다.

⊙ 여의부(如意符)

이 부적을 써서 奉安하고 성심으로 기도한 뒤 몸에 항시 지니면 가장 절실하게 원하는 일이 이루어지고 매사에도 장애가 없이 순조롭다고 한다.

⊙ 여의부(如意符)

이 부적을 붉은 종이에 먹글씨로 써서 원하는 바를 빌고 몸에 지니면 재물이 따르고 평소에 원하던 바가 이루어진다.

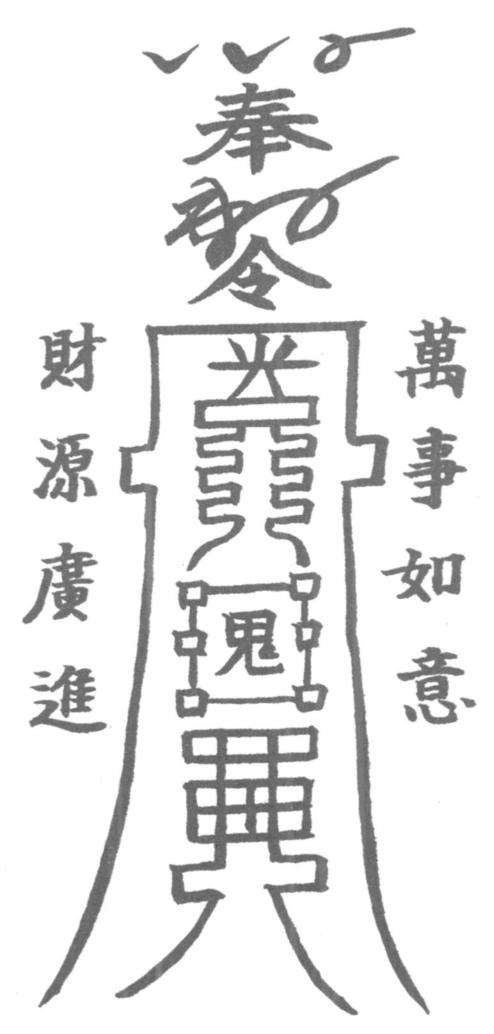

⊙ 대인자래부(待人自來符)

몹시 기다리는 사람이 속히 오도록 하는 방법이다。白紙에 주사로 아래 모양의 부적 二장을 써서 一장은 불에 태우면서 그 사람의 성명을 대고 빨리 오라고 마음속으로 외운 뒤 一장은 몸에 지니고 있으면 소원을 이루리라。

⊙ 화합부(和合符)

가족과의 화목、부부간의 화목、친구 애인을 막론하고、격조(隔阻)된 사이를 화합하고자 원할 때 이 부적을 써서 몸에 지니라。부부화합을 원하면 부부가 같이 덮고 자는 이불 속에 넣어 두라 길하리라。

⊙ 필원부(必願符)

자기가 원하는 상대방과 인연이 맺어지게 해달라는 부적이다。 주사로 써서 몸에 지니도록 하라。

尸田鬼
日月月
急急如律令

⊙ 학업진취부(學業進就符)

공부를 잘 하고 싶은 학생이 이 부적을 써서 몸에 지니면 정신이 맑아지고 머리가 총명해져서 뜻한바 학업을 성취한다。

勅令
急急如律令

◉ 합격부(合格符)

입학시험·자격시험·취직시험을 막론하고、 장차 시험에 응하고자 할 때는 이 부적을 써서 몸에 지니고 시험을 치르라。 매우 좋은 성적을 얻게 될 것이다。

◉ 관직(官職)을 얻는 부적

이 부적을 써서 몸에 지니면 관직을 얻고자 원하는이는 좋은 관직을 얻을 것이오。 현재 관직중에 있는 이는 녹봉이 오르거나 직위가 영전될 것이다。

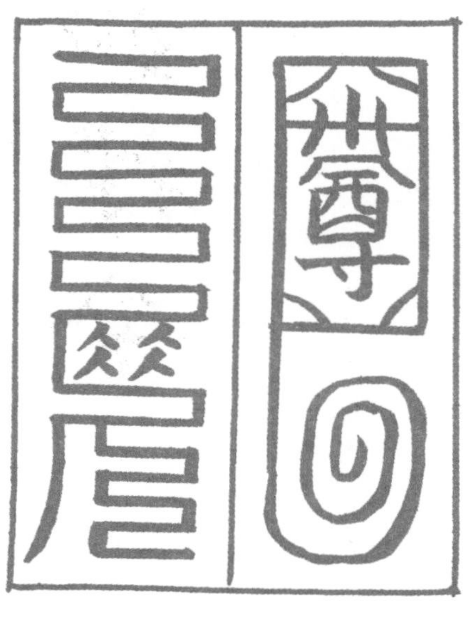

⊙ 목적을 달성하는 부적

白紙에다 주사로 써서 몸에 지니면 목적이 달성되고 소원은 이루어진다。

⊙ 출세부(出世符)

이 부적을 주사로 써서 항상 몸에 지니고 있으면 좋은 관직이 이르고 관직에 있는 이는 공을 세워 입신출세(立身出世)한다.

⊙ 취직부(就職符)

이 부적을 주사로 써서 몸에 지니면 자기가 원하는 직업을 얻거나 직장아 취직된다.

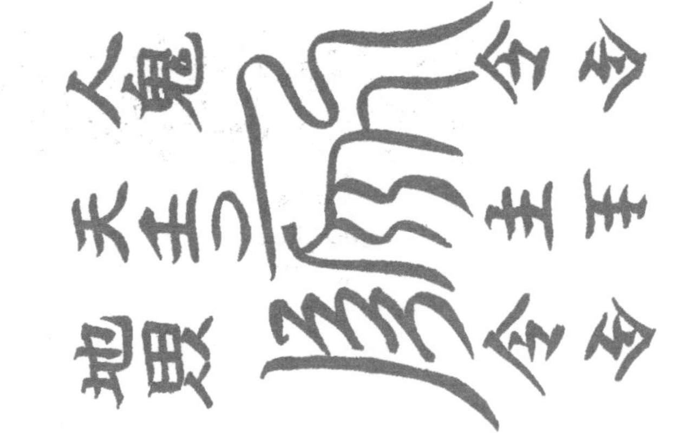

五. 사업과 재물

⊙ 중악부(中岳符)

장사를 하거나 어떤 사업을 경영할 때 쓸데 없는 사람만 찾아와 경영에 지장을 초래할 때 이 부적을 사업장에 붙여 두면 이를 방지할 수 있고、상업에는 고객이 많이 찾아와 매매가 잘 된다고 한다。

⊙ 초재부(招財符)

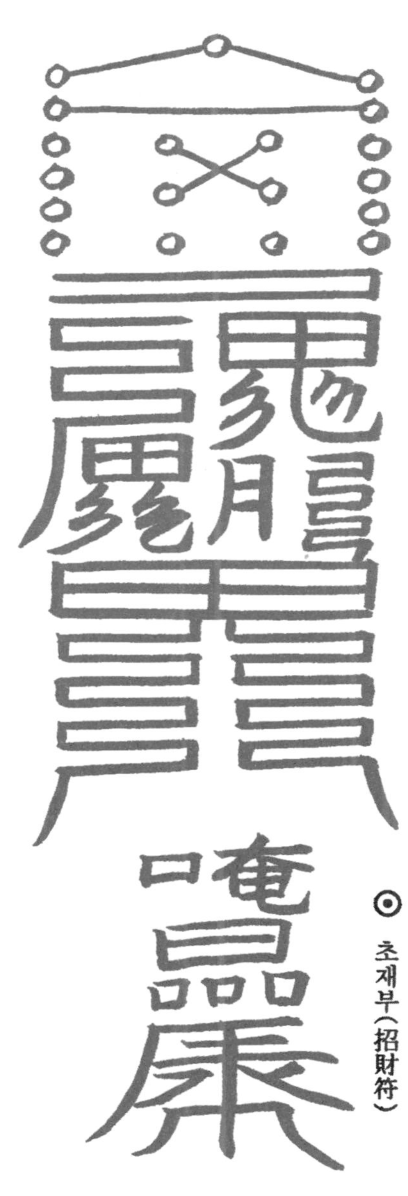

⊙ 복운자래부(福運自來符)

깨끗한 白紙에 주사로 써서 동남쪽 벽위에 붙여 두면 우연이 운수가 대통하여 좋은 일만 거듭 이른다고 한다。

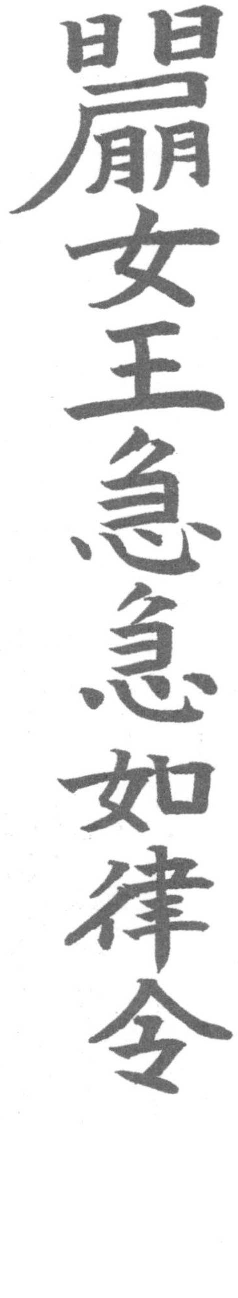

[illegible]女王急急如律令

⊙ 번영부(繁榮符)

가정이 번영하라는 부적이다。 白紙에 주사로 써서 거실(居室) 남의 눈에 잘 띄지 않도록 붙여 두라。 상서로운 일이 이르리라

天天風來人來[illegible]急如律令

⊙ 재리부(財利符)

아래 부적 二장을 그려 一장은 사업장에 붙이고 一장은 몸에 지니면 사업이 번창하고, 매매가 잘 이루어지며 재물이 따른다.

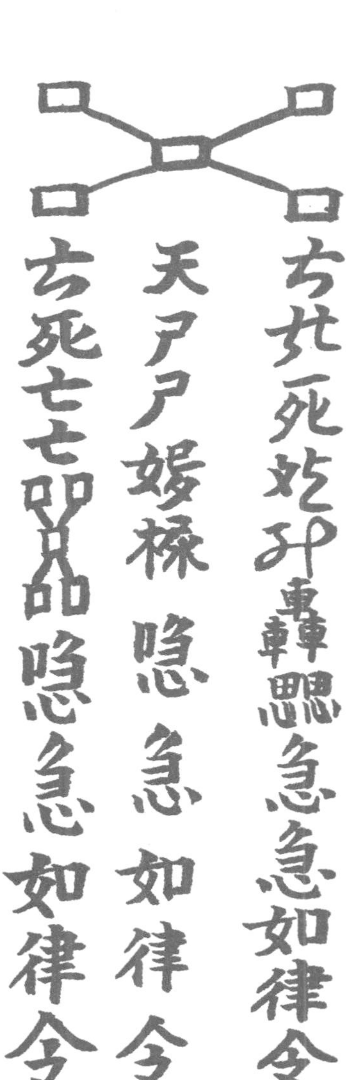

⊙ 경영부(經營符)

아래 부적 二장을 주사로 써서 一장은 사업장·가게·사무실 등에 붙이고 一장은 경영자의 몸에 지니면 이익이 늘고, 경영하는 사업이 순조롭다.

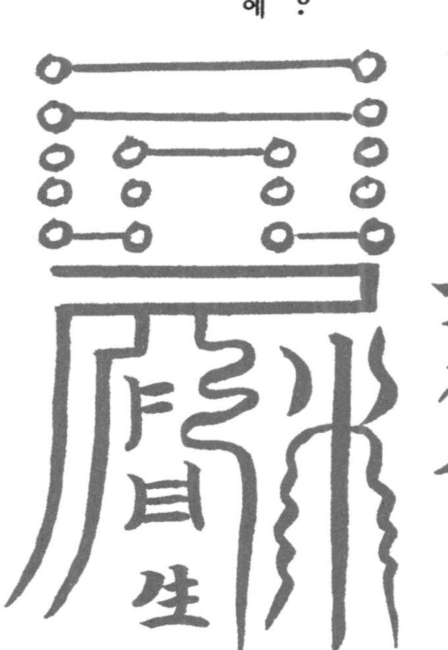

⊙ **흥왕부(興旺符)**

경영하는 사업이 일취월장(日就月將) 발전해지는 부적이다. 주사로 써서 내실이나 거실 문 위에 붙여 두고 사업이 잘 되고 가정도 안락하다.

急急如律令

⊙ **재보자래부(財寶自來符)**

황지(黃紙)에다 주사(硃砂)로 써서 방에 붙여 두고 몸에도 지니면 재수가 대통하여 재물이 항시 따른다.

三隐 三隐 明月 女王 急急如律令 急急如律令

⊙ 손재예방부(損財豫防符)

무슨 일을 하거나 가장 염려되는 것은 손재수다. 손재만 없다면 매사는 자연 진취를 본다. 그러므로 사업이나 기타 일을 시작할 때는 반드시 이 부적을 주사로 써서 몸에 지니라. 또 고사를 지낼 때 이 부적을 봉안하고, 신명(神明)에 빈 뒤에 불에 태운다. 운명학적으로 손재수가 있다고 판단되는 사람도 이 부적을 지니면 예방될 것이다.

六. 연애(戀愛)와 구혼(求婚)

⊙ 연애가 이루어는 부적

이 부적은 쌍합부(雙合符)라 하는바 아래와 같은 부적을 써서 몸에 지니면 마음에 둔 이성과 서로 뜻이 맞아 애정관계가 이루어진다。

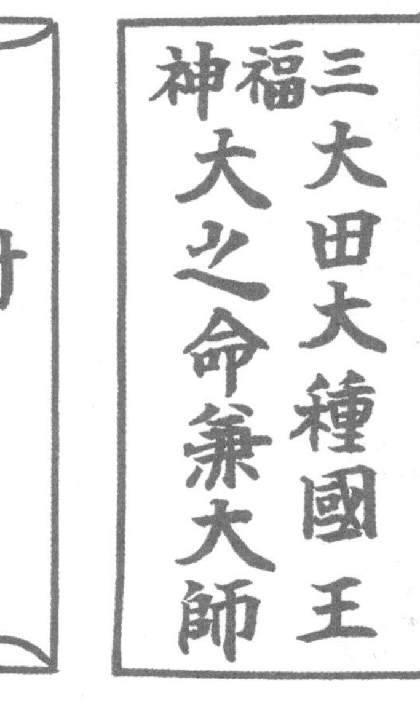

⊙ 인연부(因緣符)

좋은 상대자와 연애를 하려면 인연이 있어야 한다。주사로 그려 항시 지니면 신효하다。

⊙ 짝사랑을 이루는 부적

좋아하는 상대가 있으나 연애가 이루어지지 않고 홀로 짝사랑하고 있는 경우 이 부적을 써서 주문을 외우면서 부적을 불사르면 짝사랑이 이루어진다。

주문＝화합신 화합신、제자 ○○○와 ○○○이 화합천군 마절불산 오봉 화합조사 급급여율령

「자기의 성명과 상대방의 성명을 ○○○에 넣어」

和合仙師勅令

和合永遠相思恩愛善氣罡

和男○○○年 月 日 時

順女○○○年 月 日 時

⊙ 인연상봉부(因緣相逢符)

아래 두 그림은 모두 좋은 배필(配匹)과 인연을 맺게 해달라는 부적이다. 깨끗한 白紙에 硃砂로 써서 주머니에 넣어 몸에 지니면 머지않아 마음에 드는 인연을 만나게 될 것이다.

⊙애경부(愛敬符)

자기가 좋아하는 사람한테 사랑과 존경을 받고 싶을 때 아래와 같은 부적을 그리고 그 옆에 그 사람의 성명과 무슨생이라는 글씨를 써 넣고 몸에 지니라。 자연 그에게 사랑과 존경을 받게 되리라。

⊙단교부(斷交符)

남녀가 사귀다가 상대방에 더 이상 사귀어서는 안될 어떤 약점이 있어 교제를 끊으려는데 상대방이 떨어지려 않을 때는 아래 부적을 지니라。 상대방은 자연 나를 싫어하게 되어 스스로 물러가리라。

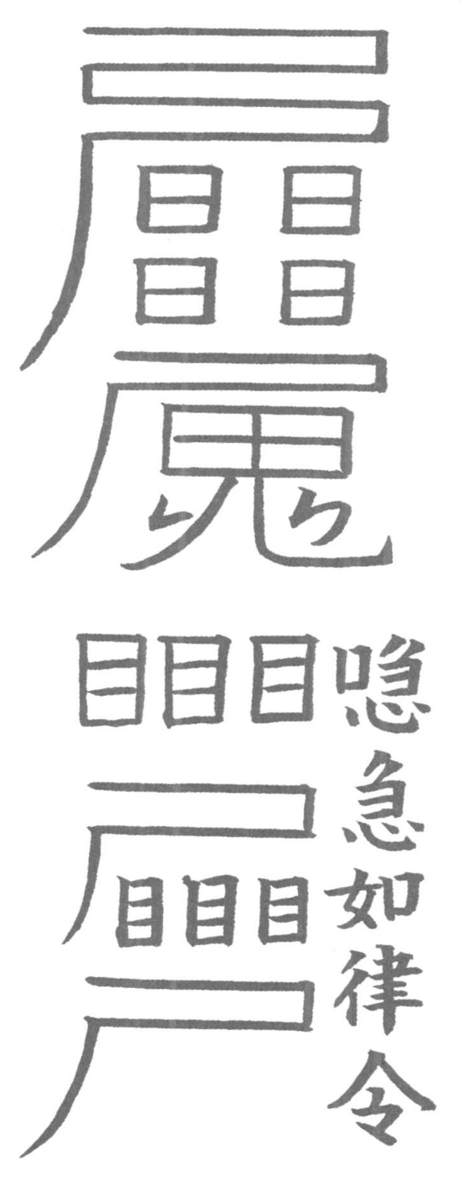

七. 부부 화합과 해로

⊙ 화합부(和合符)

아래와 같은 부적을 써서 남녀가 一장씩 지니거나 벼개속에 넣어두면 일생 화목하게 해로하고 자손도 많이 둔다고 한다。

男子用

勅下 日日 月月 和合 ○○生 성명 大王在 印

女子用

勅令 押月神女合男人和合 ○○生 성명 大王在 印

아래 부적을 쓸 때 분향하고 주문(呪文)을 외운뒤 부적을 써서 부부의 침실 적당한 곳에 붙여 두면 부부가 한 마음이 되어 화목하고 만사 여의하다。

천정지정 일월지정 천지합기정 일월합기명 신귀합기형 여심합아심 아심합여심
天精地精、日月之精、天地合其精、日月合其明、神鬼合其形、余心合我心、我心合余心、

천심만심만만심 의합아심 태상노군 급급여율령칙
千心萬心萬萬心、意合我心、太上老君、急急如律令勅。

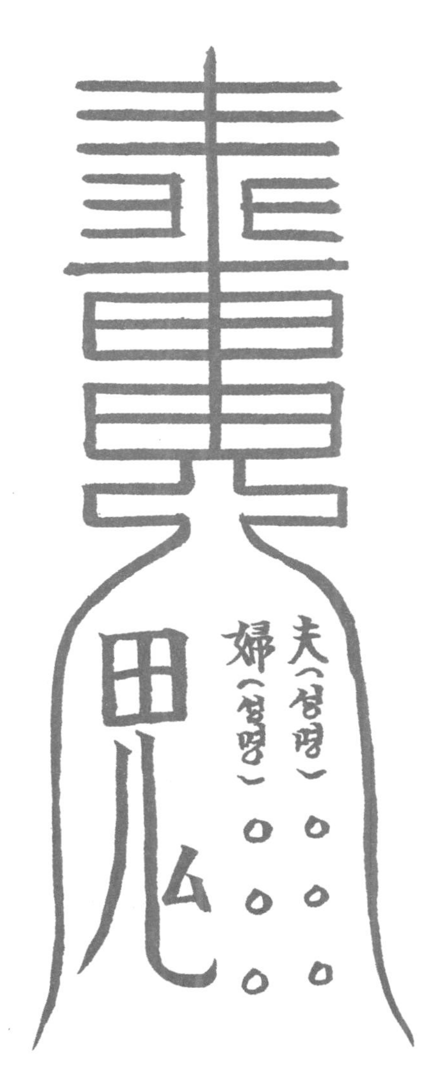

⊙ 부부불화 방지부

현재 부부간에 불화중에 있으면 장차 화목해지고, 장차 불화해질 우려가 있으면 이를 예방하는 부적이다。 三장을 써서 一장은 침실에 붙이고 二장은 각각 몸에 지니거나 벼개속에 넣어 둔다。

⊙ 권태증 예방부

신혼생활이 지나면 대개 한때 권태증이 오는 경우가 많다。 일시적일지라도 잘못하면 불화의 요인이 될수도 있으니 미리 방지하는게 바람직하지 않겠는가。 주사로 써서 침실 보이지 않는 곳에 붙여두면 항시 신혼부부 같은 애정이 있으리라。

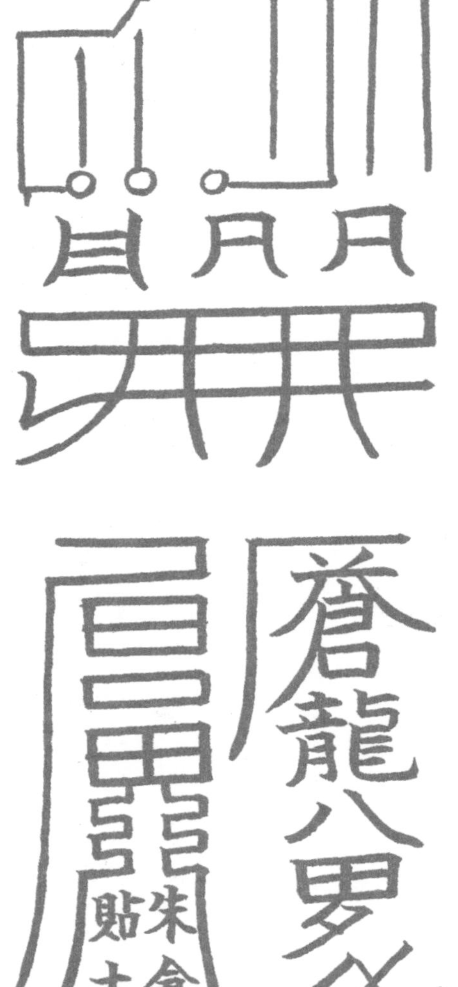

⊙ 부부상애부(夫婦相愛符)

이 부적을 白紙에다 먹을 써서 남녀의 연령과 성명을 기입한 뒤 부부가 모르게 이불이나 벼개속에 넣어두면 정이 없던 부부가 애정이 생겨 서로 사랑하게 된다고 한다.

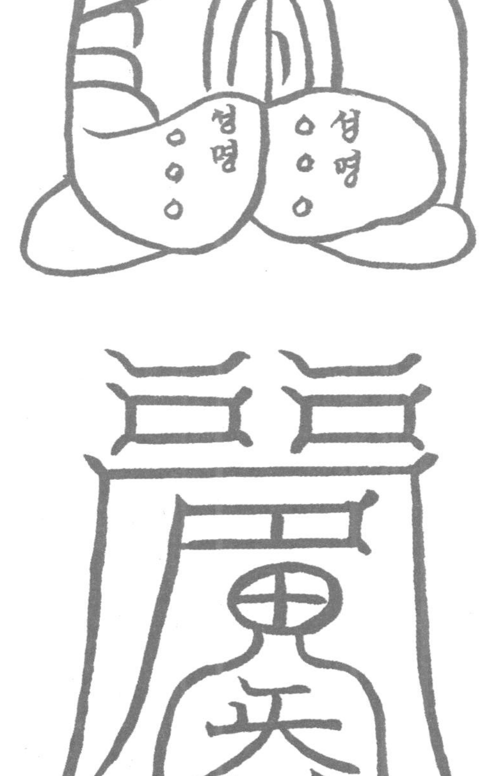

⊙ 화목부(和睦符)

이 부적을 써서 유지(油紙)에 싸아 동쪽으로 뻗은 복숭아나무 가지에 매어 달고, 또 종이에 「黃白大將軍」이라 주사로 써서 옥상(屋上) 적당한 곳에 꽂아 두면 부부간에 화목하고 재산이 늘며 귀자를 낳게 된다고 한다.

⊙ 남편 바람 방지부

남편이 바람 피울 우려가 있거나 현재 바람을 피우고 있을 경우 이 부적을 써서 주머니에 담아 남편이 베고 자는 베개속에 남편 모르게 넣어두면 바람피우는 것을 방지하고 또는 피우던 바람이 잔다.

⊙ 아내 바람 방지부

아내가 현재 바람 피운다고 생각되거나 바람기가 있어 장차 바람을 피우게 될 염려가 있으면 이 부적을 써서 화합부나 부부불화방지부와 같이 아내가 모르도록 아내가 베는 베개속에 넣어두면 아내의 마음이 안정될 것이다.

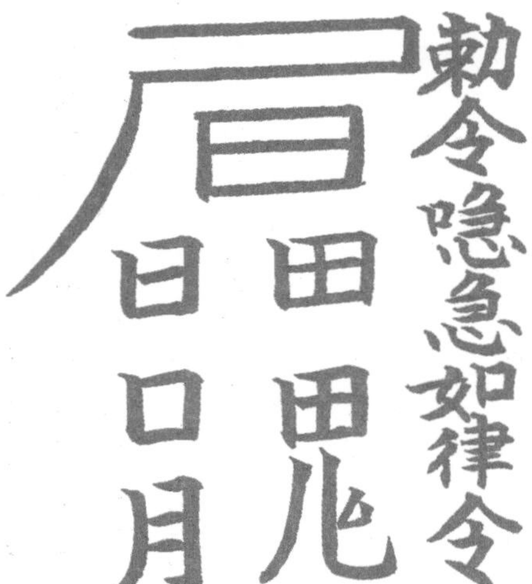

八. 자식에 대한 부적

⊙ 자식을 두는 법

아들 딸을 막론하고 결혼한지 오래도록 자녀를 낳아보지 못했거나, 임신은 되었어도 배속에서 유산되거나, 낳더라도 실패하여 길러보지 못하는 사람에게 사용하는 방법이다. 十二月(음)에 눈이 녹은 물로 적토(赤土—붉은빛 돋는 흙)를 반죽해서 인형을 만들거나, 아니면 나무로 인형 七개를 만들어 각각 머리에 바늘 한개씩 꽂은 뒤 오색실로 묶어 들에 가서 적당한 곳(남이 캐내지 못할)에 묻고 기도를 드린다. 그리고는 아래 부적을 써서 침실 벽에 붙여 놓고 그날밤 부부가 합환(合歡)한다.

⊙ 생자부(生子符)

아래와 같은 부적을 사용해도 좋다. 각각 설명대로 행하라.

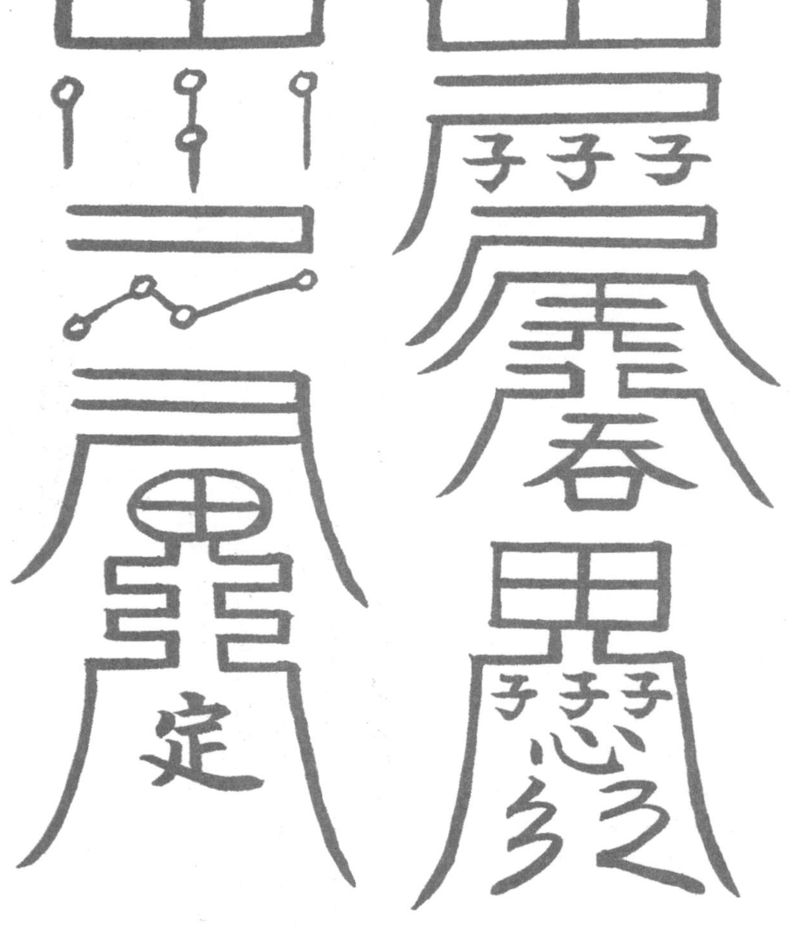

위 부적은 부부가 자는 침실 벽에 붙여 둔다.

위 부적은 아내가 태워 마신다.

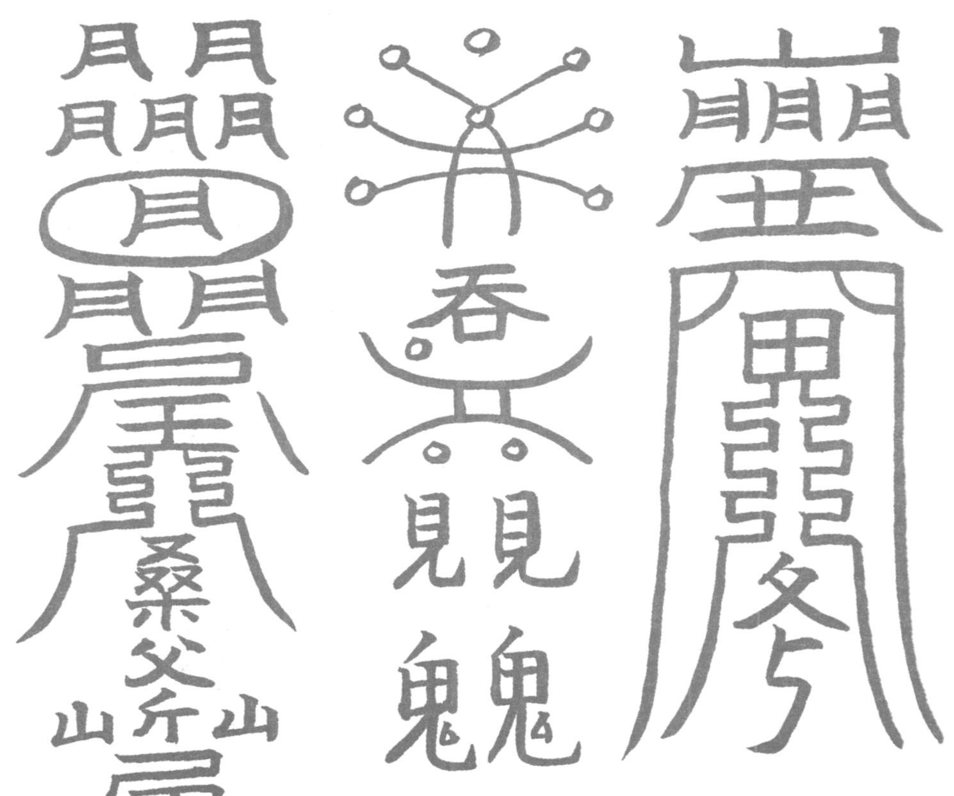

이 부적은 침실 중앙의 천정에 붙여 둔다。

이 부적은 침실을 출입하는 門 뒤에 붙여 둔다。

이 부적은 침실 아래 목 벽에 붙여 둔다。

⊙ 구녀성살(九女星殺)

아들을 낳고 싶어도 딸만 계속 낳는 경우 이 부적을 써서 아내의 몸에 지녀주면 다음부터는 아들을 낳게 된다。 딸만 줄줄이 낳는 것은 소위 구녀성살(九女星殺) 때문이라 한다。 아래 생자부(生子符)와 같이 사용하면 더 효과적이다。

⊙ 생자부(生子符)

아들을 두기 원하거든 아래 부적을 써서 동쪽으로 뻗은 복숭아나무 가지에 매달고、 또 종이에다 「黃省大將軍」이라 써서 옥상(屋上) 적당한 곳에 두면 귀자를 낳게 된다고 한다。

九. 임신과 출산

⊙ 안태부(安胎符)

이 부적을 임신부가 지니면 잉부(孕婦)와 태아(胎兒)가 출산시까지 아무 탈이 생기지 않는다.

⊙ 보태부(保胎符)

이 부적을 써서 아래의 주문을 외우고 임신부가 지니면 태아가 안전하다.

주문=천최최 지최최, 최생남 최생녀, 래강생 기린좌강생, 봉황우강생, 강생범 간호안정, 십이지생면앙래, 쟁락지, 생락지, 회애애 오봉십이파저칙명 대급급여율령

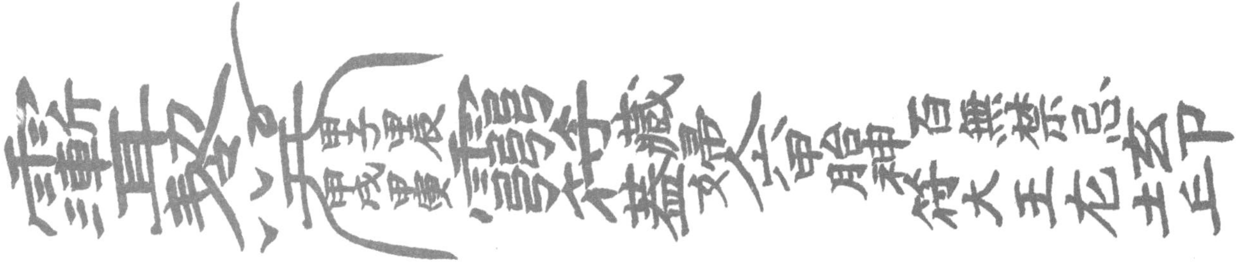

⊙ 유산 방지부(流産防止符)

습관성으로 임신만 되면 유산을 하거나 유산될 우려가 있으면 아래 부적글씨를 硃砂로 하루에 一장씩 써서 七日간을 사인(砂仁) 一錢씩을 넣고 달인 물에 부적 태운 재를 타 마신다。

⊙ 안태부(安胎符)

임신부가 몸에 지니면 유산이 없이 태아가 건강하게 자란다。

⊙ 최생부(催生符)

산모(產母)가 해산을 빨리 하도록 하는 방법이다. 아래 두 부적가운데 임의로 골라 주사로 써서 불에 태워 삼키면 해산이 순조롭다 한다.

이 부적도 최생부(催生符)다. 산모가 출산시에 태워 마시면 신효한 공이 있다.

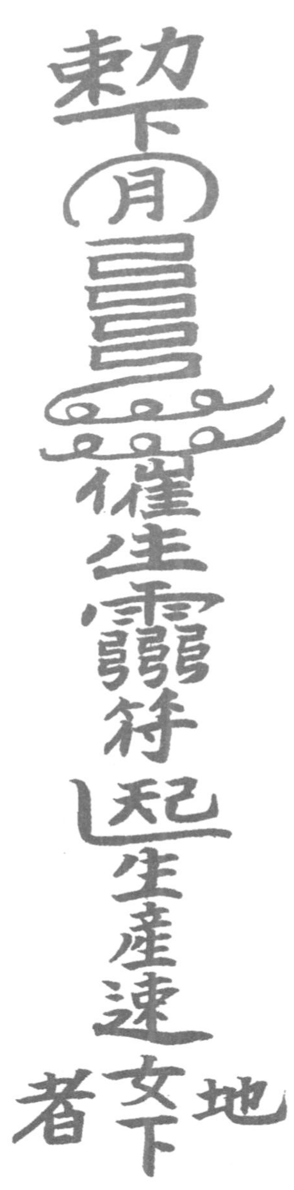

⊙ 난산부(難産符)

해산(解産)에 임한 산부(産婦)가 난산으로 몹시 고통을 받을 때 이 부적을 경면주사로 써서 불에 태운 재를 물에 타 삼키면 효험이 있다고 한다.

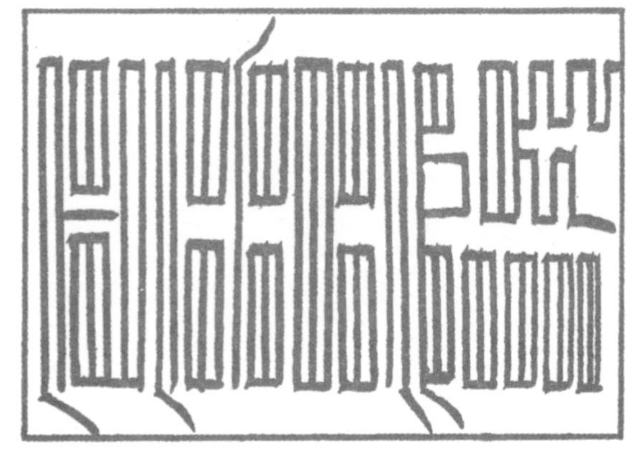

⊙ 후산부(後産符)

출산(出産)한 뒤에도 후산(後産)을 해야 한다. 그런데 후산을 쉽게 못하고 계속 배가 아파 고통을 받고 있을 때 아래 부적을 써서 불에 태워 재를 삼키면 효험이 있다고 한다.

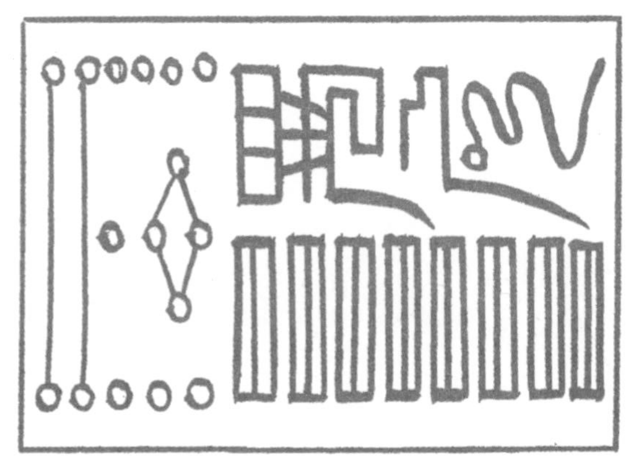

十. 건축(建築)과 수리(修理)

⊙ 개공길리부(開工吉利符)

새로 집을 짓거나 수리할 때 현장에 붙여 놓고 시작하면 길하다.

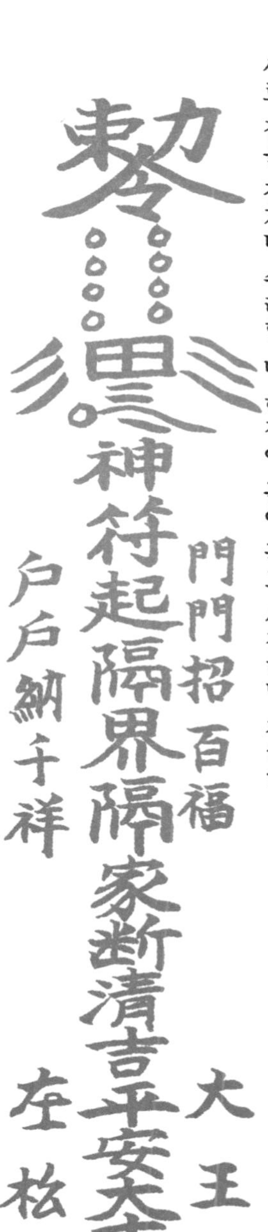

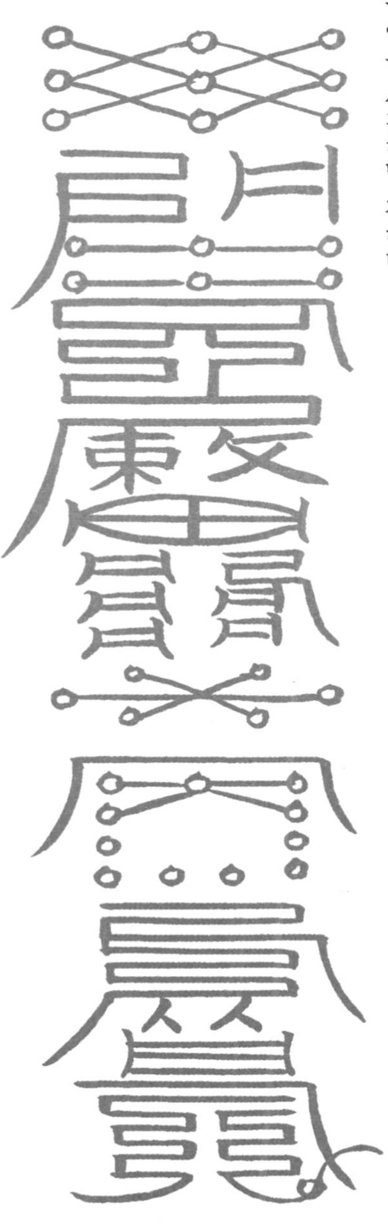

이 부적은 부득이 새로 집을 짓게 될 때 운이(成造運) 맞지 않아서 꺼림한 경우 미리 부적을 현장에 붙이고 일을 시작하면 길하다.

⊙ 가옥개수부(家屋改修符)

가옥을 수리할 때 이로 인한 탈을 방지하기 위한 목적으로 쓰이는 부적인바 공사를 시작하기 전에 四장을 써서 四方에 묻고 시작하면 길하다。

⊙ 대장군방부(大將軍方符)

집을 수리하는데 가장 꺼리는 방위가 대장군방을 범하는 일이다。 모르고 범했거나 부득이 범하게 되거든 현장에다 이 부적을 써 붙이라。

亥子丑年—西、 寅卯辰年—北

巳午未年—東、 申酉戌年—南

⊙ 삼살방부(三殺方符)

현장에 붙여 놓는다

申子辰年符
南이 三殺方
(巳午未方)

巳酉丑年符
東이 三殺方
(寅卯辰方)

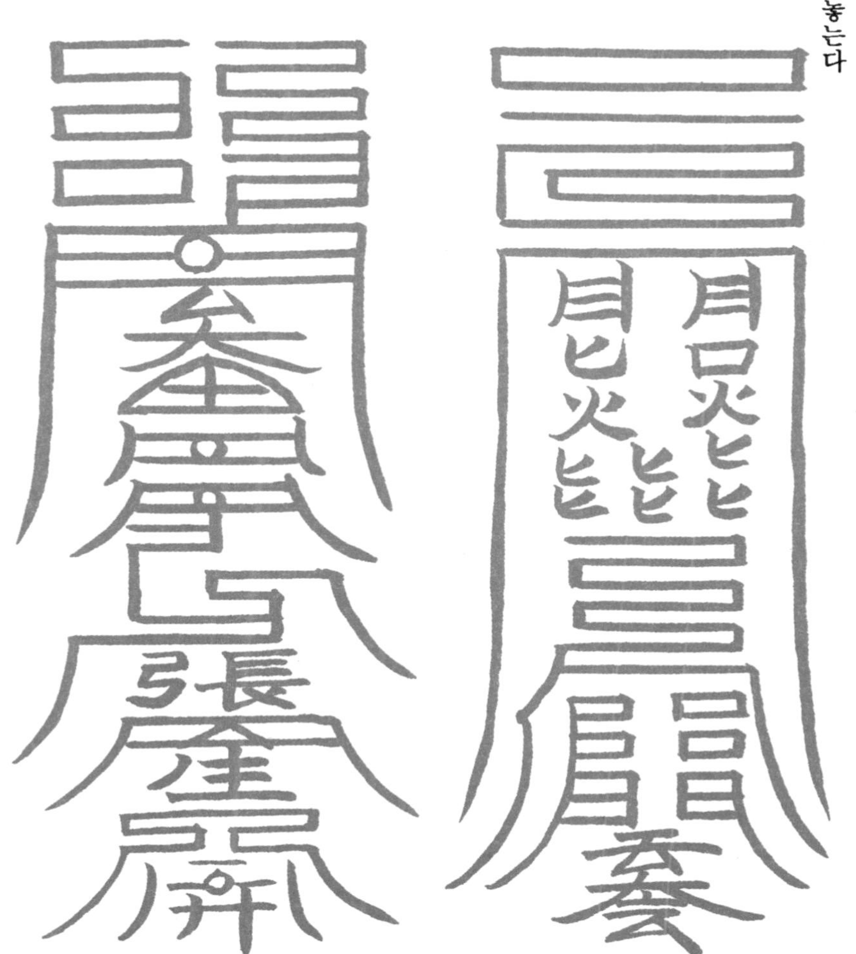

寅午戌年符
北이 三殺方
(亥子丑方)

亥卯未年符
西가 三殺方
(申酉戌方)

十一. 동토(動土)와 부정(不淨)

⊙ 백사동토부(百事動土符)

모든 동토를 막론하고 예방도 하고, 동토로 인해 생긴 탈을 해소 시켜주는 부적이다. 四장을 써서 집 사방에 붙여 두거나 동토의 원인이 되는 현장에 붙여 두면 편안하다.

⊙ 동토부정(動土不淨)

장차 흙을 다루려 하거나, 어떤 곳에서 흙을 옮겨와 부정탈이 생겼거나, 땅을 판 것이 탈이 되어 우환·질고 등 재액이 발생하면 이 부적을 흙 파낸 곳 또는 옮겨온 흙속에 묻어 두면 탈이 없어진다。

⊙ 동목부정(動木不淨)

장차 나무를 다루려 하거나 부정한 나무를 들여왔거나 좋지 못한 방위에서 나무를 옮겨 들여와 탈이 생길 경우에 모두 아래 부적을 써서 그 나무에 며칠간 붙여 두었다가 떼어서 불사르면 편안할 것이다。

⊙ 동석부정(動石不淨)

돌을 운반하다 집을 수리하거나 집 부근의 돌을 다른데로 옮기거나 돌은 다른 일로 해서 부정을 범하여 우환·변괴 등 탈이 발생하였을 경우 이 부적을 써서 현장에 붙이면 편안하다。

⊙ 토신부정(土神不淨)

부정한 흙을 옮겨다가 집을 짓거나 집을 고친 것이 탈이 되거나 그러할 우려가 있을 때 사용하는 부적이다。 이 부적을 써서 봉안하고 土神에 祭를 지내면 자연 편안하리라。

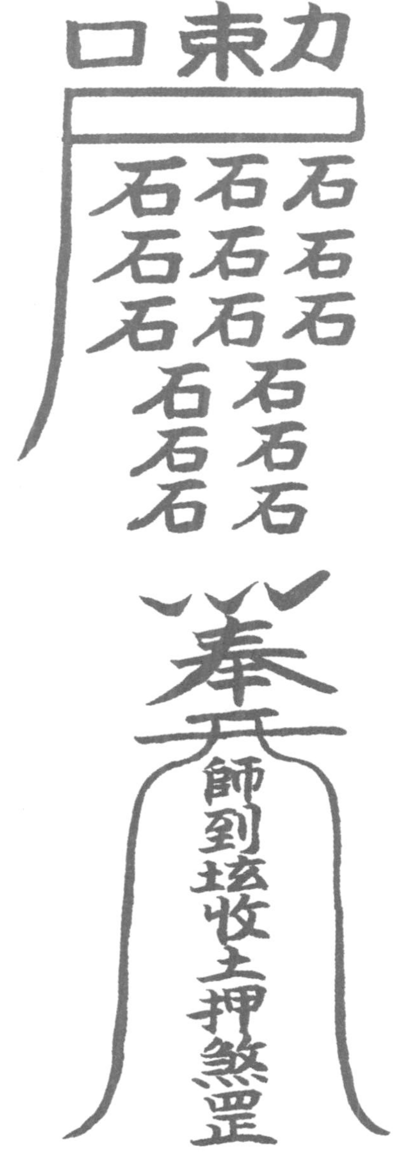

⊙ 조왕 동토부

조왕(竈王)이란 정결한 음식을 만드는 부엌이며 특히 솥이 걸린 부뜨막이다。 그래서 民俗에는 부뜨막을 함부로 건드리지 않는다。 좋은 날을 가려 좋은 방위에 깨끗한 흙을 취해다가 손질하면 탈아 없으려니와 그렇지 못하면 조왕신이 노하여 탈이 생긴다고 한다。 조왕에 부정을 범했거나、잘 못 손대었다가 우환·질고·변괴·손재 등 나쁜 일이 생기거나 그러할 우려가 있거든 이 부적을 써 붙이라。 미리 붙여 놓고 수리하면 더욱 좋다。

⊙기물부정(器物不淨)

무정한 기물(器物)을 모르고 집안에 들여 왔거나 오래 묵은 기물을 함부로 다룬 원인으로 탈이 생겼을 경우 이 부적을 써서 그 물건에 며칠간 붙여 두었다가 불에 태운다.

⊙관의 부정(冠衣不淨)

남이 쓰던 관·모자 혹은 남이 입던 옷 남이 신던 신을 집안에 들여와 탈이 생길 경우 이 부적을 써서 그 물건에 붙여 두면 부정탈이 해소 된다.

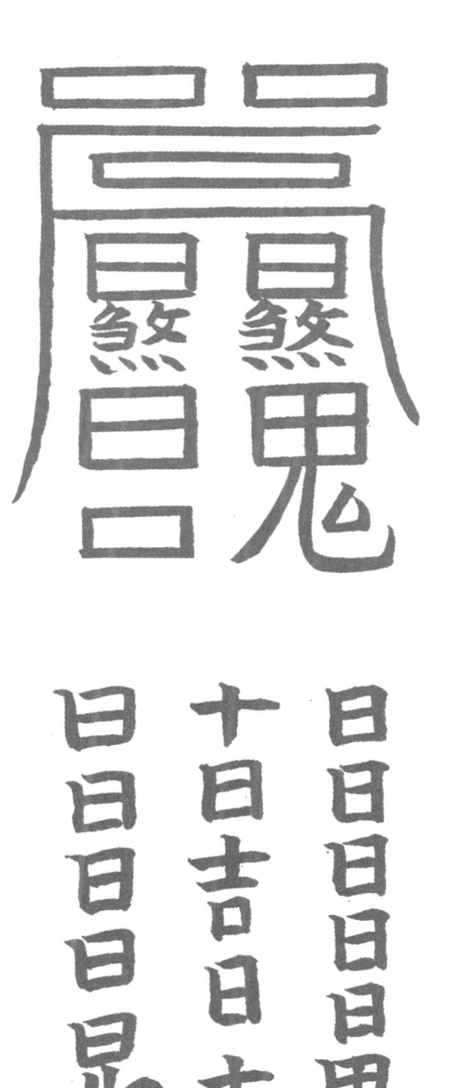

⊙ 인부정(人不淨)

부정한 사람이 집에 들어와 이로 인한 탈이 생겼거나、집에서 어떤 정성을 드리려는데 부정할지도 모르는 사람이 들어왔을 경우 이 부적을 주사로 써서 대문이나 방문 위에 붙여 두면 부정이 씻겨진다。

⊙ 상부정(喪不淨)

부정한 喪人이 집에 들어와 언짢은 일이 있거나 (정성들이고 재계 할 때) 초상집에 갔거나、죽은 사람을 보았거나 상문방을 범하여 꺼림하거나 탈이 생길 경우、또는 그러한 곳에 가야할 때 이 부적을 집안에 붙이기도 하고 몸에 지니기도 한다。

⊙ 청정파예령부(淸淨破濊靈符)

조상(祖上)에 제사를 지내거나 신명(神明)께 고사(告祀)를 드리거거나 영부(靈符)를 쓰기 위해 집안에 붙이고、一장은 불에 태워 재를 물에 타 마시고 一장은 몸에 지니면 부정한 것이 제거되어 길하다。

奉聖人勅令九鳥破穢靈符水清淨

⊙ 기타 부정 씻는 부적

아래 모든 부적은 다 부정을 깨끗이 씻는 부적이니 임의로 골라 써서 부정된 곳에 붙여 두었다가 뒤에 떼어서 불사르면 편안하다。

청정부(清淨符)

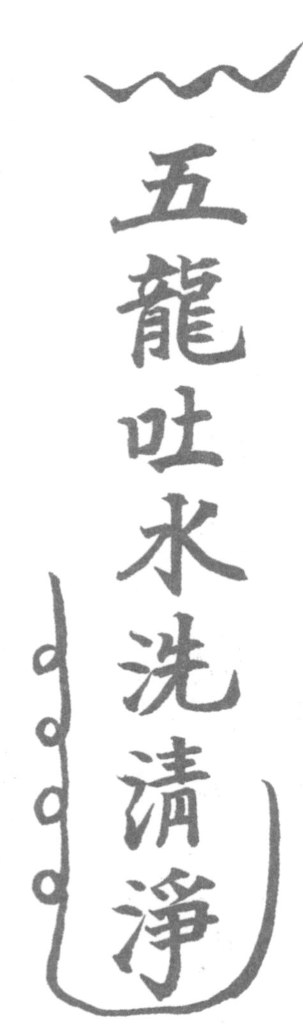

청정부(清淨符)

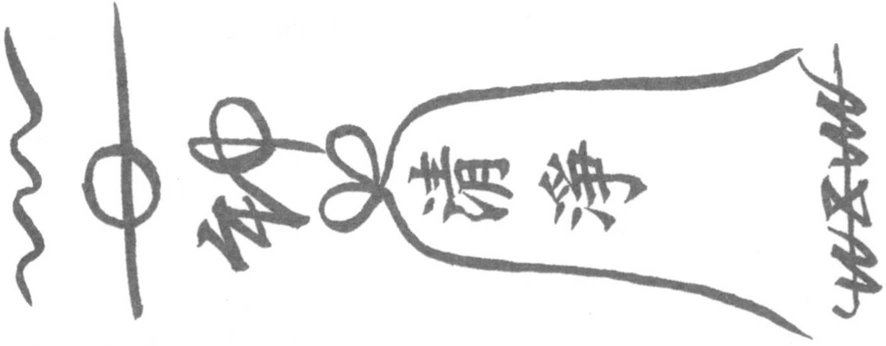

十二. 이사(移徙)에 관한 부적

① 살던 집에서

⊙ 이사평안부(移徙平安符)

다음과 같은 부적글씨를 주사(硃砂)로 四장 써서 살던집 지붕 네모서리에 넣어 두고、이사하면 이사후 재수가 대통하고 우환·질고가 없이 집안이 편안하다。

萬年青

② 새로 이사간 집에서

⊙ 이사대길부(移徙大吉符)

아래 부적을 써서 이사한 집 내실 벽에 붙여 두면 대길하다.

⊙ 신옥이사부(新屋移徙符)

새로 지은 집으로 이사하여 맨 처음 살게될 경우 아래 부적을 써서 내실 문 위에 붙여 두면 재앙이 불침하고 가정이 번창한다.

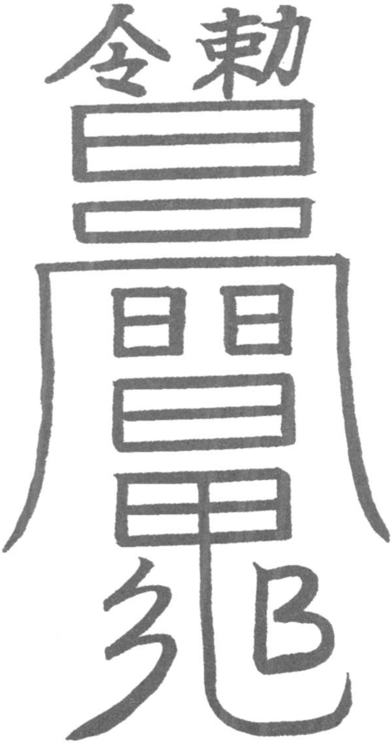

③ 방위(方位)가 나쁠 때

이사방위는 주인공(家主) 부부의 나이로만 보고 기타 가족은 보지 않아도 된다. 만약 이사가는 방위가 오귀(五鬼)·진귀(進鬼)·안손(眼損)·증파(甑破)·퇴식방(退食方)이 될 경우 아래 부적을 써 방에 붙이다.

⊙ 이사탈(移徙頉) 방지부

증파방 퇴식방이 닿거나 이사후 우환·질고·손재등이 이르면 이 부적 四장을 그려 집 사방에 붙인다.

⊙ 오귀방(五鬼方) 이사부

⊙ 진귀방(進鬼方) 이사부

⊙ 안손방(眼損方) 이사부

⊙ 삼살방(三殺方) 이사부

急急如律令

⊙ 가택편안부(家宅便安符)

이 부적은 이사한 뒤로 아무 재앙이 없이 가정이 편안하고, 재수가 대통하라는 뜻에서 사용된다. 주사로 그리되 향을 피우고 봉안했다가 내실 적당한 곳에 붙이면 이사로 인한 모든 탈이 생기지 않으리라.

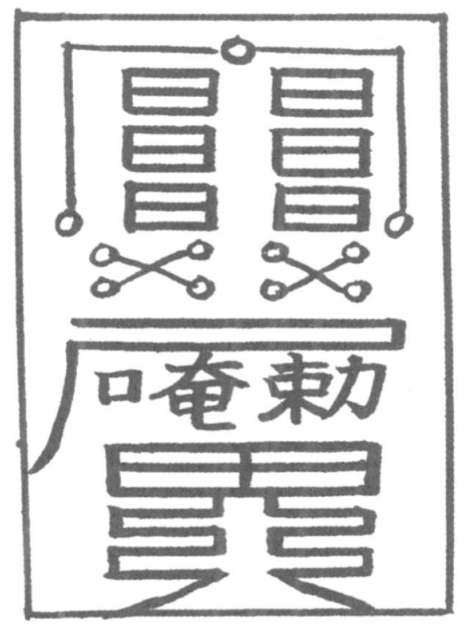

十三. 악귀퇴치(惡鬼退治)

⊙ 축귀부(逐鬼符)

악귀(惡鬼)·잡귀(雜鬼)·요괴(妖怪)·사마(邪魔)등 어떠한 귀신이건 쫓아 내는 부적이다. 제사를 지내고 벽에 붙여 두라. 악귀들이 달아날 것이다.

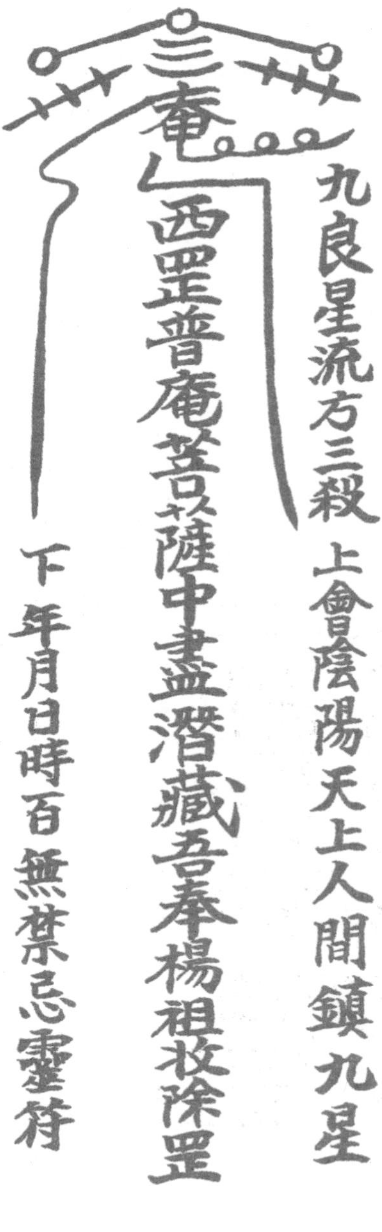

九良星流方三殺 上會陰陽天上人間鎭九星

唵 西罡普庵菩薩中盡潛藏吾奉楊祖攱除罡

下年月日時百無禁忌靈符

⊙ 태을부(太乙符)

벼락 맞은 대추나무(霹棗木)를 구하여(없으면 복숭아 나무) 아래 부적 쓰기에 적당할 만큼 납작하게 다듬어서 甲子日·庚申日·五月 五日중에 一日을 선택 주인공의 생기·복덕·천의가 닿는 날을 맞춘다。 태일 일주일 전 부터 목욕 재계하고 부적을 새겨 주사(硃砂)로 칠한다。 이 태을부를 비단주머니에 넣어 비밀리에 지니고 있으면 일백 사귀(邪鬼)가 침범을 못할 뿐 아니라 만사 대길하다。

⊙ 악귀불침부(惡鬼不侵符)

악귀의 침입을 막는 부적이다。 주사로 써서 大門이나 내실 문 위에 붙여 놓으면 악귀가 얼씬 못한다。

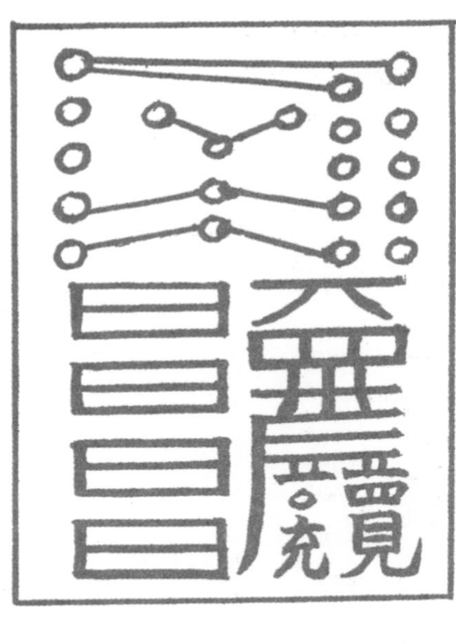

독송구불절 염념심부절
화염불능상 도병립최절
南無觀世音菩薩
에노생환희 사자변성활
막언차시허 제불불망설

⊙ 귀신불침부(鬼神不侵符)

요귀가 집안에 나타난다고 생각되면 이 부적을 써서 문 위에 붙이고, 귀신이 씌웠다 생각되는 사람이 있으면 몸에 지니도록 해 준다。

⊙ 잡귀불침부(雜鬼不侵符)

부적을 사용하는 목적과 요령은 귀신 불침부와 같다。

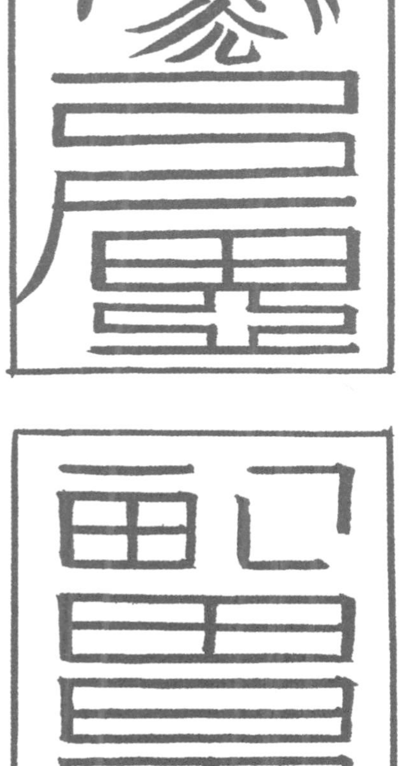

⊙ 옴마니발묘부(唵摩尼發妙符)

이 부적을 주사로 써서 몸에 지니면 일체의 잡귀가 범하지 못한다。

唵佛雷雷雷雷[illegible]急急如律令

⊙ 파사부(破邪符)

잡귀나 헛것이 붙어 신들린 사람 같거나、제 정신이 아니면 이 부적을 몸에 지닌다。 또는 집안에 헛것(妖怪)이 보이거나 이상한 소리가 나거나、귀신들의 장난이 있을 때는 이 부적을 써서 여러군데붙여 두라。

奉勅令

化化

⊙ 요괴(妖怪) 물리치는 부적

잡귀·요괴(妖怪)·헛것 뿐 아니라 상서롭지 못한 뱀이 침입한다거나 벌레·짐승·쥐 등등의 것이 정도 이상으로 집안에서 들끓으면 좋은 일이 아니다。아래 부적 두가지를 여러장 써서 집안 곳곳에 붙여 두라 자연 없어질 것이다。

十四. 질병부(疾病符)

⊙ 질병불침부(疾病不侵符)

이 부적을 주사로 써서 집안 적당한 곳에 붙이고, 또는 보신부(保身符)나 선신수호부(善神守護符)와 같이 몸에 지니면 전염병 및 백병이 불침하여 건강을 유지한다고 한다.

⊙ 질병대길부(疾病大吉符)

아래 두 부적은 주사로 써서 환자의 몸에 지니면 대길하다.

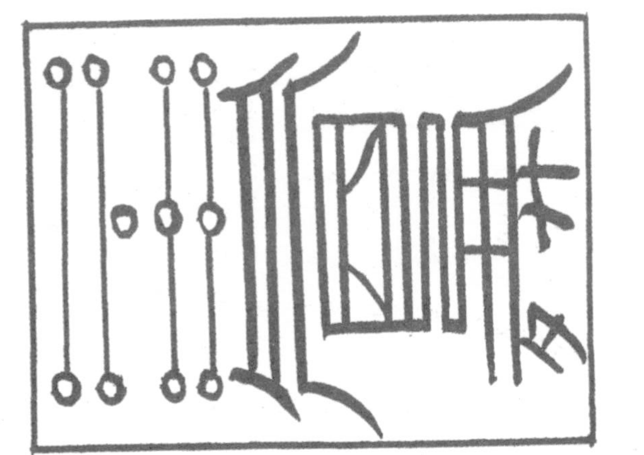

⊙ 질병퇴치부

옥추부(玉樞符)의 하나다。 옥추경 가운데 침아질고장(沈痾疾痼章)의 경을 읽고 이 부적을 불사르면 질병이 퇴치된다。

⊙ 백병치료부

모든 병을 치료하는데 효과가 있다고 한다。 이 부적을 좋은 경면주사로 써서 불에 태워 마신 뒤 치료약을 복용하라 약효가 있다。

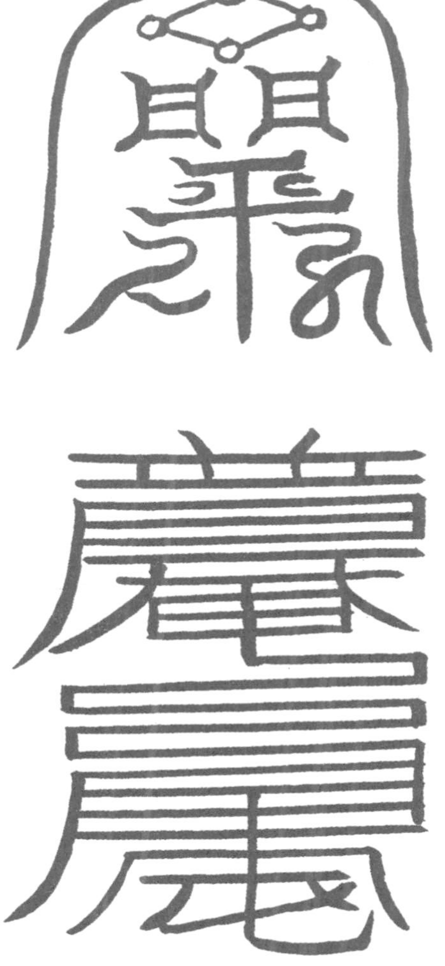

⊙ 약효부(藥効符)

이 부적을 주사로 써서 벼개속에 넣어 하룻밤을 지낸 뒤 태운 재를 물에 타 마시면 금시 약효를 본다고 한다。 부적을 복용한 뒤 치료약을 복용하라。

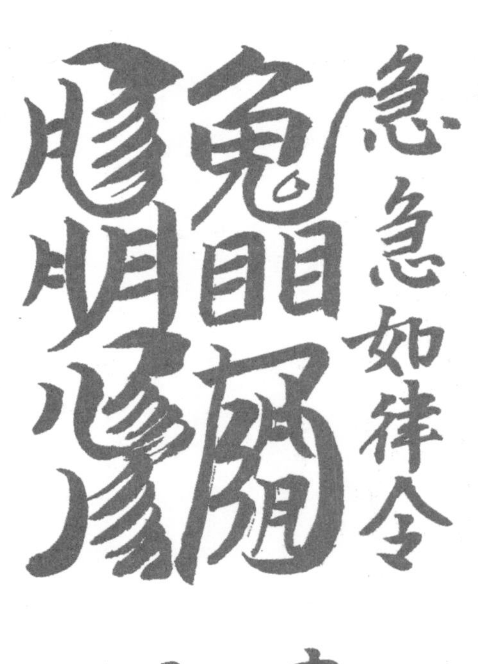

⊙ 통치백병부(通治百病符)

병세가 이상하여 무슨 병인지 병명을 확실히 모르거든 이 부적을 주사로 써서 벼개속에 넣었다가 하룻밤 지낸 뒤 불에 태워 마신다。

⊙ 만병통치부(萬病通治符)

아래 부적을 주사로 써서 불에 태운 재를 깨끗한 물에 타 마신다.

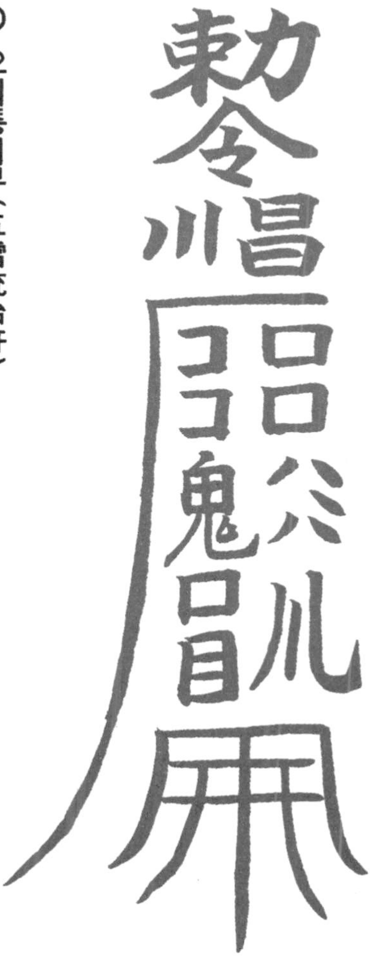

勅令

⊙ 오뢰통치부(五雷統治符)

이 부적을 써서 태워 마시기도 하고、 몸에 지니기도 하면 대길하다。

唵佛雷雷雷雷勅令

◉ 만병치료부(萬病治療符)

이 부적 二장을 써서 一장은 불에 태워 마시고 一장은 몸에 지닌다。

◉ 질병치료부(疾病治療符)

이 부적을 주사로 쓴 뒤 주머니에 넣어 청죽(靑竹)에 매달아 두면 치료의 효과가 빠르다고 한다。

十五. 상장(喪葬)에 관한 것

⊙ 시신(尸身)에 이상한 현상이 생기면

숨을 거두어 이미 죽은 시체가 히히대고 웃거나 벌떡 일어나거나 기타의 기괴한 짓을 하면 매우 상서롭지 못한 일이다. 아래 부적을 써서 영구(靈柩)앞에 붙이고 白米七合을 白紙 七장에 각각 싸서 물 七잔과 같이 영좌(靈座)에 차려놓고 祭를 올리라 이로 인한 탈이 없다.

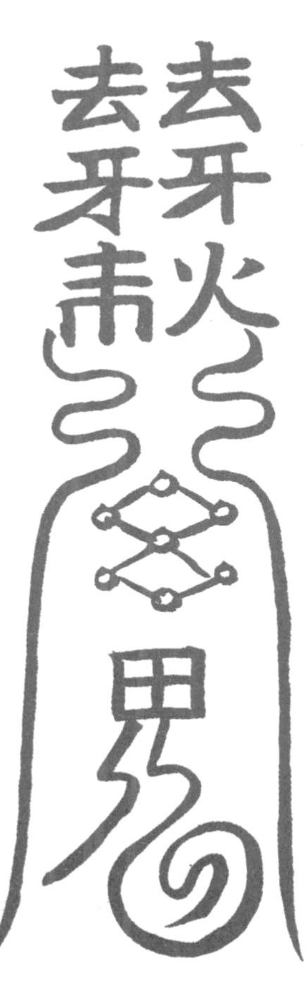

또 한가지 방법은 亡人의 머리카락 七개를 金·銀·銅錢 七개와 같이 天德方이나 月德方(太歲를 기준한다)에 묻고 아래 부적을 써서 영구앞에 붙여 놓는다.

⊙ 상여가 꼼짝 않을 때

시신(屍身)이 든 棺을 운구하여 상여로 모시려거나、또는 발인제를 지낸 뒤 발인(發靷)하여 장지(葬地)로 가려는데 영구(靈柩)가 옴싹달싹 않은채 그대로 있으면(傳說에는 이런 일이 있다고 한다) 상주가 哭하면서 상장(喪杖)으로 영구를 七번 탁탁 치고 아래 부적을 써서 出入門에 붙이고 간단히 祭를 올리면 드디어 영구가 뜬다고 한다。

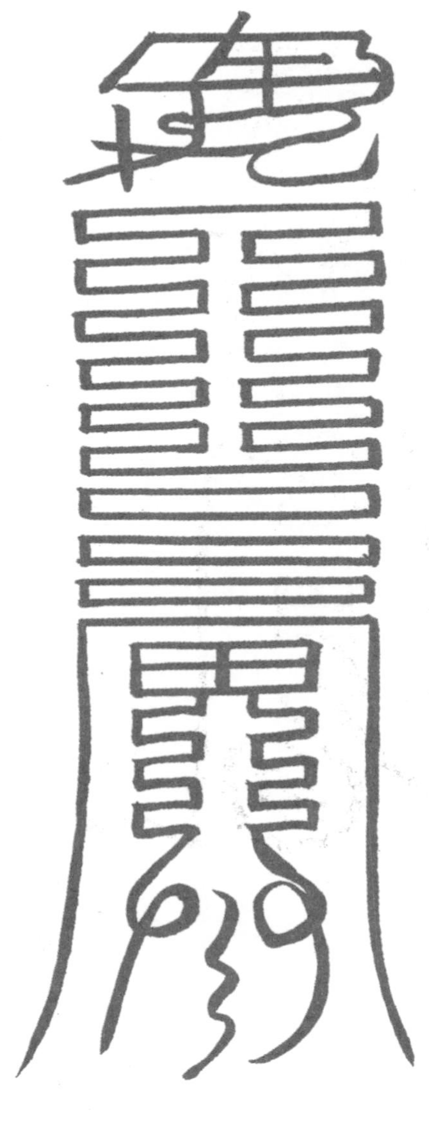

⊙ 장후 상주가 앓을 때

산에 가서 장례(葬禮)를 마치고 반우(反虞)하여 집에 돌아와 喪主가 원인 모르게 급병에 걸리면 아래 부적 一장씩을 각각 써서 一장은 괴연상에 붙이고 一장은 상주가 지닌 후 가신(家神)에 祭하면 무사하다。

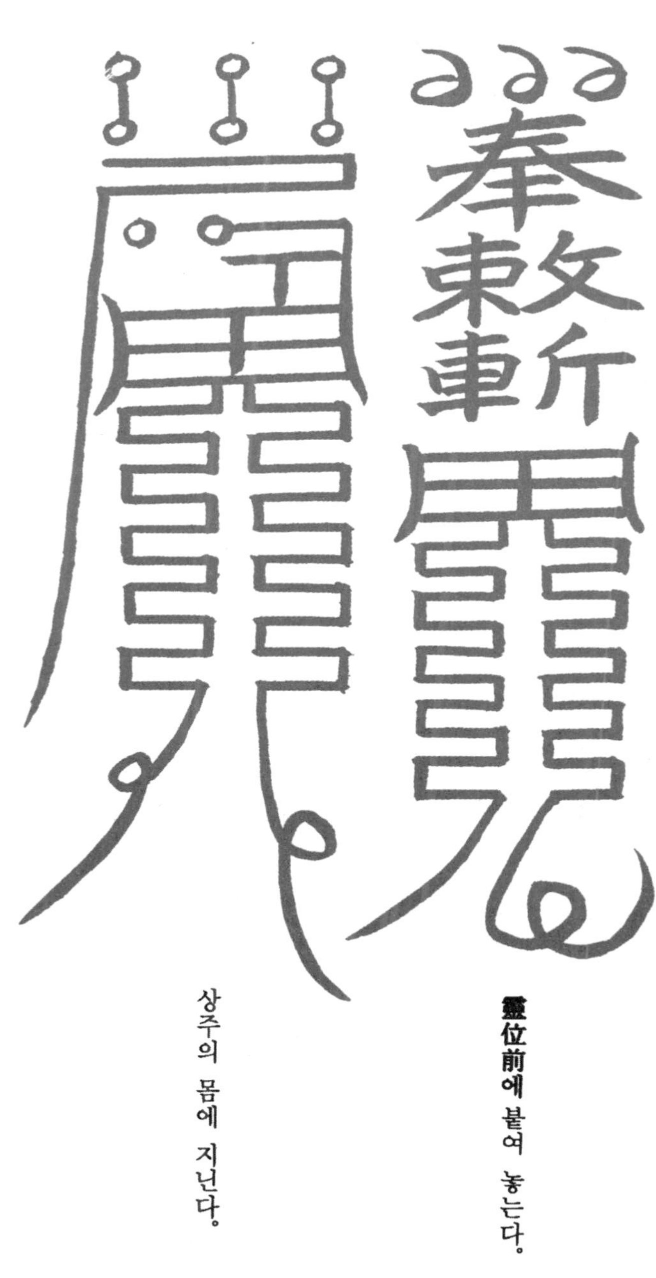

靈位前에 붙여 놓는다。

상주의 몸에 지닌다。

⊙ 진묘부(鎭墓符)

七寸 길이의 나무판자에 주사로 써서 墓로부터 三步 떨어진 곳 辰戌丑未方에 묻으면 墓에 범한 모든 殺이 제거된다고 한다。부득이 殺을 범하게 되거든 이 방법을 써 보라。

⊙ 관(棺)에 벌레를 막는 부적

시신(尸身)을 관(棺)에 모셔 장사를 지내는 경우 관이나 관중에 벌레가 생기면 좋지 않으니 이를 방지하려면 아래 부적을 써서 하관(下棺)할 때 관 밑에 넣거나 입관(入棺)할 때 미리 넣어두라。

十六. 꿈에 관한 부적

⊙ 악몽(惡夢)·흉몽(凶夢)을 꾸었을 때

악몽(惡夢)이나 흉몽(凶夢)을 꾸어 상서롭지 못하다 생각되거든 그대로 아무 말도 하지 말고 날 새기를 기다렸다가 아침 일찍 해뜨기 전에 자리에서 일어나 깨끗한 물 한모금을 입에 물고 동쪽을 향하여(막 해가 뜨려 할 때) 물을 뿜고서 『악몽착초목、흉몽성주옥(惡夢着草木、凶夢成珠玉)』이라는 주문을 세번 외운다。 그리고 꿈자리가 떠오를 때 마다 수시로 위 주문을 외운다。 또는 아래 부적을 그려 몸에 지니면 더욱 좋다。

⊙ 흉몽(凶夢)을 길몽(吉夢)으로 바꾸는 법

간밤 꿈이 심상치 않다(흉하다) 생각되거든 일어나 아무 말도 하지 말고 해 뜰 무렵에 냉수를 한모금 입에 물었다가 동쪽을 향해 내 뿜고는 「악몽은 착 초목하고 흉몽은 성 주옥하라」 주문을 외운 뒤 손바닥에(男은 왼손 女는 오른손) 아래와 같은 부적을 쓰라。

日日日
鬼 隱急如律令 日

⊙ 꿈자리가 사나우면

아래 부적을 써서 몸에 항시 지니면 아무런 불행이 이르지 않고 편안하다。

十七• 기타 비부(秘符)

⊙ 잠을 청하는 법

본래 습관적인 불면증(不眠症)이 있거나、평소에 잠이 잘 오던 이가 어떤 근심걱정이 생겨 잠을 이루지 못할 경우 아래 부적을 써서 잠자는 머리 맡에 놓아두거나 벼개속에 넣으면 잠이 든다。

⊙ 가위 눌릴 때

몸이 몹시 허약하거나 신경쇠약이 되거나、어떤 불안한 일이 있으면 자다가 악몽을 꾸게 되고、가위 눌려 헛소리를 하고나 식은 땀을 몹시 흘리는데 이 경우 부적 二장을 그려 一장은 벼개속에 넣고 一장은 태워 복신(茯神) 一돈중 달인 물에 마시면 치료된다。

⊙ 안정부(安定符)

어떤 일로 몹시 불안하여 안정을 못하거나、 까닭없이 마음이 들떠있거나、 신경쇠약증이 있어 불안 초조해 있는 경우 아래 부적 二장을 그려 一장은 태워 마시고 一장은 몸이 지니면 마음이 자연 편안해진다。

⊙ 당첨부

이 부적 二장을 써서 一장은 정결한 곳에 붙이고 一장은 몸에 지니고 추첨장소에 가서 추첨하면 매우 효과적이다。 복권 등을 샀을 때도 시험삼아 이 부적을 사용해 보라。

神福大明

神壽福神

⊙ 총애부(寵愛符)

회사·관청 등 기타 직장에 근무하거나 어떤 사람을 섬길 때 이 부적을 주사로 써서 몸에 지니면 윗 사람의 총애를 받아 출세길이 열린다고 한다。 기타 대인 관계에도 인기가 높으며 특히 연예계에 종사하는 사람이 사용하면 인기가 상승하리라。

⊙ 낭공부(郞公符)

이 부적을 주사로 써서 몸에 지니면 가는곳마다 기쁜 일을 만나고 특히 귀인의 도움을 받아 소원을 이르며 만사 여의하다。

⊙ 삼재팔란(三災八難)을 막는 법

이 부적을 써 놓고 옥추경의 해당되는 경을 읽은 뒤 북향하고 서서 불에 태우면 삼재팔란이 이르지 않고、항시 선신(善神)이 수호하여 재액을 당하지 않는다。

⊙ 부하 인덕부(部下人德符)

좋은 부하를 만나게 해 달라는 부적이다。 그러므로 이 부적을 써서 사업장에 붙여 두거나 몸에 지니면 아랫사람의 도움으로 사업을 성취하고、부하가 주인공을 위해 충성한다。

⊙ 연수부(延壽符)

이 부적을 그려 봉안하고 연명경(延命經)이나 장수경(長壽經)을 외우는데 한차례에 끝내지 말고 매일 정성을 드리기를 四十九日간 계속하라。천신이 감응하면 수명이 연장될 것이며、기타 재앙도 이르지 않으리라。

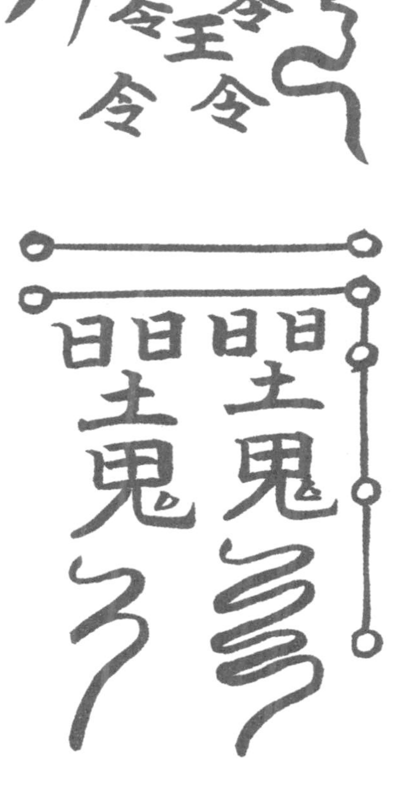

⊙ 집 팔리는 부적

다른곳으로 이주(移住)할 목적으로 현재 살고 있는 집을 좋은 값에 속히 팔리도록 하려면 이 부적을 써서 대문(大門)위나 거실(居室) 적당한 곳에 붙여 두라 길하리라。

⊙ 청탁부(請託符)

어떤 일을 누구에게 청탁을 하려 하거나 청탁을 하였을 경우 이 부적을 써서 몸에 지니면 청탁받은 사람이 성심껏 돌봐준다。

⊙ 실물예방부(失物豫防符)

이 부적을 써서 몸에 지니고 다니면 날치기·도난·사기 등 재산 및 금전상의 손실을 예방한다。가정 내실에 붙여두어도 좋다。

⊙ 실물취득부(失物取得符)

분실물을 찾는 부적이다。이 부적을 써서 아궁이 속에 넣고 그 위에 꽃 두송이를 올려 놓은 뒤 기도하면 우연히 분실물을 찾게 된다고 한다。

⊙ 가축부(家畜符)

농촌이나 산간지대에 거주하는 사람들은 가축(소·돼지·개 등)이 유일한 경제 수단이다。 병 없이 잘 자라야 소득을 올릴 수 있는것은 두말할 여지가 없다。 이 부적을 써서 축사(畜舍)에 붙여 두면 가축의 질병을 방지할 수 있다。

⊙ 가축흥왕부(家畜興旺符)

홍지(紅紙)에 붉은 글씨로 써서 축사(畜舍)에 붙여 두면 가축에 병이 나지 않고 번성한다。

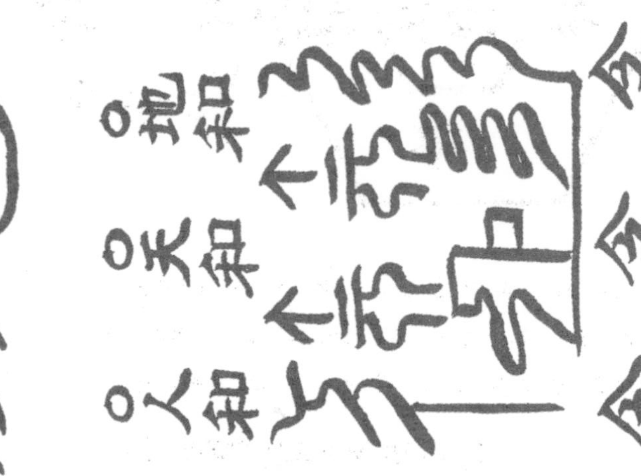

◈ 편　저 ◈
한 중 수

◈ 저　서 ◈
지리대전(공저)
대운전산만세력
마의상법
쾌속침치료비법
기학의총감
택일명감
사주명리학 외 다수

정해 석설 **영통부적** 정가 24,000원

2015年 4月 15日 인쇄
2015年 4月 20日 발행

편 저 : 한 중 수
발행인 : 김 현 호
발행처 : 법문 북스
<한림원 판>
공급처 : 법률미디어

152-050
서울 구로구 경인로 54길 4
TEL : (대표) 2636-2911, FAX : 2636~3012
등록 : 1979년 8월 27일 제5-22호
Home : www.lawb.co.kr

▌ISBN 978-89-7535-311-6 93180
▌파본은 교환해 드립니다.